沪杭甬高速公路考古报告

浙江省文物考古研究所

文物出版社

北京·2002

责任编辑：楼宇栋

封面设计：周小玮

图书在版编目（CIP）数据

沪杭甬高速公路考古报告／浙江省文物考古研究所.
北京：文物出版社，2002.9
ISBN 7－5010－1397－7

Ⅰ．沪…　Ⅱ．浙…　Ⅲ．文物－考古发掘－发掘报
告－浙江省　Ⅳ．K872.55

中国版本图书馆 CIP 数据核字（2002）第 064186 号

沪杭甬高速公路考古报告

浙江省文物考古研究所

＊

文 物 出 版 社 出 版 发 行

（北京五四大街 29 号）

http://www.wenwu.com

E-mail:web@wenwu.com

北 京 安 泰 印 刷 厂 印 刷

新 华 书 店 经 销

787×1092　1/16 开　印张：26

2002 年 9 月第一版　2002 年 9 月第一次印刷

ISBN 7－5010－1397－7／K·644　定价：200.00 元

序

刘 军

20世纪90年代，随着我国改革开放的不断深入，国民经济迅猛发展，基础设施建设日新月异。沪杭甬高速公路这条现代化的交通大动脉在浙江境内长达247.7公里，从北到南贯穿我省经济发达地区杭嘉湖平原和宁绍平原。这里地上地下文物分布极为密集。大规模的基本建设，不仅使浙江面貌为之一新，而且促进了文物考古事业的发展。作为浙江省惟一具有团体发掘资格的浙江省文物考古研究所，既是现代文明的创造者，更是古代文明的保护者，当古代文物面临险境时有责任有义务赶在施工之前使濒临建设性破坏的地下文物得到及时的抢救、科学的保护，这是时代赋予我们的神圣使命。

在浙江省文化厅、省文物局的直接领导下，在浙江省政协的关心和支持下，我们组织了有关单位参加的工作协调会，明确了任务，统一了认识，文物保护工作得到高度的重视。遵照中央关于"保护为主，抢救第一"的文物工作方针及国务院"重点保护、重点发掘，既对基本建设有利，又对文物保护有利"的原则，我们及时与省、市高速公路指挥部领导取得了联系，并积极探索文物保护与基本建设的最佳结合点，以便正确处理考古发掘与工程建设的关系，尽量减少文物考古部门与工程建设部门之间的矛盾，使文物损失减少到最小的程度，使工程建设不延误工期，争取双赢。我们的想法得到了工程建设部门的理解和支持，确认双方应以国家的大局利益为重，做到主动配合，相互协调理解，在保护文物与工程建设中不分你我，遇事协商，不提过分要求。工程建设部门特别是省、市高速公路指挥部，从考古调查到考古发掘都坚持与文物考古部门密切配合，按协议及时拨付发掘经费，保证了发掘工作的开展。他们还经常到考古现场进行考察访问，了解考古情况，增加了彼此间的理解和信任，加深了友谊，多了一份感情。而文物考古部门也积极主动征求了工程部门意见，合理安排发掘项目的先后顺序，尽力如期完成发掘任务，保证工程建设的顺利进行。建设部门与文物考古部门这种密切协作精神，为我们今后解决国家重点工程建设与古代文物保护问题创造了一个成功的范例，留下了许多可资借鉴的宝贵经验。

我们深知配合基本建设进行考古发掘是我国的既定政策，要坚定不移长期坚持下去，因此，认真负责地做好沪杭甬高速公路考古调查与发掘，任重道远。对沪杭甬高速公路考古我们决定分三阶段实施：第一阶段对高速公路全线进行实地调查、踏勘，全面了解地上地下文物分布情况，在此基础上根据"重点保护、重点发掘"的原则，进行筛选，确定发掘对象；第二阶段根据工程建设进度的实际需要，安排发掘对象的先后顺序；第三阶段，整理资料，编写发掘报告。在考古发掘的全过程，我们遵照已故著名考古学家苏秉琦先生"特别是在我们安排工作时，不论是普查，还是配合生产建设的发掘，永远不可忘记带着课题开始，带着课题进行，带着课题整理材料"的教导，在组织实施发掘项目时，尽量照顾专业人员的研究方向，使发掘内容能与发掘组织者的科研课题紧密结合，以获取更多的历史信息，加深课题研究的学术水平。在长达五年的考古中，科学地发掘了一批重要的古文化遗存，共清理古代墓葬 278 座，其中以汉代墓葬最多，六朝墓葬次之，另外还有良渚文化墓葬、两周墓葬等。出土遗物近千件，从一个侧面反映了古代先民的思想观念、生死观念、丧葬礼俗和当时的社会、政治、经济制度，不仅丰富了研究内容，而且将浙江古代文明形成和发展过程中那些辉煌的篇章，展现在现代文明面前。

良渚文化墓地及墓葬资料的考古发现，再次证实良渚文化墓地建在人工营建的台地上当属无疑。出土器物反映了良渚文化中晚期墓葬在陶器组合方面的演变情况，为认识良渚文化社会层次、等级结构又提供了一批实物证据，为良渚文化分区分期研究增添了新资料。

西周至战国墓葬的发掘，对加深了解营建于山顶或山脊的西周至春秋战国的土墩墓的埋葬习俗和埋葬特点，以及对进一步了解战国时期浙江地区墓葬形制的演变及楚文化对越文化的影响等均具有重要的研究价值。上虞羊山发掘的土墩墓、石室土墩遗存与土坑木椁墓、土坑砖椁墓共存于山顶的现象，为石室土墩遗存的正名提供了最有说服力的考古证据。

汉、六朝至唐代墓葬的发掘是这次沪杭甬高速公路考古的重点，发掘墓葬数量最多，收获最大，特别是一批纪年墓葬的发现引人关注。如东汉和帝永元八年（96 年）、永元十二年（100 年）、永元十三年（101 年），三国吴太平三年（258 年），西晋元康六年（296 年），东晋太元十三年（388 年）等墓葬为汉至两晋墓葬断代分期提供了准确的年代标尺，是不可多得的考古资料。土坑木椁墓、木盖顶砖椁墓、券顶砖室墓的揭露，对研究浙江境内，特别是宁绍地区汉、六朝墓葬形制、埋葬习俗的特点及其演变序列、发展轨迹又提供了一批实物资料。

上述成绩的取得，离不开各级领导的支持和各方面的合作，离不开人民群众的参与，离不开参加考古发掘的专业人员那种无怨无悔敬业爱岗的奉献精神、精益求精的工作态度、严格执行《田野考古操作规程》的工作作风。配合沪杭甬高速公路考古是一项艰巨而繁重的任务，涉及范围之广、考古工作量之大、时间之紧均是前所未有的。我们的考古人员特别耐得住寂寞，日复一日，年复一年，不分酷暑与寒冬，不辞辛劳成年累月奋战在高速公路将要穿越的山地和田野之中，在这条通古达今的大道上一干就是五年，皮肤黑了，老茧厚了，换来了抢救国家文物重任的完成，保证了国家重点工程建设的顺利进行，为社会主义两个文明建设贡献了微薄的力量，我们感到无比的幸福与自豪。

《沪杭甬高速公路考古报告》凝聚了考古工作者的汗水和心血，它不仅是文物考古研究的成果展示，而且也是交通部门与文物部门在经济建设大潮中精诚合作的结晶。值此《沪杭甬高速公路考古报告》付梓之际，我们对一切热心支持沪杭甬高速公路考古的领导和同志们表示衷心的感谢并致以崇高的敬意！企望今后能得到更多基本建设部门等相关单位的通力合作，使国家的地下文物得到更多更好的保护，在造福人民、造福子孙后代的事业中作出更大的贡献。

2001.10.8

目　录

插 图 目 录

桐乡叭喇浜遗址发掘

上虞周家山古墓葬发掘

上虞驮山古墓葬发掘

上虞驿亭谢家岸后头山古墓葬发掘

彩 版 目 录

桐乡叭喇浜遗址发掘

桐乡章家浜、徐家浜良渚文化墓葬发掘

余姚老虎山一号墩发掘

图 版 目 录

桐乡叭喇浜遗址发掘

桐乡章家浜、徐家浜良渚文化墓葬发掘

余姚老虎山一号墩发掘

上虞羊山古墓群发掘

上虞牛头山古墓葬发掘

上虞周家山古墓葬发掘

桐乡叭喇浜遗址发掘

叭喇浜遗址位于桐乡市屠甸镇千金村叭喇浜自然村，西南距屠甸镇约 1 公里，沪杭高速公路紧贴遗址的东边通过（图一）。遗址原是一相对高差约 3 米的土墩，上植桑树。土墩长方形，东西长 85、南北宽 60 米，总面积 5100 平方米。

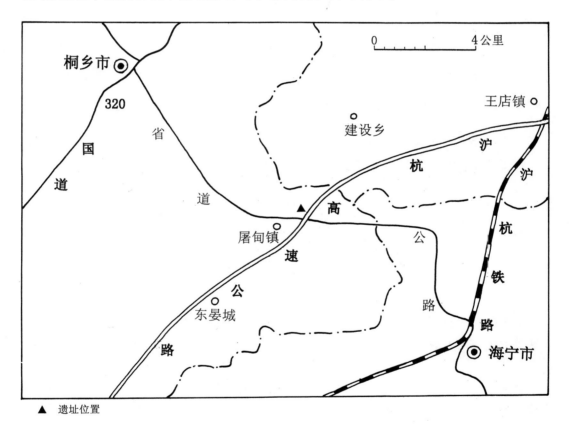

▲ 遗址位置

图一　桐乡叭喇浜遗址地理位置图

1996 年，建设沪杭高速公路取土筑路，叭喇浜遗址所在的土墩大部分已被夷平，仅剩墩的西北一角，面积约 700 平方米，良渚文化遗物随处可见，暴露的大灰坑（H1）已遭盗掘。1996 年 4～7 月，由浙江省文物考古研究所主持，桐乡市博物馆派员参加组建考古队对该遗址进行了抢救性发掘，发掘总面积 650 平方米，清理良渚文化墓葬 18

座，灰坑 2 个，获得玉器、石器、陶器 300 多件（套）。发掘得到桐乡市高速公路建设指挥部、屠甸镇人民政府的大力支持与协助，我们在此深表谢意。现将发掘情况报告如下。

一、地层堆积

布方发掘区堆积层次简单，现以 T5 南壁为例介绍（图二）。

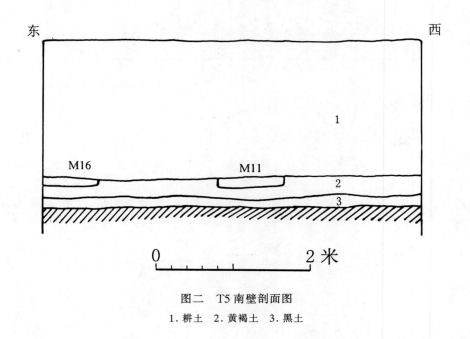

图二　T5 南壁剖面图
1. 耕土　2. 黄褐土　3. 黑土

第 1 层　表土层，厚 1.90～2.00 米，土色灰黑，质疏松，遗物很少，是唐宋以来长期耕种逐年培土增高形成的。该层下发现宋代砖室墓，良渚文化墓葬也在该层下开口。

第 2 层　黄褐土，厚 0.30～0.50 米，墓地堆土，含少量良渚文化遗物。第 2 层保存较厚处达 0.80 米。

第 3 层　黑土，厚 0.25 米，文化遗物很少，多为良渚文化的陶器碎片。

第 3 层下为青灰色陆相原生堆积——生土。

第 2 层即墓地堆土，是遗址的主体部分，墓地和灰坑遗迹是报告的重点。

二、良渚文化遗存

（一）遗　迹

1. 灰　坑

2 个（H1、H2）。

H1，位于墓地的东侧，灰坑平面大体呈长方形，坑口遭取土破坏，残长 12.5、残宽 5.8、残深 0.5 米。在灰坑的中心部位有二个紧挨的井状深坑，坑口直径 1 米上下，深 2 米左右（图三）。从取土现场堆积分布分析，H1 应该被墓地叠压，相对早于墓地。H1 出土遗物比较丰富，陶鼎等器物的形态特征和墓葬随葬的同类陶器雷同，年代上可能比较接近。

H2，位于墓地的西侧，坑口也遭破坏，清理取土残存的剖面，灰坑在墓地堆土下开口，墓地晚于灰坑。H2 从其形状和走向看，应是一条灰沟，发掘只是其中的一段，灰沟面宽 4、深 1.5 米。

2. 墓　葬

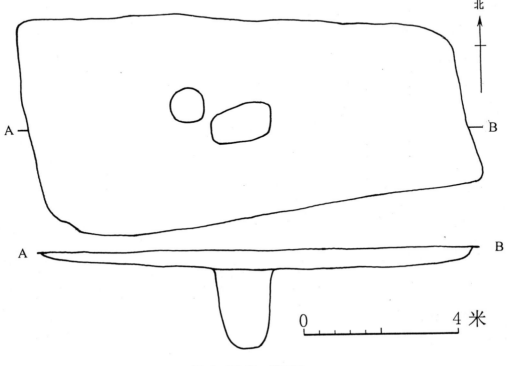

图三　H1 平、剖面图

18座。开口层位相同。平面布局似存在按区（分组）埋葬的现象，4～6座一组（图四）。墓葬均有长方形竖穴，南北向。依据墓地范围和墓葬分布的现状分析推测，墓地北侧应该已到边，西侧是预留尚未埋墓的区域，而东、南两侧肯定有墓葬被破坏，但数量当不会太多。十八座墓葬彼此没有叠压打破关系，墓坑规模大小相近，墓坑一般长2.00～2.80、宽0.65～0.95米。出土玉璧的M11，墓坑长2.60、宽0.95米，墓坑最大，随葬遗物也最丰富。墓内人骨保存较差，仅在少量墓葬中发现部分头骨、牙齿、肢骨，残存骨骼表明，葬式可能为仰身直肢，头向南。随葬遗物组合基本一致，多数墓葬只有鼎、簋、尊、罐等三四件陶器和一二件玉饰品。体现墓葬规格的是玉璧、玉三叉形器和制作精良的石钺等礼器。M11随葬遗物除T字形足鼎等三件陶器外，还有玉璧1件、石钺5件（一件残）、玉锥形器1件、滑石管珠串饰1件。M13除陶器外，还有玉三叉形器1件、石钺2件、玉锥形器1件、玉坠饰和玉、滑石组合管（珠）串饰1件。陶器保存较差，器形小，制作粗糙，火候低，难以起取和修复，大多是专门制作的冥

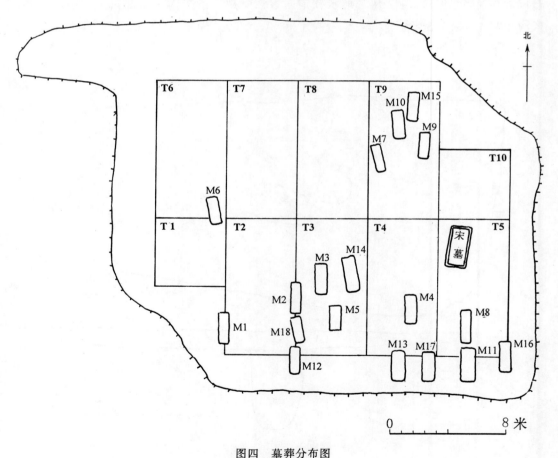

图四　墓葬分布图

器。陶器多置于脚端，石钺一般置于腰部。除 M11、M13 出土石钺制作讲究通体精磨抛光外，其余墓葬出土石钺保存较差，石质风化严重，有些一触即酥，无法完整起取。玉器多置于头部和胸部，玉璧、玉三叉形器保存良好，玉锥形器、玉管、玉珠受沁多呈鸡骨白，串饰玉、石混用。

M13，墓坑长 2.25、宽 0.85、深 0.30 米。墓向 180°。人骨无存。随葬陶器 3 件，陶罐在头部。石钺 2 件，头部、腰部各一件。玉坠饰在胸部，滑石珠散乱满布墓坑一侧（彩版一，1；图五）。

M11，墓坑长 2.60、宽 0.95、深 0.15 米。头向 180°。残存肢骨。随葬陶器 3 件，陶尊在头侧，陶鼎、陶簋在脚端。玉璧与二件石钺在腰部右侧叠放，二件石钺（一件残）在腰部左侧，还有一件石钺在头部。玉锥形器也出于头部，滑石珠串饰散乱分布在头胸部（彩版一，2；图六）。

M14，墓坑长 2.80、宽 0.90、深 0.65 米。头向 175°。残存牙齿和肢骨。随葬陶鼎、簋、尊、盆、罐全置于脚端。滑石珠散落于陶尊周围，头部玉锥形器 1 件（图七）。

M6，墓坑长 2.46、宽 0.84、深 0.46 米。头向 170°。仅存肢骨。头侧陶圈足盘、双鼻壶各一件，陶鼎、簋在脚端。石钺在腰部（图八）。

M7，墓坑长 2.05、宽 0.75、深 0.55 米。墓向 165°。人骨无存。陶尊出于头侧，陶鼎、簋在脚端。玉锥形器发现于头顶部位。石钺在腰部（图九）。

M8，墓坑长 2.40、宽 0.65、深 0.15 米。墓向 180°。人骨无存。玉锥形器、陶簋、滑石串饰在头侧，脚端有鼎、簋和圈足罐等四件陶器（图一〇）。

M17，墓坑长 2.20、宽 0.80、深 0.15 米。头向 180°。仅存牙齿。头侧随葬遗物有石钺、玉坠饰、兽牙器各一件，肩部石钺一件。鼎、

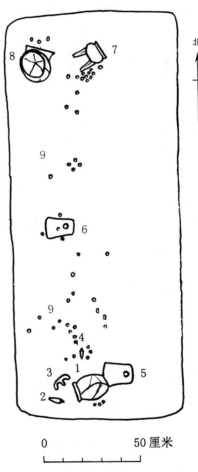

北

0　　　　　　　　　　　50 厘米

图五　M13 平面图

1. 陶罐　2. 玉锥形器　3. 玉三叉形器
4. 玉坠饰　5、6. 石钺　7. 陶 T 字形足鼎　8. 陶三鼻簋　9. 滑石珠（62 颗）、玉管（1 件）、玉珠（3 颗）

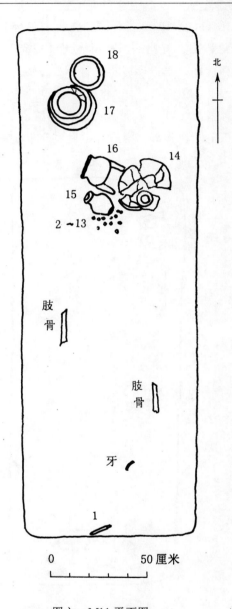

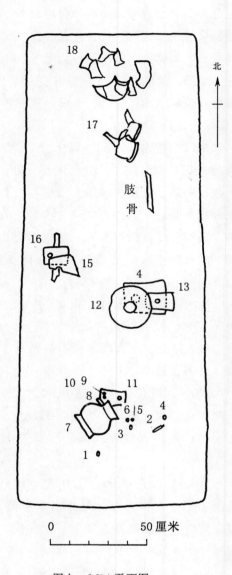

图六　M11 平面图

1、3～6、9、10. 滑石珠　2. 玉锥形器　7.
陶尊　8. 滑石管　11、13～16. 石钺　12.
玉璧　17. 陶 T 字形足鼎　18. 陶三鼻簋

图七　M14 平面图

1. 玉锥形器　2～13. 滑石珠　14. 陶三鼻簋
15. 陶尊　16. 陶 T 字形足鼎　17. 陶高领罐
18. 陶平底盆

尊、簋三件陶器在脚端。滑石珠分布散乱（图一一）。

（二）遗　物

墓葬、灰坑及地层出土遗物分别介绍。

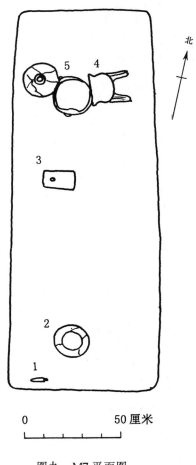

图八 M6 平面图

1.陶圈足盘 2.陶双鼻壶 3.石钺 4.陶三鼻
簋 5.陶 T 字形足鼎

图九 M7 平面图

1.玉锥形器 2.陶尊 3.石钺 4.陶 T 字形足
鼎 5.陶三鼻簋

1.墓葬随葬遗物

十八座墓葬出土随葬遗物共 274 件，以陶器为主，有少量石器和玉器，牙器仅见一件。

（1）陶器 63 件。

随葬陶器多为冥器。陶系以夹砂红陶、泥质灰陶居多，黑皮陶保存好的不多，黑皮易褪易脱，还有少量泥质红陶和夹砂灰陶。陶器以轮制为主。陶器多素面，陶尊和陶簋圈足上发现少量镂孔，陶罐和陶簋上偶见弦纹装饰。

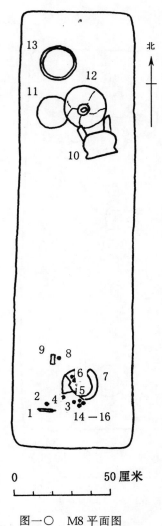

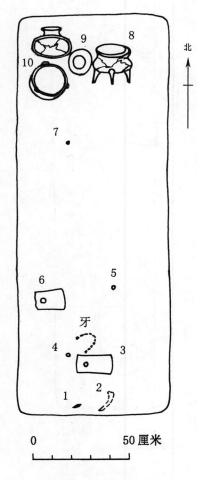

图一〇 M8 平面图

图一一 M17 平面图

1.玉锥形器 2~6、8、14~16.滑石珠 7、

1.玉坠饰 2.牙饰 3、6.石钺 4、5、

12.陶三鼻簋 13.陶簋 9.滑石管 10.陶

7.滑石珠 8.陶圆锥足鼎 9.陶尊

鱼鳍形足鼎 11.陶圈足罐

10.陶三鼻簋

鼎 18 件。夹砂红陶,部分带盖。鼎身形态大致可分侈口束颈垂腹较深与侈口鼓腹大圈底两类,其中隔档鼎 2 件。鼎足有 T 字形、鱼鳍形和圆锥形三种,以 T 字形为主。标本 M6:5,T 字形足,垂腹。口径 15、通高 18.8 厘米(图一二,1)。标本 M11:17,T 字形足,带隔档。口径 15.4、通高 17 厘米(图一二,2)。标本 M13:7,T 字形足,带隔档。口径 12、通高 17 厘米(图一二,3)。标本 M14:16,T 字形鼎足,垂腹。口径 14.8、通高 15 厘米(图一二,4)。标本 M17:8,圆锥足。口径 16、通高 12 厘米

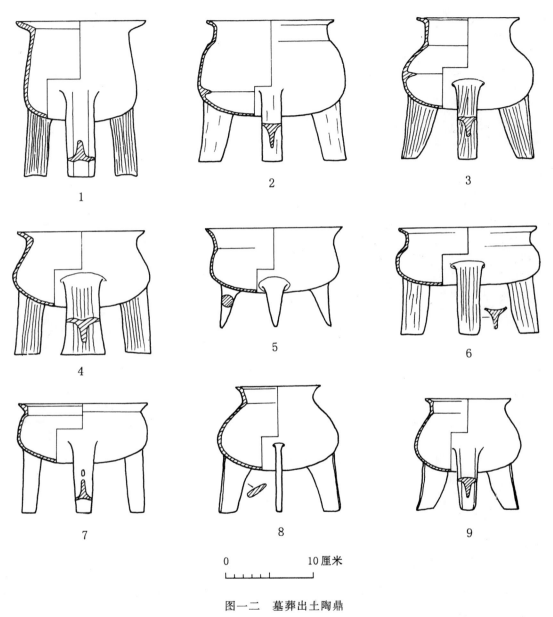

0　　　　　　10厘米

图一二　墓葬出土陶鼎

1.M6:5　2.M11:17　3.M13:7　4.M14:16　5.M17:8　6.M10:4　7.M7:4　8.M8:10　9.M12:9

（图一二，5）。标本 M10:4，T 字形鼎足，鼓腹，大圜底。口径 16、通高 13 厘米（图一二，6）。标本 M7:4，T 字形鼎足，鼓腹，大圜底。口径 15、高 13 厘米（图一二，7）。标本 M8:10，鱼鳍形足，垂腹。口径 9.6、通高 15 厘米（图一二，8）。标本 M12:9，T 字形足，垂腹。口径 10、通高 13.2 厘米（图一二，9）。

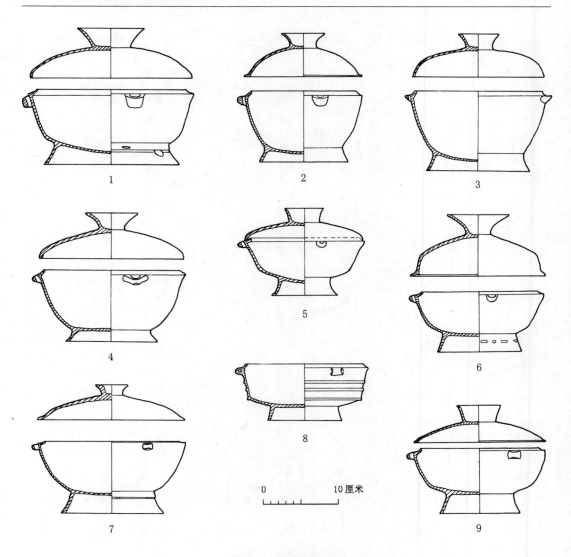

图一三　墓葬出土陶簋

1.M4:3　2.M7:5　3.M6:4　4.M5:5　5.M15:4　6.M17:10　7.M2:8　8.M12:10　9.M11:18

　　簋　20件。泥质灰陶和灰胎黑皮陶均有。簋形态可区分为三鼻簋和无鼻簋两种。三鼻簋子口内敛，一般有盖，鼻管有竖向也有横向，少数外腹部有凸弦纹，圈足上有镂孔者不多。标本M4:3，黑皮陶。竖向三鼻，带盖。盖高7.2、口径20、圈足径18、器高10.8、通高17厘米（图一三，1）。标本M7:5，黑皮陶，竖向三鼻，带盖。盖高6.2、口径14.2、圈足径12、器高10、通高15.6厘米（图一三，2）。标本M6:4，泥质灰陶。带盖。口沿部三鼻呈錾状，中心一小孔。盖高6、口径17.6、圈足径14、器高11.4、通高16.8厘米（图一三，3）。标本M5:5，泥质灰褐陶。竖向三鼻，带盖。

盖高 6.6、口径 18.2、圈足径 12、器高 10、通高 16 厘米（图一三，4）。标本 M15:4，泥质灰陶。竖向三鼻，带盖。盖高 4.5、口径 14、圈足径 8.8、器高 8、通高 12.2 厘米（图一三，5）。标本 M17:10，泥质灰陶。竖向三鼻，带盖。盖高 8.4、口径 15.6、圈足径 11.4、器高 8.4、通高 16 厘米（图一三，6）。标本 M2:8，泥质灰陶。横向三鼻，带盖。圈足上凸棱一周。盖高 5、口径 18、圈足径 13.8、器高 10、通高 14.6 厘米（图一三，7）。标本 M11:18，泥质灰陶。竖向三鼻，带盖。盖高 5.2、口径 16、圈足径 11.2、器高 9、通高 13.6 厘米（图一三，9）。标本 M12:10，泥质灰胎黑皮陶。横向三鼻，子口，折腹。外腹凸弦纹三周。口径 16、圈足径 9.6、器高 8 厘米（图一三，8）。标本 M14:14，泥质灰胎黑皮陶。横向三鼻，带盖。斜收腹，高圈足。下腹外表凸弦纹四周，圈足凸棱间饰圆形和长方形镂孔。盖高 9.2、口径 18、圈足径 14.5、器高 10.4、通高 18 厘米（图一四，1）。标本 M13:8，泥质灰褐胎黑皮陶。带盖。横鼻，腹弧折，圈足较矮。外腹四周凸弦纹。盖高 7.6、口径 18、圈足径 14、器高 10、通高 17 厘米（图一四，2）。标本 M8:12，泥质灰胎黑皮陶。带盖。横鼻，外腹凸弦纹三周。盖高 4.6、口径 14、圈足径 8.8、器高 8.5、通高 12.6 厘米（图一四，3）。标本 M9:4，泥质灰陶。带盖，竖向三鼻。盖高 4.4、口径 15.2、圈足径 10.8、器高 6.8、通高 12.6

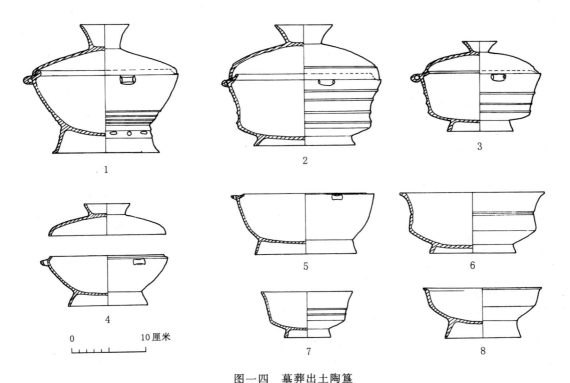

图一四　墓葬出土陶簋

1. M14:14　2. M13:8　3. M8:12　4. M9:4　5. M18:6　6. M12:1　7. M8:7　8. M8:13

厘米（图一四，4）；标本 M18:6，竖向三鼻。口径 16.8、圈足径 13.8、高 8.4 厘米（图一四，5）。标本 M12:1，泥质灰胎黑皮陶。无鼻。侈口，中腹内收，矮圈足。腹饰深凹弦纹一周。口径 20、圈足径 12、高 8.6 厘米（图一四，6）。标本 M8:7，泥质灰胎黑皮陶，敞口侈沿，无鼻。外腹凸弦纹二周。口径 12.4、圈足径 6.4、高 6.4 厘米（图一四，7）。标本 M8:13，泥质灰胎黑皮陶。无鼻。口径 16.2、圈足径 10.4、高 14 厘米（图一四，8）。

圈足盘　2 件。标本 M6:1，夹砂灰陶。宽沿平折，大圈足。口径 26.8、底径 19.2、高 7.8 厘米（图一五，1）。

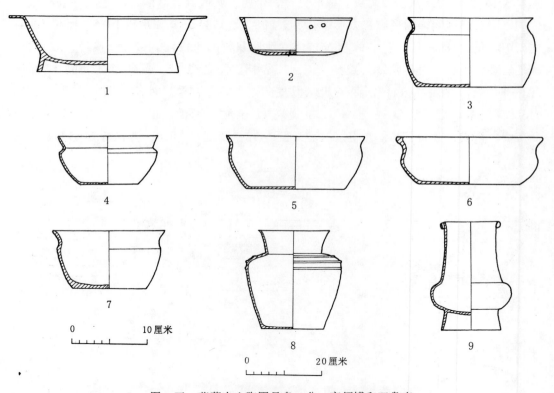

图一五　墓葬出土陶圈足盘、盆、高领罐和双鼻壶

1.陶圈足盘 M6:1　2~7.陶平底盆 M10:2、M14:18、M4:6、M3:3、M18:1、M5:7　8.陶高领罐 M14:17

9.陶双鼻壶 M6:2

平底盆　6 件。泥质灰陶和泥质红陶均有发现，造型基本统一，侈口平底。标本 M10:2，敞口，平沿，斜腹。上腹圆形镂孔二个。口径 15、底径 8、高 5.2 厘米（图一五，2）。标本 M14:18，泥质灰陶。翻沿，鼓腹。口径 17、底径 14.8、高 9.6 厘米（图一五，3）。标本 M4:6，侈口，小折肩。口径 13.2、底径 8、高 6.8 厘米（图一五，4）。

标本 M3:3，泥质灰陶。口径 18.8、底径 13、高 7.4 厘米（图一五，5）。标本 M18:1，泥质红陶。口径 19.8、底径 13.6、高 6.8 厘米（图一五，6）。标本 M5:7，泥质红陶。口径 14.8、底径 10、高 8 厘米（图一五，7）。

圈足盆　1件。无法复原。

高领罐　1件。标本 M14:17，泥质灰陶。高领，丰肩，平底。肩部凸弦纹三周。口径 19.4、底径 16.6、高 26.8 厘米（图一五，8）。

圈足罐　1件。标本 M8:11，泥质灰陶。溜肩，鼓腹。大圈足上饰三角形镂孔。口径 9.6、底径 11.6、高 10.4 厘米（图一六，1）。

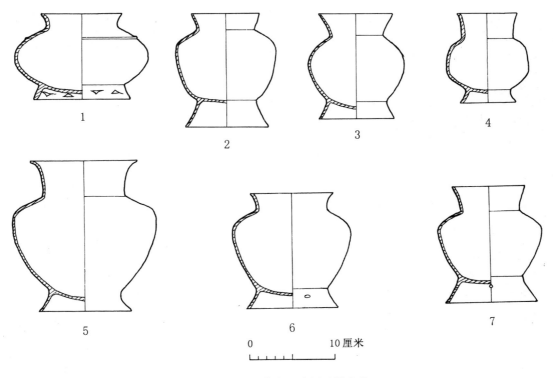

图一六　墓葬出土陶圈足罐和尊

1. 陶圈足罐 M8:11　2~7. 陶尊 M9:1、M12:11、M17:9、M7:2、M11:7、M14:15

平底罐　1件。无法复原。

另有二件罐难以辨别器形特征。

尊　8件。泥质灰陶，个别黑皮陶。标本 M9:1，侈口，丰肩，高圈足。口径 7.8、底径 10、高 14.2 厘米（图一六，2）。标本 M12:11，侈口，圆鼓腹。口径 8.8、底径 8.6、高 15 厘米（图一六，3）。标本 M17:9，侈口，丰肩，鼓腹。口径 7.2、底径 6.8、高 12 厘米（图一六，4）。标本 M7:2，泥质灰陶。黑皮脱落。侈沿，高领，广肩，小圈足。口径 12.8、底径 11.2、高 18.4 厘米（图一六，5）。标本 M11:7，侈口，丰肩，圈足椭圆形半镂孔二个。口径 9.8、底径 10.8、高 14 厘米（图一六，6）。标本 M14:15，侈口，丰肩，大圈足，足上圆形小镂孔二个。口径 8.8、底径 10.8、高 14.2 厘米（图一六，7）。

双鼻壶　1 件。标本 M6:2，泥质灰褐胎黑皮陶。扁腹，高圈足。口径 7.2、底径 8、高 15 厘米（图一五，9）。

器盖　2 件。无法复原。

（2）石器　184 件。

墓葬出土的石器主要是石钺。石钺可明确区分为两类。一类，石质细腻，制作精良，出土时光亮可鉴。另一类，石质多遭侵蚀风化，虽也通体磨光，但远不如前者讲究。石钺均管钻法对钻孔。部分珠、管系质地较软的滑石。滑石珠由细长滑石管切割而成。

石钺　14 件。标本 M11:11，石质青灰细腻，体扁薄，通体精磨抛光，未开刃。长 13.7、厚 0.6 厘米。孔径 1.6 厘米（彩版二，1；图一七，1）。标本 M11:13，形体较大，通体抛光，弧刃。长 16.4、厚 1.2 厘米。孔径 2.25 厘米（图版一，1；图一七，4）。标本 M11:16，通体精磨抛光，钺身两侧较薄，未开刃。长 12.7 厘米。孔径 1.8 厘米（图版一，2；图一七，11）。标本 M11:14，石钺扁薄，制作精良，刃部完好无损。长 18.5、宽 15、厚 0.8 厘米。孔径 3.1 厘米（彩版二，2；图版一，3；图一七，6）。标本 M13:6，制作讲究，刃部有小缺口。长 16.5 厘米。孔径 1.8 厘米（彩版二，3；图版一，4；图一七，2）。标本 M13:5，扁薄，通体磨光，刃部中间有一较大的崩缺。长 17.3、厚 0.8 厘米。孔径 2.8 厘米（彩版二，4；图版二，1；图一七，9）。标本 M4:1，扁薄，磨制良好，刃部一侧稍残。长 13.8、厚 0.5 厘米。孔径 2 厘米（图版二，2；图一七，5）。标本 M7:3，两侧及顶部也磨薄如刃。长 15 厘米。孔径 1.6 厘米（图版二，3；图一七，8）。标本 M17:6，刃部崩缺严重。长 12.7 厘米。孔径 2.2 厘米（图版二，4；图一七，12）。标本 M6:3，石质酥软，风化严重。长 15.7 厘。孔径 1.6 厘米（图一七，7）。标本 M17:3，石质侵蚀严重，长 17 厘米（图一七，3）。标本 M15:3，石质风化，两侧磨薄如刃，器形较小。长 11 厘米（图一七，10）。

滑石管（珠）　170 件。一般作串饰组合使用，各墓出土的滑石珠形状和大小基本相同，为良渚文化常见之物，可参见标本 M2:1、M5:2、M8:3、M8:9、M12:17、M17:4（图一八，1~6）。

（3）玉器　26 件。

除 M11、M13 随葬玉璧和玉三叉形器外，其余均是玉锥形器、玉坠饰、玉管和玉珠等小件玉饰品。玉锥形器和玉坠饰难以从形态上来区分，从其出土位置来确定可能比

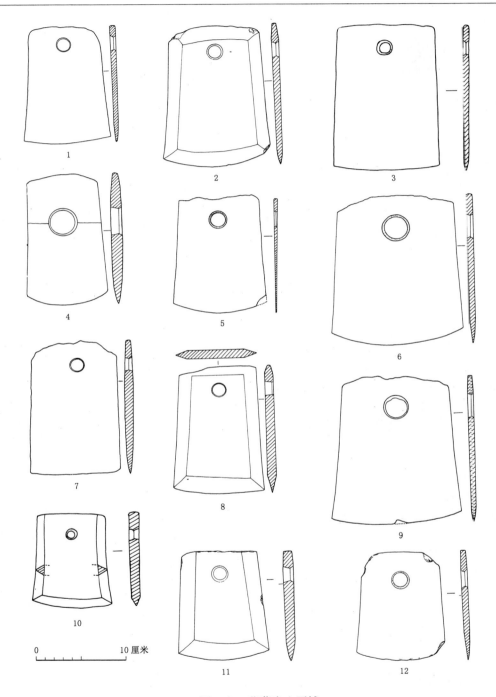

图一七　墓葬出土石钺

1.M11:11　2.M13:6　3.M17:3　4.M11:13　5.M4:1　6.M11:14　7.M6:3　8.M7:3　9.M13:5　10.M15:3

11.M11:16　12.M17:6

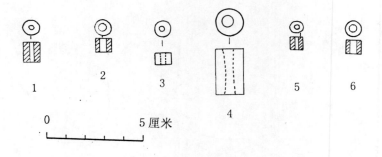

图一八 墓葬出土滑石珠

1.M2:1 2.M5:2 3.M8:3 4.M8:9 5.M12:17 6.M17:4

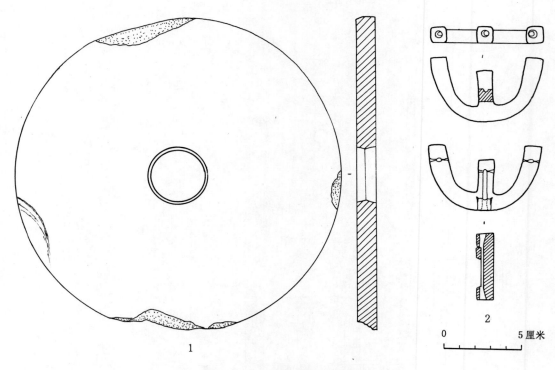

图一九 墓葬出土玉璧和三叉形器

1. 璧 M11:12 2. 三叉形器 M13:3

较符合其实际用途，在头部的定名为玉锥形器，在颈胸部的作坠饰。

　　璧 1件。标本 M11:12，玉色青灰，微受沁。最大直径21.3、厚1.3厘米。孔径3.5～3.8厘米。玉璧外缘有三处凹缺，璧面残留切割痕，璧孔双面管钻（彩版三，1；图版三，1；图一九，1）。

　　三叉形器　1件。标本 M13:3，玉色青灰泛白，正面磨平抛光，背面三叉的上端和中叉的下端均有凸块，凸块上均钻有竖向贯通的小圆孔。通高 4.5、总宽 7.7 厘米（彩版三，2；图版三，2；图一九，2）。

　　锥形器　9件。玉质保存较差，多受沁呈鸡骨白，部分沁蚀严重者呈粉末状。九件玉锥形器中八件截面为圆形或椭圆形，尾部均有小孔。一件方锥形器尾部无小孔。标本 M14:1，圆体锥。长 9.3、直径 1.1 厘米（图二〇，1）。标本 M10:1，圆体锥。长 8、直径 0.8 厘米（图二〇，2）。标本 M7:1，方形锥。长 6.5、边长 0.7 厘米（图二〇，3）。标本 M12:8，圆体锥。长 4.5、直径 0.6 厘米（图二〇，4）。标本 M11:2，圆体锥。长 5、直径 0.6 厘米（图二〇，5）。标本 M16:1，椭圆体锥。长 4.5、直径 1.1 厘米（图二〇，6）。标本 M5:1，椭圆体锥。长 4.5、直径 1.1 厘米（图二〇，7）。

　　坠饰　3件。坠体椭圆形，二件尾部有孔，一件圆榫状。标本 M15:2，尾部圆榫无孔。长 3.3 厘米（图二〇，15）。标本 M17:1，玉色鸡骨白，长 2.8 厘米（图二〇，16）。标本 M13:4，玉色黄褐。长 2.8 厘米（图二〇，17）。

　　管（珠）　12件。玉色鸡骨白。加工良好，均经抛光处理，管、珠均对钻孔，珠作鼓形，直径 1.5 厘米以内，长不超过 2 厘米，邃孔玉珠仅见一件。可参见标本 M13:9

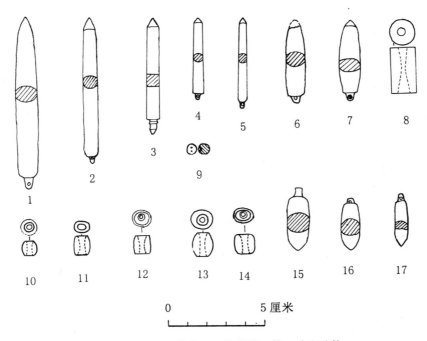

0　　　　　　　　5 厘米

图二〇　墓葬出土玉锥形器、管、珠和坠饰

1～7. 锥形器 M14:1、M10:1、M7:1、M12:8、M11:2、M16:1、M5:1　8. 管 M13:9-1　10～14. 珠 M13:9-3、M12:10、M1:3、M13:9-4、M1:4　15～17. 坠饰 M15:2、M17:1、M13:4

－1、M13∶9－3、M12∶10、M1∶3、M13∶9－4、M1∶4（图二〇，8～14）。

（4）其　他

牙器　1件。出于 M17，类似獐牙，无法完整起取。

十八座墓的出土遗物，可详见叭喇浜遗址墓葬随葬遗物登记表。

叭喇浜遗址墓葬随葬遗物登记表

墓　号	墓　向	墓坑	随葬遗物	
		长×宽—深（米）	陶器	石、玉器
M1	180°	2.46×0.62－0.20	T字形足鼎1、三鼻簋1、尊1、圈足盆1	玉管2
M2	180°	2.30×0.70－0.20	圆锥形足鼎1、罐1、三鼻簋1	滑石珠60
M3（残）	180°	2.10×0.80－0.30	T字形足鼎1、圈足盘1、平底盆1	
M4	180°	2.10×0.80－0.30	T字形足鼎1、三鼻簋1、平底盆1、器盖1	石钺1、玉珠2
M5	180°	2.20×0.90－0.20	鱼鳍形足鼎1、三鼻簋1、平底盆1	玉锥形器1、滑石珠3
M6	头向170°	2.46×0.84－0.46	T字形足鼎1、圈足盘1、三鼻簋1、双鼻壶1	石钺1
M7	165°	2.05×0.75－0.55	T字形足鼎1、三鼻簋1、尊1	石钺1、玉锥形器1
M8	180°	2.40×0.65－0.15 人骨无存	鱼鳍形足鼎1、簋1、三鼻簋2、圈足罐1	滑石珠9、滑石管1、玉锥形器1
M9	185°	2.00×0.80－0.50	鱼鳍形足鼎1、尊1、三鼻簋1	石钺1
M10	175°	2.20×0.80－0.40	T字形足鼎1、簋1、平底盆1、器盖1	玉锥形器1
M11	头向180°	2.60×0.95－0.15	T字形足鼎1、三鼻簋1、尊1	石钺5、滑石管1、滑石珠7、玉璧1、玉锥形器1
M12	170°	2.10×0.80－0.30	T字形足鼎1、三鼻簋1、簋1、尊1、平底罐1	玉锥形器1、玉珠1、滑石珠12
M13	180°	2.25×0.85－0.30 人骨无存	T字形足鼎1、罐1、三鼻簋1	石钺2、滑石珠62、玉三叉形器1、玉锥形器1、玉坠饰1、玉管1、玉珠3
M14	头向175°	2.80×0.90－0.65	T字形足鼎1、三鼻簋1、尊1、平底盆1、高领罐1	滑石珠12、玉锥形器1
M15	185°	2.20×0.80－0.50	T字形足鼎1、三鼻簋1、尊1	石钺1、玉坠饰1
M16	180°	2.20×0.80－0.10	T字形足鼎1、簋1	玉锥形器1
M17	180°	2.20×0.80－0.15	圆锥形足鼎1、三鼻簋1、尊1	石钺2、滑石珠3、玉坠饰1、兽牙饰1
M18	170°	2.05×0.80－0.25	T字形足鼎1、平底盆1、三鼻簋1	玉珠3

2. 灰坑遗物

灰坑遗物丰富，以陶器为主，石器数量不少。

（1）陶　器

H1 和 H2 出土陶器从陶系到器物的种类都差不多。H2 出土陶片 1280 片，其中泥质灰陶 572 片，占出土陶片总数的 44.7%；泥质灰胎黑皮陶 231 片，占陶片总数的 18%；夹砂红陶 228 片，占陶片总数的 17.8%；夹砂灰陶 127 片，占陶片总数的 9.9%；泥质红陶 122 片，占陶片总数的 9.5%。器形有鼎、豆、罐、壶、杯、圈足盘、簋、三足盆、三实足盉和袋足鬹等。陶器轮制为主。装饰技法有镂孔、刻划和锥刺。镂孔常见于豆的圈足上，圆形、弧边三角形组合镂孔常见。锥刺主要发现于泥质红陶罐的口沿及肩部，刻划纹多见于黑皮陶豆、壶。装饰图案主要是鸟纹。

鼎　5 件。基本复原。夹砂红陶，部分夹石英云母。器表有的经打磨处理。形态丰富。鼎足以 T 字形居多，也有一定数量的圆锥形，瓦足鼎的数量很少。标本 H2∶23，侈口，折沿，垂腹，大圜底，T 字形足已残。口径 16 厘米（图二一，1）。标本 H2∶17，侈口，垂腹，三扁方足，腹部有一把手。口径 14.8、高 17 厘米（图二一，2）。

鼎足　发现数量较多，主要为 T 字形足，少量圆柱形，可参见标本 H1∶28、H1∶29、H1∶30、H1∶31、H1∶32、H1∶33、H1∶34、H1∶35、H2∶45、H2∶46、H2∶47、H2∶48、H2∶49、H2∶50（图二一，3~14、17、18）。

豆　6 件。泥质灰胎黑皮陶，少量器形高大的豆的胎体中掺和有少量的细砂。豆的形态丰富多样。标本 H2∶1，夹细砂黑陶。器形高大，子口，浅腹，高把。豆把上饰上下两组镂孔纹，上组圆形、弧边三角形组合镂孔，下组三台阶（祭坛）状和弯月形镂孔。口径 19.2、底径 19.6、高 26 厘米（彩版四，1；图版四，1；图二二，2）。标本 H2∶42，胎体中夹较多的细砂，器表经浸浆处理，陶色灰黑。子口，浅盘，大喇叭圈足，上饰圆形、弧边三角形组合镂孔。口径 31、底径 23.6、高 13 厘米（彩版四，2；图版四，2；图二二，1）。标本 H1∶19，泥质灰胎黑皮陶。方唇，弧腹浅盘，喇叭形豆把上有凸棱，间饰长方形半镂孔。口径 17、底径 11、高 11 厘米（图版四，3；图二二，3）。标本 H1∶17，泥质灰胎黑皮陶。罐式豆。口径 7.8、底径 10.4、高 15.6 厘米（图版四，4；图二二，4）。标本 H2∶14，泥质灰胎黑皮陶，黑皮脱落。侈口，弧腹下有凸棱，豆把上有扉棱，并饰圆形、弧边三角形镂孔。口径 12.3、底径 10、高 12.5 厘米（图二二，5）。

豆的残器发现甚多，豆盘普遍较浅，豆把造型丰富，如标本 H1∶20、H2∶12、H2∶52、H1∶36、H1∶37、H1∶38、H1∶39、H1∶40、H2∶53、H1∶41、H2∶54、H2∶55、H1∶42（图二二，6~18）。豆把上常见镂孔装饰，鸟是表现的主题（母题），如标本 H1∶14、H1∶15（图二三，1、2）。

罐　8 件。泥质灰陶罐和泥质红陶罐数量相近，黑皮陶罐少量。罐的形态丰富，平底罐占绝大多数，圈足罐不多。泥质灰陶高领罐和泥质红陶翻沿锥刺纹罐数量最多。弦

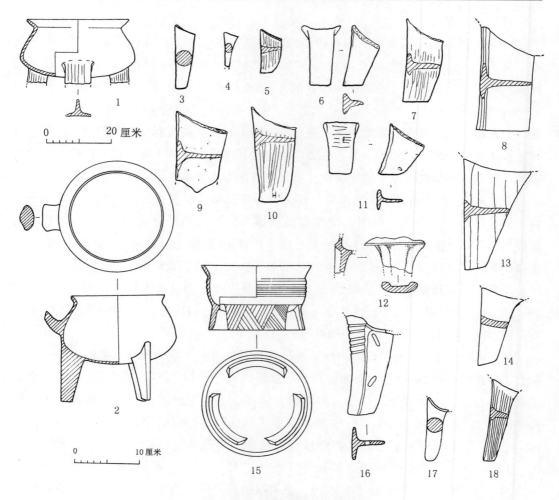

图二一　灰坑出土陶器和陶片

1、2. 鼎 H2:23、17　3~7、9~11. 鼎足 H1:28~35　8、12~14、17、18. 鼎足 H2:45~50　15. 瓦足盆 H2:20
16. 三足盘足 H2:51

纹是罐上常见的纹饰，少量黑皮陶罐上刻划鸟纹和网格纹。红陶罐上的戳点纹纹样变化较多，用红彩带装饰口沿的数量很少。标本 H1:05，泥质灰陶。直口，弧腹，平底。口径 15、底径 8.5、高 10.5 厘米（图二四，2）。标本 H2:43，泥质灰陶。高领翻沿，平底。外腹凹弦纹。口径 24、底径 18、高 30 厘米（图二四，3）。标本 H2:44，泥质灰陶。高领，丰肩，平底。口径 18、底径 18.2、高 28.6 厘米（图二五，6）。标本 H1:8，泥质灰陶。侈口，垂腹，平底。口径 8.4、底径 8、高 8.2 厘米（图版五，1；图二四，4）。标本 H1:11，泥质灰陶。侈口，鼓腹，平底。口径 8.8、底径 8.4、高 7.8 厘米（图版五，2；图二四，5）。标本 H2:34，泥质灰胎黑皮陶。侈口，垂腹，矮圈足。口径

5.5、底径 5、高 4 厘米（图二五，9）。标本 H2:38，泥质灰胎黑皮陶。侈口，尖唇，假圈足。口径 5.2、底径 4、高 3.7 厘米（图二五，10）。标本 H1:25，泥质红陶。复

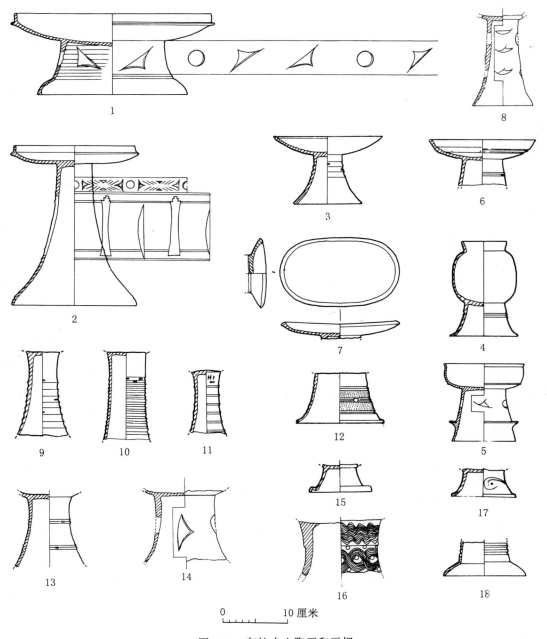

图二二　灰坑出土陶豆和豆把

1～5. 豆 H2:42、H2:1、H1:19、H1:17、H2:14　6、7. 残豆 H1:20、H2:12　8～18. 豆把 H2:52、H1:36～40、H2:53、H1:41、H2:54、H2:55、H1:42

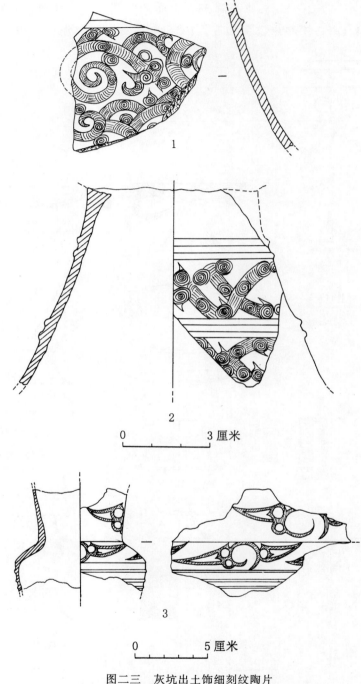

0   3厘米

0   5厘米

图二三　灰坑出土饰细刻纹陶片

1.黑皮陶豆把上的鸟纹 H1:14　2.黑皮陶豆把上的鸟纹 H1:15　3.陶壶肩上的简体鸟纹 H1:1

原。器形硕大，口沿部锥刺纹一周。口径22、底径16、复原高29厘米（图二四，1）。标本 H1:6，泥质红陶，器表有红陶衣。口残，丰肩，高圈足。底径 18.8、残高 22厘米（图二四，6）。

罐类口沿发现甚多，如标本 H1:43、H1:44、H2:55、H1:45、H1:46、H2:56、H2:57、H2:58、H2:59（图二四，7～14、16）、H1:48、H1:49、H1:50、H1:51、H1:52、H1:53、H1:54（图二五，1～5、7、8）。个别罐的肩上刻划有简体鸟纹，如标本 H1:47（图二四，15）。

壶　4件。均黑皮陶。双鼻壶为主。陶壶最突出的时代特征是扁腹、高圈足，有些壶制作粗糙，黑皮脱落，器形很小。双鼻壶均素面无纹。在标本 H1:1 残陶壶的肩部刻有简体的鸟纹（图二三，3）。标本 H2：27，双鼻壶。口径 6、底径 7.8、高 13 厘米（图二六，1）。

瓦足盆　1 件。H2：20，泥质灰胎黑皮陶。侈口，深腹，圜底近平。外腹饰凹弦纹，瓦足上斜向交错的刻划纹。口径 17.2、通高 10.4 厘米（图版五，5；图二一，15）。

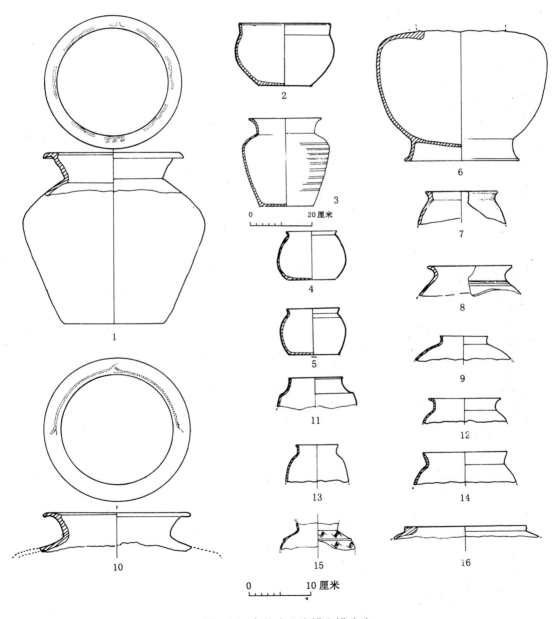

图二四　灰坑出土陶罐和罐残片

1～6. 罐 H1：25、H1：05、H2：43、H1：8、11、6　7～14、16. 罐残片 H1：43、H1：44、H2：55、H1：45、H1：46、H2：56～59　15. 饰细刻纹陶罐残片 H1：47

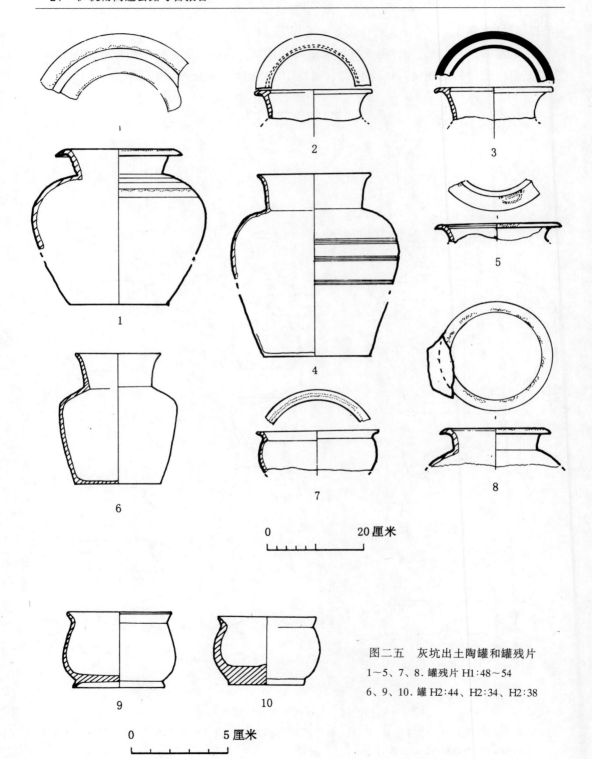

图二五 灰坑出土陶罐和罐残片
1～5、7、8.罐残片 H1:48～54
6、9、10.罐 H2:44、H2:34、H2:38

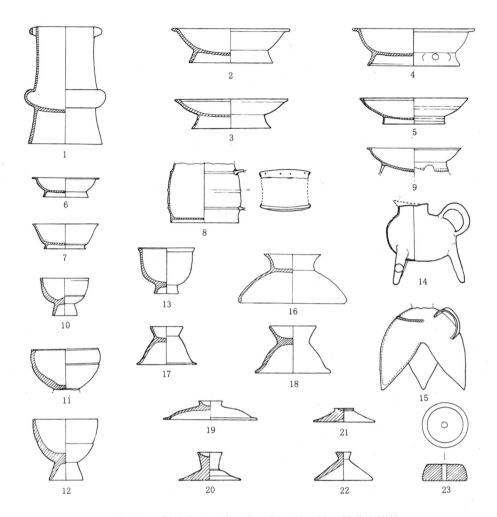

图二六　灰坑出土陶壶、盘、杯、盂、鬶、器盖和纺轮

1. 双鼻壶 H2:27　2～7、9. 圈足盘 H2:32、H1:26、H1:27、H1:6、H2:11、H1:10、H2:60　8. 宽把杯 H2:39
10～13. 小杯 H2:18、H2:33、H2:9、H2:21　14. 实足盂 H1:7　15. 袋足鬶 H2:40　16～22. 器盖 H1:24、H1
:12、H2:22、H2:2、H1:18、H1:13、H2:3　23. 纺轮 H2:30（1、8、11～13、17～23 为 1/4，2～5、9、10、
14～16 为 1/8，6、7 为 1/16）

　　另有少量泥质灰胎黑皮陶三足盘的残足发现，如标本 H2:51（图二一，16）。

　　圈足盘　6件。泥质灰陶和黑皮陶均有发现。标本 H2:32，坦腹浅盘，大圈足。口
径24、底径 17.6、高 7.4 厘米（图版五，3；图二六，2）。标本 H1:26，口径 17、高
6.4 厘米（图二六，3）。标本 H1:27，泥质灰陶。圈足上刻划圆圈、圆弧纹。口径24、
底径 19.6、高 8 厘米（图二六，4）。标本 H1:6，泥质灰胎黑皮陶。弧腹浅盘，矮圈
足。外腹、圈足上有弦纹。口径 22.8、底径 13、高 5.8 厘米（图二六，5）。标本 H2:

11，口径 25.6、底径 19.2、高 8.5 厘米（图二六，6）。标本 H1:10，泥质灰陶。口径 28、底径 18、高 10.8 厘米（图版五，4；图二六，7）。标本 H2:60，圈足残。圈足饰锥刺纹。口径 20 厘米（图二六，9）。

杯　5 件。均泥质灰胎黑皮陶。宽把杯、筒形杯和圈足小杯均有出土。标本 H2:39，宽把杯。口残，圈足较矮。微鼓腹上凸弦纹三周。杯把宽 5.2 厘米（图二六，8）。标本 H2:9，圈足小杯。敞口，小圈足。外腹有凸棱一周。口径 6.8、底径 3.6、高 6.5 厘米（图版六，1；图二六，12）。标本 H2:21，圈足小杯，敞口侈沿，沿下有宽 0.5 厘米的红彩带。口径 6、底径 2.6、高 5 厘米（图二六，13）。标本 H2:18，圈足小杯，敞口，小杯内底凸隆。口径 10、底径 5、高 8.3 厘米（图二六，10）。标本 H2:33，杯圈足残。口径 7.2 厘米（图二六，11）。

实足盉　1 件。标本 H1:7，泥质黑陶。器表经打磨，胎薄易碎。三实足胎体中掺和少量的细砂。口稍残。残高 17 厘米（图版六，2；图二六，14）。

鬶　1 件。标本 H2:40，泥质灰陶。基本复原。口残，三袋足丰盈，前二足上有附加堆纹，另一足上安鋬。残高 18 厘米（图二六，15）。

器盖　7 件。造型丰富。标本 H1:24，泥质红陶。盖径 22、高 11 厘米（图二六，16）。标本 H1:12，泥质灰陶。口径 6.4、高 4.2 厘米（图版六，3；图二六，17）。标本 H2:22，泥质灰陶。盖径 8、高 5.2 厘米（图二六，18）。标本 H2:2，夹砂红陶。盖径 20、高 4 厘米（图二六，19）。标本 H1:18，黑皮陶。口径 6.5、高 3 厘米（图二六，20）。标本 H1:13，黑皮陶。口径 6.5、高 1.4 厘米（图二六，21）。标本 H2:3，夹砂灰陶。盖径 6、高 3 厘米（图二六，22）。

纺轮　1 件。标本 H2:30，夹砂陶。直径 4.6、高 1.7、孔径 0.4 厘米（图二六，23）。

（2）石　器

出土数量不少，器形有锛、镞、镰、带柄刀、耨刀、犁和锄形器。

锛　7 件。标本 H1:2，有段石锛。磨制规整，抛光良好。长 10、宽 2.7 厘米（彩版四，3；图版七，1；图二七，1）。标本 H2:6，有段石锛。长 3.7、宽 2.6 厘米（图版七，2；图二七，5）。标本 H2:7，有段石锛。刃部崩疤明显。长 6.3、宽 3.4 厘米（图版七，3；图二七，3）。标本 H1:4，有段石锛。顶部残，刃部有崩疤。长 4、宽 2.8 厘米（图二七，4）。标本 H2:19，有段石锛。段部有槽。长 4.7、宽 2 厘米（图二七，2）。标本 H2:15，有段石锛，石质风化严重。长 14 厘米（图二七，6）。标本 H2:29，石质风化严重。长 12.4 厘米（图二七，7）。

镞　4 件。标本 H1:3，沉积岩打制，未磨。长 12.7 厘米（图版七，4；图二七，8）。标本 H2:4，菱形镞身，铤残。残长 5.6 厘米（图二七，9）。标本 H2:24，菱形镞身，圆铤。残长 6.9 厘米（图版七，5；图二七，10）。标本 H2：41，柳叶形。长 8.5 厘米（图二七，11）。

带柄刀　1 件。标本 H2：5，沉积岩。单面刃。刀长 13.8 厘米（图版八，3；图二

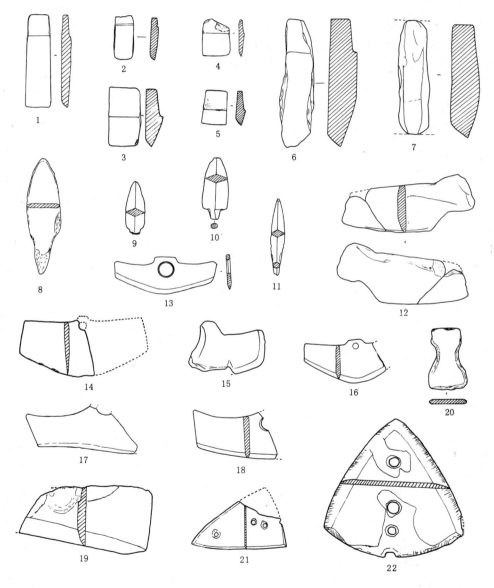

图二七　灰坑出土石锛、镞、刀、耨刀、镰、锄形器和犁

1～6. 有段石锛 H1：2、H2：19、H2：7、H1：4、H2：6、H2：15　7. 锛 H2：29　8～11. 镞 H1：3、H2：4、H2：24、H2：41　12. 带柄刀 H2：5　13～18. 耨刀 H2：26、H1：55、H2：61、H2：31、H1：16、H2：35　19. 镰 H1：16　20. 锄形器 H2：8　21、22. 犁 H1：01、H2：13（1～19 为 1/4，20、22 为 1/8，21 为 1/16）

七，12）。

镰刀　1件。标本H1：16，沉积岩。镰刀前端已残，刃部内弧，单面刃。刀残长15厘米（图二七，19）。

耨刀　1件。标本H2：26，刃宽10.6、厚0.6、孔径1.6厘米（彩版四，4；图版八，1；图二七，13）。

残耨刀发现不少，造型以凸榫下钻孔的居多，也有不钻孔的，一般磨制较精，钻孔采用管钻法对钻而成，如标本H1：55、H2：61、H2：31、H1：16、H2：35（图二七，14~18）。

犁　2件。沉积岩制作。标本H2：13，平面几乎呈等边三角形，后缘外弧，中线上琢孔三个，后缘上中间有凹缺，刃部磨损严重，刃缘已成细锯齿状，左刃只在后半部有锯齿状磨损痕，前半段完好，摩擦痕左右刃方向不一。长29.5、后缘宽29.4、厚1.2厘米（图版八，4；图二七，22）。标本H1：01，器形大而薄，发现的实物应是石犁用残后的改造器形，缺口处已重新磨制。长40厘米（图版八，5；图二七，21）。

锄形器　1件。标本H2：8，泥岩。平面亚腰形，刃部崩残严重。长13.5厘米（图版八，6；图二七，20）。

3. 地层遗物

地层遗物很少，多是难以复原的陶片，可辨器形有鼎、罐、簋、壶和纺轮等。另有少量的石器，器形有钺、锛、镞和耨刀等。

（1）陶器　12件。

鼎足　4件。鼎足截面外厚里薄，足侧面有密集的竖向刻划纹，如标本T7②：6、T7②：7、T7②：8、T7②：9（图二八，13~16）。

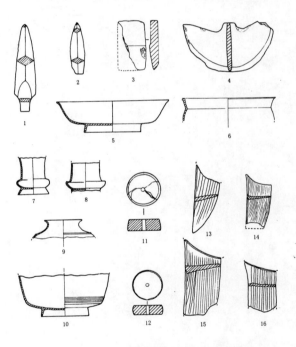

图二八　地层出土石镞、锛、耨刀，
陶盘、罐、壶、纺轮和陶器残片

1、2.石镞 T8②：1、2　3.有段石锛 T5②：2　4.石耨刀 T7②：1　5.陶圈足盘 T5②：1　6.陶罐口沿 T7②：5　7、8.陶双鼻壶 T4②：1、2　9.陶罐口沿 T7②：4　10.陶圈足盘 T10②：2　11、12.陶纺轮 T10②：1、T7②：2　13~16.陶鱼鳍形鼎足 T7②：6、7、8、9（1~4、11、12 为1/2，5、7、8、10、13~16 为1/4，6、9 为1/8）

罐口沿　2件。标本 T7②:5，泥质灰陶。敞口。口径 40 厘米（图二八，6）。标本 T7②:4，泥质灰陶。侈口，肩上有凸棱。口径 16 厘米（图二八，9）。

双鼻壶　2件。均为灰胎黑皮陶，黑皮剥落严重。口残。腹很扁。可参见标本 T4②:1、T4②:2（图二八，7、8）。

圈足盘　2件。泥质灰陶。标本 T5②:1，口径 24 厘米（图二八，5）。标本 T10②:2，口残。折腹处有弦纹。圈足径 10、残高 9 厘米（图二八，10）。

纺轮　2件。标本 T10②:1，直径 3.6 厘米（图二八，11）。标本 T7②:2，直径 3.2 厘米（图二八，12）。

（2）石器　4件。

镞　2件。标本 T8②:1，菱形镞身，扁铤。残长 9.5 厘米（图版七，6；图二八，1）。标本 T8②:2，铤残。残长 5.5 厘米（图二八，2）。

锛　1件。标本 T5②:2，有段石锛，残。长 5.4 厘米（图二八，3）。

耘刀　1件。标本 T7②:1，凸榫无孔，刃缘有崩疤。宽 9.5 厘米（图版八，2；图二八，4）。

三、结　语

通过发掘，对土墩的堆筑过程有了基本的认识。土墩始筑于良渚文化时期，利用地势高亢处堆土筑墩成为墓地。良渚文化时期作为墓地的土墩范围远没有现在这么大，仅是东西向宽约 20 余米的狭长条，位于现土墩的中心偏北，相对高度才 1 米上下。墓葬集中发现于长条状土墩的中心，原有墓葬数量当大于发掘的墓葬数。唐宋时期，又开始在土墩上营建砖室墓，加高扩大土墩。宋代以后植桑逐年培土增高。

叭喇浜遗址良渚文化堆积内涵丰富，出土遗物的形制阶段性特点明显。虽然由于取土破坏，野外没有取得墓地和 H1、H2，H1 和 H2 之间的相互间直接的叠压打破关系，没有获得相对早晚的地层学依据。H1 和 H2 位于墓地的东西两侧，灰坑遗物无论种类、器形均区别不大，只是 H2 为数不少的圈足小杯不见于 H1，其他鼎、豆、罐、壶形态基本一致，特别是断代意义明确的扁腹高圈足双鼻壶，两者完全相同。H1 和 H2 应是同时期的遗存。墓葬随葬遗物和作为日常生活堆积的灰坑遗物肯定有所区别，叭喇浜墓葬随葬遗物多为冥器的情况下更应如此。墓葬出土的鼎、簋和壶等物和灰坑出土同类陶器相近，难以将现有的资料作进一步的分期，故本报告暂将墓葬、灰坑作为同期遗存来讨论。

叭喇浜遗址十八座良渚文化墓葬集中发现于堆高约 1 米的专门墓地，墓地存在分组（区）现象，组（区）应是当时社会的最基本的一个单元。按区埋入公共墓地，事先应有周密的规划。每区墓葬彼此也没有打破叠压现象发生，一方面是规划的严密，执行制度的严格；另一方面，埋葬间隔当不会太长。墓葬的地面标记明确，界域清楚。随葬的鼎、簋、尊、盆、罐相同的陶器组合、一致的随葬方式和大体相近的形态特征均作了很好的说明。尽管没有发现可确定墓葬间相对早晚的地层学依据，各墓随葬陶器的形态特征及其差异对照目前已建立的相关陶器形制演变发展的逻辑顺序，每区（组）墓葬可能遵循由西向东、从南往北规则排列的。

叭喇浜遗址十八座墓葬随葬的鼎、簋、尊、盆、罐的陶器组合与良渚文化中期墓葬鼎、豆、壶随葬陶器组合完全不同，新近桐乡新地里遗址近百座良渚文化晚期墓葬随葬陶器的基本组合也是鼎、簋、尊、盆、罐、壶。看来这是良渚文化发展过程中具有断代意义的阶段性特征。叭喇浜墓葬中的陶鼎，鼎足以 T 字形为主，足面内凹呈 Y 字形，足面宽大于足侧面，与海宁千金角 M3 出土的同类陶鼎近似。标本 M8：10 鱼鳍形足鼎，足截面长方形，足面、侧面均无竖向划纹，与马桥文化时期同类鼎足特征接近。陶尊，高领、高圈足；簋，子口、深腹带鼻；平底盆，侈口大平底等均是良渚文化末期墓葬陶器的基本特征。

H1、H2 两个灰坑遗物的陶器和石器几乎包含了已知的良渚文化陶器、石器的所有种类。石器中一个突出的现象是石钺不见，石耘刀数量不少，石锛以小型为主，有的制作很粗糙，其中一件有段石锛段处有凹槽。陶器中鼎、罐、豆、壶多见，而墓葬中常见的尊、簋则很少见到。双鼻壶大多形制很小，壶颈部分陷于扁腹内，制作粗糙，黑皮无存，出土数量不少，但无一完整器发现。灰坑内出土遗物按理是日常生活用具而不是冥器，如此器小质次的双鼻壶与制作精美的黑皮陶双鼻壶难以相提并论。标本 H2：20 三瓦足盆与上海广富林 M1：4、雀幕桥 M4：9 同类器十分相似。形式多样的细高竹节把豆及豆把上形态大异其趣的细刻鸟纹均为良渚文化晚期所常见。标本 H2：42 豆，子口，浅腹，大圈足，饰圆形、弧边三角形镂孔，与平湖平邱墩 M8：10 豆毫无二致。标本 H2：1 豆把上镂刻"祭坛"状镂孔，另一镂孔纹样与上海福泉山 M101：3 带盖圈足罐上的镂孔和寺墩 M5 陶豆上的镂孔雷同。标本 H1：7 实足盉与亭林 T4：8、马桥 T10：8 同类器形制相同。陶鬶特征与雀幕桥遗址出土陶鬶相近，也与遂昌好川墓地早期陶鬶相似。敞口小圈足杯在良渚文化中比较少见，在遂昌好川墓地则出土不少与小圈足杯有某种传承关系的陶杯。

叭喇浜遗址墓葬随葬遗物的组合、随葬陶器的形态特征和灰坑出土器物的形制特征均显示出良渚文化晚期甚至末期的阶段性特点，可以将其作为良渚文化发展的最后一期文化遗存，新近发掘的新地里良渚文化遗址的资料大大丰富充实了这一阶段的资料，对它的认识也更为全面。

良渚文化是等级社会已为大家所认可。反山和瑶山、福泉山、荷叶地及散埋于居址周围的小墓代表良渚文化四个不同的等级，是良渚文化等级社会在埋葬制度上的反映与表现。也是我们研究良渚文化社会制度的基础。反山、瑶山是良渚文化最高等级的贵族墓地，随葬遗物以玉器为主，象征权力和财富的玉琮、玉钺、玉三叉形器、玉梳背（冠状饰）、玉璧一应俱全；陶器制作精良。福泉山墓地等级上低于反山、瑶山，随葬遗物无论玉器种类、真玉的比例、玉器制作的精美程度均逊色于反山、瑶山。而荷叶地作为第三等级的墓地，墓地（墩）范围明显小于上面两个等级，随葬遗物远没有一、二等级墓地丰富，十六座墓葬仅见玉琮一件，玉琮形制小、加工粗劣，又无玉钺和玉三叉形器发现。第四类小墓散落于居址周围平地，随葬遗物很少，一般几件陶器和少量小牛玉饰品，甚至没有随葬遗物，罕见体量较大的玉器，如浙北地区八十座良渚文化小墓发掘，无一玉璧出土。墓葬是社会的缩影，以良渚文化墓葬考古资料为基础建立的良渚文化社会结构分四等级的认识无疑有一定的道理，但未免简单、片面。良渚文化社会的实际情形当更为丰富和复杂，叭喇浜墓地的发掘，为我们探讨良渚文化社会结构提供了新的考古资料。

叭喇浜墓地土墩低矮，范围小，墓地等级低于荷叶地。墓坑窄小，十八座墓葬随葬陶器组合相同，鼎、簋、尊、罐为常见组合，属良渚文化小墓无疑，但在M11、M13两座墓葬中分别出土玉璧和玉三叉形器，且两座墓葬并排在一起，关系十分有意思，可惜没有可供进一步研究的诸如人骨等资料，而这两座墓葬的主人是这个墓地中的贵族应该是没有问题的。这一发现至少给我们以启示，良渚文化不同等级的社会成员死后不可能像我们以前所认为的那样严格区分，分类埋葬，除特殊阶层如高等级的神职人员等贵族单独埋葬外，一般应归属于他（她）生前的部落（氏族）埋入公共墓地，M11、M13就应该属于这种情况。

领队：王海明
发掘：孙国平、郑嘉励、朱宏中、王海明
绘图：朱宏中、孙国平、郑嘉励、王海明
执笔：王海明

桐乡章家浜、徐家浜良渚文化墓葬发掘

　　1995年9月～1996年1月，配合沪杭高速公路建设，在桐乡县南日镇民丰村进行考古发掘。发掘位置在两片隆起的桑树地，俗称章家浜和徐家浜，旁有面积不大的水域，故名（图一）。地处杭嘉湖平原，起伏相间的土丘多为人工堆筑，实际上已成为历史上生产生活方式的遗留形式，现多辟为桑地。这次发掘，共发现良渚文化时期墓葬11座，现报告如下。

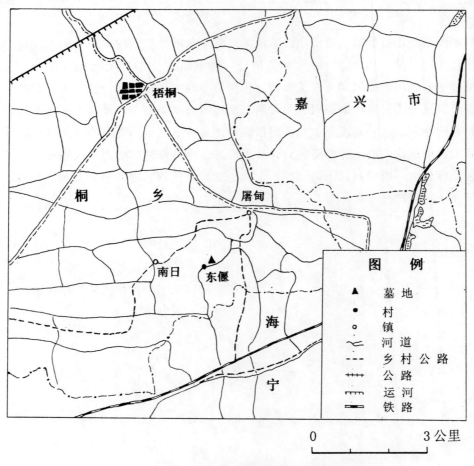

图一　桐乡章家浜、徐家浜墓区地理位置图

一、章家浜墓区

　　土丘平缓，海拔 4.7 米，相对高度约 2.5 米。南部里许为金岳门自然村。高速公路从土丘的北部通过。探方分布两区，北区为 5×10 平方米探方 7 个，编号 T1～T7；南区为 5×10 平方米探方 4 个，编号 T8～T11。为弄清土丘堆积特点，在南、北区另布 2×35 米（TG1）、2×18 米（TG2）东西向探沟各一条。墓葬集中在北区，共 5 座（图二）。

　　（一）地　层

　　以 T6、T7 北壁剖面为例（图三）。

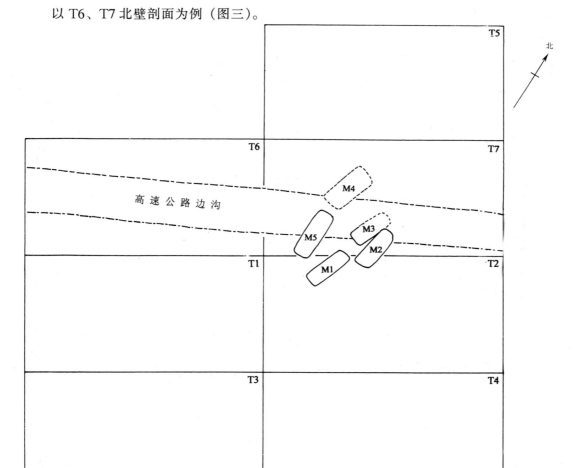

图二　章家浜北区发掘布方及墓葬分布图

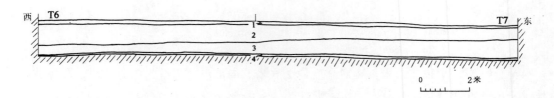

图三　章家浜 T6、T7 北壁剖面图
1.耕土层　2.深褐色土　3.暗红色硬积土　4.黑色土

第1层　厚0.15～0.20米。松软、黄褐色耕土层。

第2层　厚0.60～0.80米。分布整个发掘区，土色深褐，不纯，间杂砖瓦及硬陶瓶、粗质青瓷碗等，为宋代堆积层。

第3层　厚0.45～0.85米。暗红色硬积土，较纯净，偶出鱼鳍形鼎足等陶片，联系与之相连 TG1 南壁剖面，该层在发掘区以西35米处呈缓坡状消失，可判断该堆积为良渚时期营作的人工土墩。墓葬均开口于该层层面。

第4层　厚0.05～0.15米。黑色土，无包含物。

以下为生土。

（二）墓　葬

M1，长方形竖穴土坑墓。长1.90、宽0.74、残深0.30米。墓向216°。葬具及尸骨均腐朽不见。随葬遗物分陶、石和玉三类。陶器有双鼻壶1、A型豆1、B型豆1、A型器盖2，其中B型豆、A型器盖各一件置于填土中，不及底。墓底另有石钺1、A型玉珠4、B型玉珠2、玉缀饰2、玉管3（图四）。

M2，长方形竖穴土坑墓。长1.76、宽0.70、残深0.21米。墓向196°。葬具及尸骨均腐朽不见。随葬陶罐1、A型玉珠1（图五）。

M3，长方形竖穴土坑墓，被晚期沟打破。长度不明，宽0.70、残深0.30米。墓向197°。葬具及尸骨腐朽不见。随葬C型陶豆1、陶双鼻壶1（图六）。

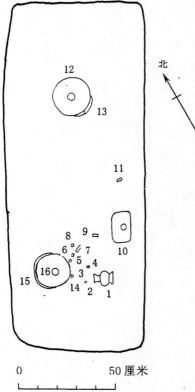

图四　章家浜 M1 平面图

1.陶双鼻壶　2.A型玉珠　3-1～2.A型玉珠（2颗）　4、5.玉缀饰　6.A型玉珠　7.玉管　8.B型玉珠　9、11.玉管　10.石钺　12.A型陶器盖　13.A型陶豆　14.B型玉珠　15.B型陶豆　16.A型陶器盖

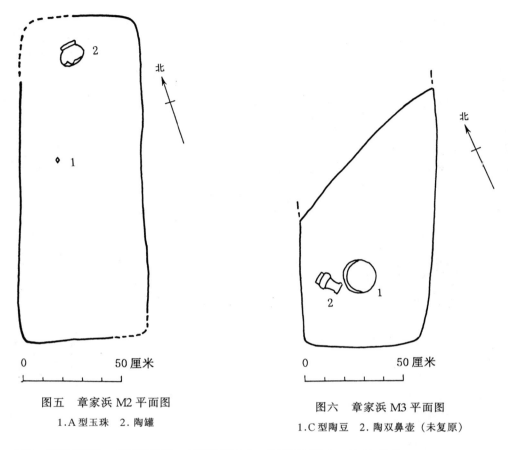

图五 章家浜 M2 平面图
1.A 型玉珠 2.陶罐

图六 章家浜 M3 平面图
1.C 型陶豆 2.陶双鼻壶（未复原）

M4，破坏严重，墓圹不清。随葬陶豆 1、陶双鼻壶 1，均已残破。

M5，长方形竖穴土坑墓。长 1.86、宽 0.78、残深 0.21 米，墓向 174°。葬具及尸骨均不见。随葬陶鼎 1、C 型陶豆 1、陶圈足盆 1、B 型陶器盖 1、A 型玉珠 3（图七）。

以上参看表一。

（三）随葬遗物

计有陶器 14 件，石器 1 件，玉器 14 件（颗）。

1. 陶器 复原 11 件。

鼎 1 件。标本 M5:4，夹沙红陶，釜形鼎。侈口，垂腹，弧底，足外侧缘稍宽，横截面略成 T 形，足面未刻成鱼鳍纹。素面。口径 12、高 13.8 厘米（图八，1）。

罐 1 件。标本 M2:2，夹细沙灰褐陶。直口，鼓腹，平底。素面。口径 7.8、高 8.8、底径 6.8 厘米（图版九，1；图八，2）。

圈足盆 1 件。标本 M5:6，夹砂红陶。口微敛，浅鼓腹，三角唇，矮圈足。素面。口径 15.3、高 7.7、底径 12.1 厘米（图版九，2；图八，3）。

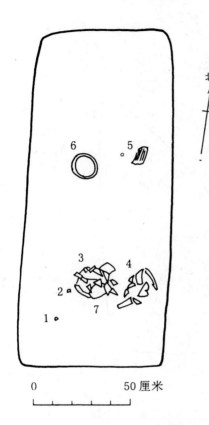

图七　章家浜 M5 平面图

1、2、5.A 型玉珠　3.C 型陶豆　4. 陶
鼎　6. 陶圈足盆　7.B 型陶器盖

双鼻壶　3 件。复原 1 件。标本 M1:1，泥质灰胎黑衣。敞口，高颈，鼓腹，圈足外撇，耳残。素面。口径 6.2、高 11、底径 6.5 厘米（图版九，3；图八，4）。

豆　5 件。复原 4 件。分三型。

A 型　1 件。标本 M1:13，泥质灰陶，带黑衣。敞口，浅折腹，口沿外侧有三等距贯耳，矮圈足外撇，饰扁圆形镂孔。口径 17.8、底径 12、高 7 厘米（图八，5）。

B 型　1 件。标本 M1:15，泥质灰陶。深折腹，口微敛，三角唇，口沿外侧有三等距贯耳，矮圈足外撇。素面。口径 17.7、底径 11.4、高 10.6 厘米（图版九，4；图八，6）。

C 型　2 件。无贯耳。标本 M3:1，红胎黑衣陶。敞口，浅弧腹，三角唇，中腹与矮圈足之外壁有曲凸棱，圈足饰扁方镂孔。口径 15、底径 12.8、高 5.8 厘米（图版一〇，1；图八，7）。标本 M5:3，灰胎黑衣陶。敞口，浅弧腹，腹折处有凹棱，矮圈足饰圆形镂孔。口径 22.4、底径 15.9、高 9.5 厘米（图版一〇，2；图八，8）。

器盖　3 件。分二型。

A 型　2 件。杯形纽，浅弧腹。标本 M1:12，泥质灰陶。口径 16.1、高 5.7、纽径 6.2 厘米（图版一〇，3；图八，9）。标本 M1:16，灰胎黑衣陶。纽残。口径 16.5、高 5.4 厘米（图八，10）。

B 型　1 件。标本 M5:7，泥质灰陶。盖纽壁呈曲突状。口径 20、高 9、纽径 5.5 厘米（图版一〇，4；图八，11）。

2. 石、玉器

石钺　1 件。标本 M1:10，略呈亚腰形，顶平直，较窄。刃部凸弧，较宽，侧边斜弧。磨制光洁，正锋有崩疤，中部偏上有对钻圆孔。顶宽 8.8、刃宽 12、长 12、厚 0.9 厘米（彩版五，1；图八，12）。

玉管　3 件。标本 M1:9，灰白色，对钻孔。长 3.2、径 1.15、孔径 0.6 厘米（图九，1）。标本 M1:7，玉质呈鸡骨白色，横截面不圆润，见有纵向切痕。对钻孔。长 2.3、大径 0.9、孔大径 0.55 厘米（图九，2）。标本 M1:11，玉呈青绿色，圆润光洁，

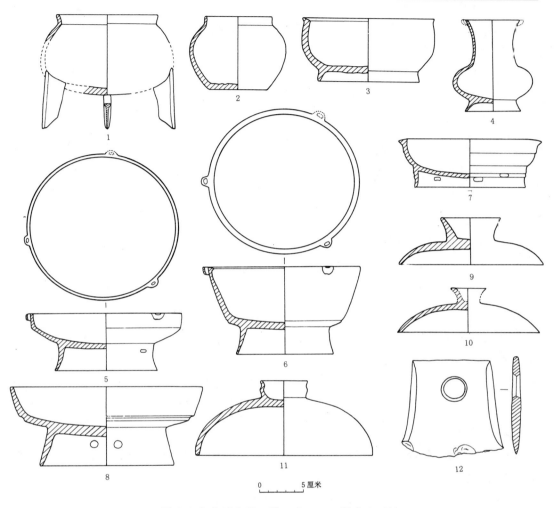

0　　　　　5厘米

图八　章家浜陶鼎、罐、盆、豆、器盖和石钺

1. 陶鼎 M5：4　2. 陶罐 M2：2　3. 陶圈足盆 M5：6　4. 陶双鼻壶 M1：1　5.A 型陶豆 M1：13　6.B 型陶豆 M1：15
7、8.C 型陶豆 M3：1、M5：3　9、10.A 型陶器盖 M1：12、M1：16　11.B 型陶器盖 M5：7　　12. 石钺　M1：10

孔壁平直。长 1.35、直径 0.85、孔径 0.22 厘米（图九，3）。

玉珠　9 件。分两型。

A 型　7 件。管状，高一般不超过圆径。标本 M2：1，暗红色，孔壁平直。高 0.8、直径 0.9、孔径 0.35 厘米（图九，4）。标本 M5：5，褐黄色，扁薄。高 0.22、直径 0.6、孔径 0.2 厘米（图九，5）。

B 型　2 件。腰鼓状。标本 M1：14，玉质呈鸡骨白色。较扁矮，对钻孔。高 0.6、大径 0.7、中孔最大径 0.2 厘米（图九，6）。

玉缀饰　2 件。玉质呈鸡骨白色。盖顶呈弧凸状，向下略收，底平，钻有一对隧

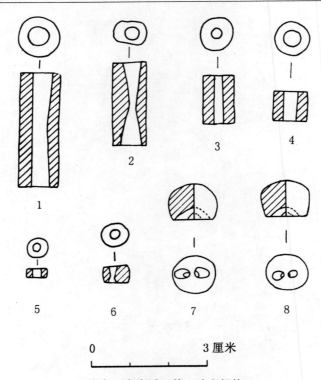

图九　章家浜玉管、珠和缀饰

1～3.玉管 M1:9、M1:7、M1:11　4、5.A 型玉珠 M2:1、M5:5

6.B 型玉珠 M1:14　7、8.玉缀饰 M1:4、M1:5

孔。标本 M1:4，底径 1.1、高 1 厘米（图九，7）。标本 M1:5，底径 1.15、高 0.95 厘米（图九，8）。

表　一　　　　　　　　　　桐乡章家浜墓葬登记表

墓号	探方层位	墓向	尺寸长×宽-深（米）	随葬遗物		备注
				陶器	石、玉器	
M1	T2 ②下	216°	1.90×0.74-0.30	双鼻壶 1、A 型豆 1、B 型豆 1、A 型器盖 2	石钺 1、玉管 3、A 型玉珠 4、B 型玉珠 2、玉缀饰 2	B 型豆 1 与 A 型器盖 1 置于填土中，与墓底其他随葬器物处于不同深度
M2	T7 ②下	196°	1.76×0.70-0.21	罐 1	A 型玉珠 1	
M3	T7 ②下	197°	?×0.70-0.30	C 型豆 1、双鼻壶 1（未复原）		被现代沟破坏
M4	T7 ②下	?	不清	豆 1、双鼻壶 1（均未复原）		被现代沟破坏
M5	T7 ②下	174°	1.86×0.78-0.21	C 型豆 1、B 型器盖 1、鼎 1、圈足盆 1	A 型玉珠 3	

二、徐家浜墓区

在章家浜东面约百米处，海拔 4.8 米，相对高度约 2.5 米。开始布 2×9 平方米探沟一条（TG1），确认存在良渚文化层后，又布 5×10 平方米探方四个，编号 T1～T4（包含先前所挖的 TG1），发现墓葬后，进一步向西布 T5、T6、T7 三个探方，共发掘墓葬 6 座（图一○）。

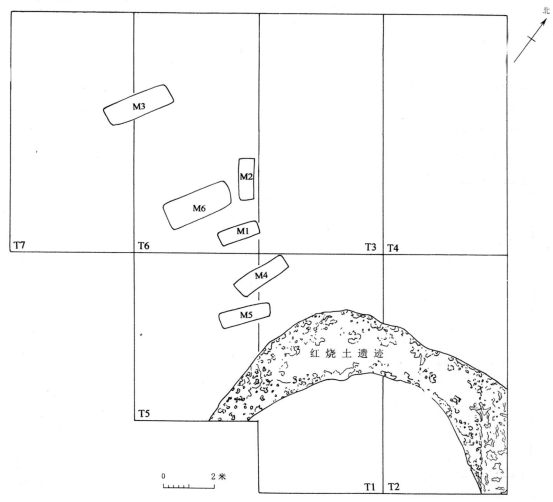

图一○　徐家浜发掘布方及墓葬分布图

（一）地　层

以 T2、T4 东壁剖面为例（图一一）。

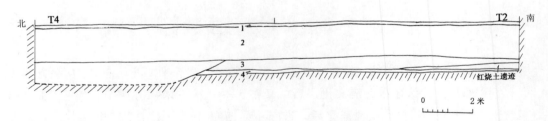

图一一　徐家浜 T2、T4 东壁剖面图

1. 耕土层　2. 褐色土　3. 灰褐色土　4. 灰褐色淤土

第 1 层　厚 0.15～0.20 米。为松软黄褐色耕土层。

第 2 层　厚 1.18～1.25 米。分布整个发掘区，褐色土，间杂红烧土、砖瓦片、近代陶瓷片及少量印纹陶片。

第 3 层　厚 0.15～0.40 米。分布整个发掘区，灰褐色土，出土少量夹砂红陶、泥质黑皮陶和印纹陶等陶片，间杂红烧土颗粒。

该层下发现良渚文化墓葬 6 座，在其南侧 T2 内发现环带状分布的红烧土堆积。

第 4 层　厚 0.10～0.15 米。分布整个发掘区，灰褐色淤土，出土零星陶片及少量残石器。

以下为生土。

（二）墓　葬

M1，长方形竖穴土坑墓。长 1.60、宽 0.60、残深 0.25 米。墓向 222°。葬具均腐朽不见。随葬陶罐 1、A 型石钺 1、A 型玉珠 9、玉管 1（图一二）。

M2，长方形竖穴土坑墓。长 1.40、宽 0.80、残深 0.25 米。墓向 152°。葬具及尸骨均腐朽不见。随葬陶盆 1（图一三）。

M3，长方形竖穴土坑墓。长 2.70、宽 1.00、残深 0.30 米。墓向 210°。葬具不见，人骨架保存较好，但骨骼放置较乱，疑为二次葬。随葬遗物分陶、玉、骨器三类。陶器有 A 型罐 1、B 型罐 1、鼎 1、A 型豆 1、A 型器盖 1；玉器有 A 型玉珠 23、B 型玉珠 3（其中 16 颗顺串分布）、A 型玉璜 1、A 型玉缀饰 1、玉牌饰 1；骨器有镯 2、纺轮 1（图一四）。

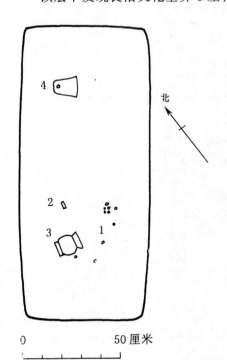

图一二　徐家浜 M1 平面图

1-1～9.A 型玉珠（9 颗）　2. 玉管

3. 陶罐（未复原）　4.A 型石钺

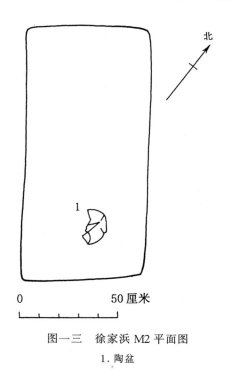

图一三　徐家浜 M2 平面图

1. 陶盆

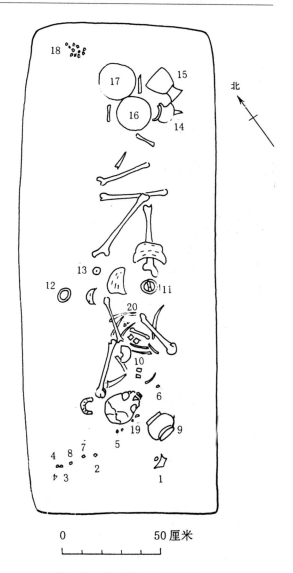

图一四　徐家浜 M3 平面图

1.A 型玉缀饰　2、4～8、18－1～15、20－1～2.A 型玉珠（23 颗）　3、20－3～4.B 型玉珠（3 颗）　9.A 型陶罐　10.A 型玉璜　11、12. 骨镯　13. 骨纺轮　14. 陶鼎（未复原）　15.B 型陶罐　16.A 型陶豆　17.A 型陶器盖　19. 玉牌饰

　　M4，长方形竖穴土坑墓。长 2.40、宽 0.80、残深 0.28 米。墓向 200°。葬具不见，人骨架仅见肢骨。随葬 A 型陶豆 1、A 型陶器盖 1、陶钵 1、陶罐 2（其中一件 B 型罐复原）、陶鼎 1、玉管 1、A 型玉珠 76、A 型玉缀饰 1（图一五）。

　　M5，长方形竖穴土坑墓。已被破坏，长度不明，宽 0.95、残深 0.20 米。墓向 235°。葬具及尸骨均腐朽不见。随葬残陶器 1、玉管 2、A 型玉珠 5、B 型玉缀饰 1、玉坠饰 1（图一六）。

　　M6，长方形竖穴土坑墓。长 3.10、宽 1.20、残深 0.28 米。墓向 220°。葬具不见，骨架保存较好。随葬陶器均残碎，辨认有鼎、B 型豆、B 型器盖等；玉器有三叉形器 1、冠状饰 1、玦 1、管 11、A 型

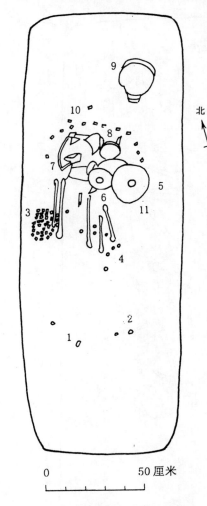

图一五　徐家浜 M4 平面图

1. 玉管　2-1.A 型玉缀饰　2-2~3.A 型玉
珠　3-1~53.A 型珠（53 颗）　4-1~8.A
型玉珠（8 颗）　5.A 型陶豆　6.陶钵　7.B
型陶罐　8.陶鼎　9.陶罐（未复原）　10-
1~13.A 型玉珠（13 颗）　11.A 型陶器盖

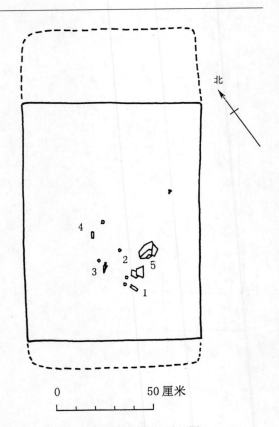

图一六　徐家浜 M5 平面图

1. 玉管　2-1~5.A 型玉珠（5 颗）　2-6.B 型玉
缀饰　3.玉坠饰　4.玉管　5.残陶器

端饰 1、B 型端饰 1、B 型璜 1、簪 2、A 型珠
53；另有 A 型石钺 2、B 型石钺 1（图一七）。
以上可参看表二。

（二）随葬遗物

计有陶器 17 件，石器 4 件，玉器 196 件
（颗），骨器 3 件。

1.陶器　17 件。复原 12 件。

鼎　3 件。标本 M4:8，盆形鼎。夹沙红陶。折沿侈口，腹较直，圜底较平，中腹
有隔档，鱼鳍形足的横截面略呈扁三角形。口径 14.3、高 15 厘米（图版一一，1；图
一八，1）。

罐　5 件。复原 3 件。分两型。

A 型　1 件。标本 M3:9，泥质黑皮陶。侈口，低领，腹部鼓圆，矮圈足。口径

8.5、底径 10.1、高 11.5 厘米（图版一一，2；图一八，2）。

B 型　2 件。敞口，深腹，腹壁弧曲内收，圈足。标本 M3：15，夹细沙黑陶。底腹有一周凸棱纹；圈足较高，略呈喇叭形，有方形镂孔。口径 12.8、底径 8.8、高 15.2 厘米（彩版五，2；图版一一，3；图一八，3）。标本 M4：7，夹细沙灰胎黑衣。器身稍肥，矮圈足。素面。口径 19、底径 10.8、高 16.8 厘米（图版一一，4；图一八，4）。

盆　1 件。标本 M2：1，灰胎黑衣泥质陶。直口，弧腹内收，平底略凹。素面。口径 18.4、高 7.1、底径 11 厘米（图版一一，5；图一八，5）。

钵　1 件。标本 M4：6，红胎黑衣陶。敛口，坦腹，小平底，唇、底残损。素面。口径 20、高 7.2、底径 7.2 厘米（图一八，6）。

豆　3 件。分两型。

A 型　2 件。口沿外侧安有三等距贯耳。标本 M3：16，灰胎黑衣泥质陶。直口，方唇，浅弧腹。矮圈足饰扁方镂孔，腹部及圈足各有一周凸棱。口径 18.4、高 8.4、底径 13.4 厘米（图版一二，1；图一八，7）。标本 M4：5，灰胎黑衣泥质陶。敞口，折腹，圈足外撇。素面。口径 18.4、高 10、底径 11.8 厘米（图版一二，2；图一

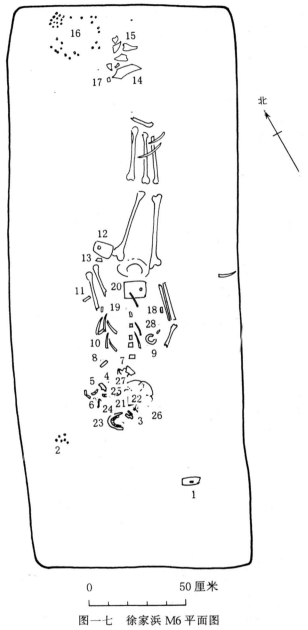

北

0　　　　　50 厘米

图一七　徐家浜 M6 平面图

1. B 型石钺　2-1～4. A 型玉珠（4 颗）　3. 玉三叉形器　4. B 型玉珠　5. 玉冠状饰　6. 残骨　7. 陶鼎（未复原）　8、10、11、18、19、21、25-1～2、26～28. 玉管　9. 玉玦　12. A 型石钺　13. A 型玉端饰　14. B 型陶豆　15. B 型陶器盖　16-1～49. A 型玉珠（49 颗）　17. B 型玉端饰　20. A 型石钺　22. B 型玉璜　23、24. 玉簪

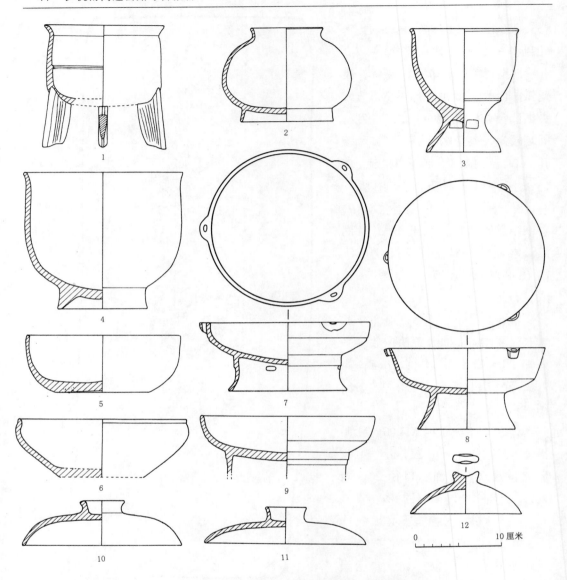

图一八 徐家浜陶鼎、罐、盆、钵、豆和器盖

1.陶鼎 M4:8 2.A型陶罐 M3:9 3、4.B型陶罐 M3:15、M4:7 5.陶盆 M2:1 6.陶钵 M4:6 7、8.A型陶豆 M3:16、M4:5 9.B型陶豆 M6:14 10、11.A型陶器盖 M3:17、M4:11 12.B型陶器盖 M6:15

八，8)。

B型 1件。无贯耳。标本 M6:14，泥质灰陶。敞口，浅弧腹，腹部有一周凹棱，圈足残，根部有垂棱纹。口径20.8厘米（图一八，9）。

器盖 3件。分两型。

A型 2件。杯形纽。标本 M3:17，灰胎黑衣泥质陶。纽较矮。口径18.5、高

5.5、纽径 4.5 厘米（图版一二，3；图一八，10）。标本 M4:11，灰胎黑衣泥质陶。口径 19.3、高 4.5、纽径 4.8 厘米（图版一二，4；图一八，11）。

B 型　1 件。实心船形纽。标本 M6:15，泥质灰陶。口径 13.4、高 5.2、纽长 3 厘米（图版一二，5；图一八，12）。

2. 石、玉器

石钺　4 件。分两型。

A 型　3 件。器身较瘦长。标本 M1:4，方角弧顶，弧刃正锋，侧边略磨薄，可见棱脊线，上部穿一对钻圆孔。磨制光洁，边角略残。顶宽 8.4、刃宽 10.5、长 15.7、孔径 1、6 厘米（图版一三，1；图一九，1）。标本 M6:12，呈束腰状，顶端残，弧刃正锋，上部对钻一圆孔，磨制平整，刃部略残。刃宽 9.5、长 12、孔径 1.8 厘米（图版一三，2；图一九，2）。

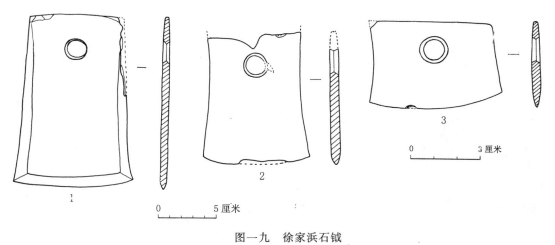

图一九　徐家浜石钺
1、2.A 型石钺 M1:4、M6:12　3.B 型石钺 M6:1

B 型　1 件。标本 M6:1，器身宽矮，束腰状，平顶弧刃，刃部与器身浑成一体，无明显脊线。磨制光洁，刃稍有崩缺。顶宽 5.4、刃宽 5.9、高 4、孔径 0.9 厘米（彩版五，3；图版一三，3；图一九，3）。

玉三叉形器　1 件。标本 M6:3，深红色，下端方凸，呈双曲肩状，上部两边叉斜向伸出，中叉很短，中叉与下端凸部的连线上贯穿一圆孔。通体之截面均为方角。上宽 3.5、高 3.8、厚 0.7（底端）～1.1（叉端）厘米（彩版五，4；图二〇，1）。

玉冠状饰　1 件。标本 M6:5，形状略似良渚神人之冠，通体方角扁平，底侧略稍厚。上大下小，上端中部内凹，雕成冠顶状，下部两侧钻有两小圆孔。顶宽 5.7、底宽 5.1、底端厚 0.4、顶端厚 0.3 厘米（彩版六，1；图二〇，2）。

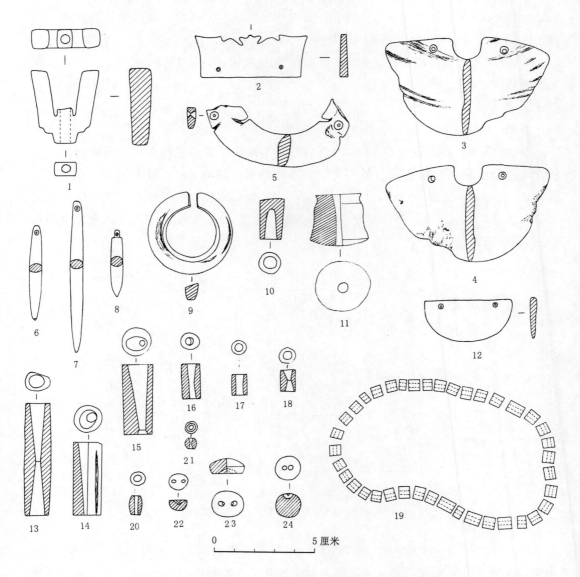

0   5厘米

图二〇　徐家浜玉三叉形器、冠状饰、璜、簪、坠饰、玦、端饰、牌饰、管、珠和缀饰

1. 玉三叉形器 M6:3　2. 玉冠状饰 M6:5　3、4. A 型玉璜 M3:10 正面、背面　5. B 型玉璜 M6:22　6、7. 玉簪 M6:23、M6:24　8. 玉坠饰 M5:3　9. 玉玦 M6:9　10. A 型玉端饰 M6:13　11. B 型玉端饰 M6:17　12. 玉牌饰 M3:19　13～16. 玉管 M6:8、M6:10、M6:19、M4:1　17、18. A 型玉珠 M1:1-1、M6:2-1　19. A 型玉珠串 M6:16-1～49（此处为示意）　20、21. B 型玉珠 M3:13、M6:4　22、23. A 型玉缀饰 M4:2-1、M3:1　24. B 型玉缀饰 M5:2-6

玉璜　2件。分两型。

A 型　1件。标本 M3:10，用边角料制成，形状不规整，正面较平，可观察到弧形

切割痕（彩版六，2；图二〇，3）；背面为自然原貌，弦顶两侧有两对钻小孔。直径约8.5、厚约0.4厘米（图二〇，4）。

B型　1件。标本M6:22，制作不甚规整，一面有切割痕，另一面自然凹凸，两端均对钻一孔，孔内侧均切有一相向的沟槽。长7.3、宽1.7、厚0.6厘米（彩版六，3；图二〇，5）。

玉簪　2件。素面锥形，横截面呈椭圆形，顶端钻有一小孔。标本M6:23，长5、截面大径0.65厘米（彩版六，4；图二〇，6）。标本M6:24，长8、截面大径0.65厘米（彩版六，4；图二〇，7）。

玉坠饰　1件。标本M5:3，锥形，顶端凸成圆形榫头，穿有一小孔，横截面为圆形。长3.5、大径0.6厘米（图二〇，8）。

玉玦　1件。标本M6:9，截面略呈梯形，表面有多道弧形切割痕，玦口为锯切而成。外径4.3、内径2.1、厚约0.75厘米（彩版七，1；图二〇，9）。

玉端饰　2件。分两型。

A型　1件。标本M6:13，圆柱体，一端大，一端小，小端钻有一卯孔。大径1.2、小径1.05、长2.1、孔径0.6、孔深1.6厘米（彩版七，3；图二〇，10）。

B型　1件。标本M6:17，面有弧曲的圆柱体，一端较小，顶平；另一端较大，弧凸，中有圆孔贯通。高2.65、大径2.8、小径2.1、孔径0.5～0.7厘米（彩版七，2；图二〇，11）。

玉牌饰　1件。标本M3:19，青绿色，半圆形，表面有切痕。弦边稍厚，有0.35厘米，两侧对钻两孔；弧边薄，有0.2厘米。长4.45、高2.15厘米（图二〇，12）。

玉管　15件。孔多为双面对钻，亦有漏斗状的单面钻孔，长短不一，在1.5～6厘米之间。一般都显圆润平直，少量受玉料限制有损缺，表面多见切痕。标本M6:8，淡青带黄斑。对钻孔，横截面不圆润。长5.9、圆径约1.3厘米（彩版七，3；图二〇，13）。标本M6:10，青玉略带黄褐斑。单面钻孔，表面有一纵向切痕。长3.8、直径1.5厘米（彩版七，3；图二〇，14）。标本M6:19，青玉略带紫斑。顶部有明显线切割痕迹，双面对钻孔。长3.75、圆径1.5厘米（彩版七，3；图二〇，15）。标本M4:1，淡青玉，双面对钻，长1.9、圆径1厘米（图二〇，16）。

玉珠　170颗。分二型。

A型　166颗。管状珠，多为暗红色，少量为青白色。长度1.5厘米以下，孔分双面对钻、单面钻两种。标本M1:1-1，暗红色。单面钻孔，孔壁平直。长1、圆径0.8、孔径0.35厘米（图二〇，17）。标本M6:2-1，对钻孔。长1.1、圆径0.75厘米（图二〇，18）。

A型珠在墓葬中出土数量较多，分布相对集中，应该是以成串的形式随葬的，如标本 M6:16-1~49 共 49 颗集中分布于足部位置（图二〇，19）。A 型珠一般为直孔单面钻，可能与质料软有关。

B 型　4 颗。鼓形。标本 M3:13，淡青偏红，直孔对钻。长 1、圆径 0.65、孔径 0.2 厘米（图二〇，20）。标本 M6:4，淡青色，鼓扁，对钻孔。长 0.55、大径 0.6 厘米（图二〇，21）。

玉缀饰　3 件。分二型。

A 型　2 件。半球形。标本 M4:2-1，一对隧孔钻于半球的平面上。直径 0.9、厚 0.55 厘米（图二〇，22）。标本 M3:1，青黄色带酱褐斑，弧顶，向下内收，平底，钻有一对隧孔。底径 1.6、厚 0.8 厘米（图二〇，23）。

B 型　1 粒。球形。标本 M5:2-6，鸡骨白色，钻有一对隧孔。直径 1.3 厘米（图二〇，24）。

3．骨　器

镯　2 件。标本 M3:11，保存较完整，圆环形，外观已腐蚀，内径约 5.5、外径约 8.5、壁宽 1.65 厘米（彩版七，4；图版一三，4；图二一，1）。标本 M3:12，受挤压变形，缺损，与标本 M3:11 各套于同一墓主的左右臂，形状、大小应相仿。壁宽 2.5 厘米（图版一三，4；图二一，2）。

纺轮　1 件。标本 M3:13，纵截面成梯形。顶径 3.3、底径 4、孔径 7 厘米（图二一，3）。

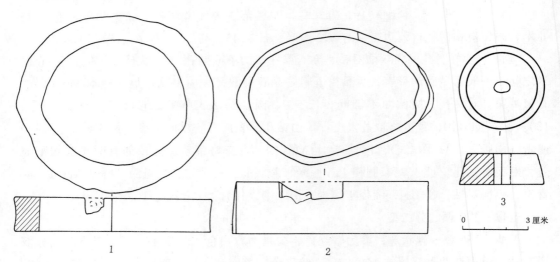

图二一　徐家浜骨镯和骨纺轮

1、2. 骨镯 M3:11、M3:12　3. 骨纺轮 M3:13

表　二　　　　　　　　　　　桐乡徐家浜墓葬登记表

墓号	探方层位	墓向	尺寸 长×宽－深（米）	随葬遗物	
				陶　器	石、玉、骨器
M1	T6 ③下	222°	1.60×0.60－0.25	罐1（未复原）	A型石钺1、A型玉珠9、玉管1
M2	T6 ③下	152°	1.40×0.80－0.25	盆1	
M3	T6 ③下	210° 头向	2.70×1.00－0.30	鼎1（未复原）、A型罐1、B型罐1、A型豆1、A型器盖1	A型玉璜1、A型玉珠23、B型玉珠3、A型玉缀饰1、玉牌饰1、骨纺轮1、骨镯2
M4	T1 ③下	200°	2.40×0.80－0.28	B型罐1、罐1（未复原）、钵1、鼎1、A型豆1、A型器盖1	A型玉珠76、A型玉缀饰1、玉管1
M5	T5 ③下	235°	?　×0.95－0.20	陶器1（残）	玉坠饰1、玉管2、A型玉珠5、B型玉缀饰1
M6	T6 ③下	220° 头向	3.10×1.20－0.28	B型豆1、B型器盖1、鼎1（未复原）	A型石钺2、B型石钺1、玉三叉形器1、玉冠状饰1、玉玦1、玉簪2、B型玉璜1、A型玉端饰1、B型玉端饰1、玉管11、A型玉珠53、B型玉珠1

三、结　语

　　章家浜、徐家浜均为良渚时期的两组墓葬，从分布、墓向上看，各属于两个小墓区。墓葬规模为中小型，但随葬遗物有多寡，墓主人的社会地位仍有差别。

　　徐家浜M6出土玉冠状器、玉三叉形器和石钺等，规格最高。相对来说，章家浜墓区的等级更低些，珠饰一般是成串的，章家浜墓葬的珠是论颗随葬的，M2只见一颗，可见当时社会的"玉"（美石）崇拜意识的盛行。珠饰在墓葬中的放置部位似不固定，如徐家浜M6玉珠集中于人体足端，M4玉珠在下肢部位分布亦较多。值得注意的是，两个墓区随葬遗物均未见完整的陶鼎、陶豆、陶壶组合，徐家浜甚至未见陶双鼻壶。尽管陶器没有全部复原，但某些特殊器形仍是可以观察到的。

　　两个墓区各复原一件陶鼎。章家浜M5陶鼎足为外侧壁较窄T形足，徐家浜M4出陶隔档鼎，鼎足外侧壁略厚。章家浜M1有一件双鼻壶，呈喇叭口，圆腹较扁。两区出土的陶豆均为低矮圈足，口沿外侧多饰半球或方角状的贯耳。综合这些特征，两墓地使用的时间约在良渚文化的中期偏早。章家浜略晚于徐家浜。

　　徐家浜墓区的南侧有一片弧状分布的红烧土堆。这类红烧土堆与墓葬共存的现象在良渚文化墓地中多有发现，被认为是一种燎祭现象。这次未能发掘完整，是一件遗憾的事。

在发掘过程中，我们对这种现代地貌呈土墩形的遗址结构作了有意识的解剖，发现章家浜良渚墓葬均埋在一个人工堆筑的土台上，土台致密硬实，剖面上可辨见横向延伸的分色夯层。土台最厚处约 0.8 米，由墓区向西约 35 米处呈缓坡状消失，土台西坡边缘似有一宽约 1.8 米、深 0.4 米的"界沟"，由于是探沟式发掘，"界沟"未能定性。土台东侧在墓区以东 10 米处被破坏，南北情况不明。与章家浜不同，徐家浜墓葬建筑于较松软的土层上，包含相对较多文化遗物，不像是专门营造的。从探沟局部解剖的情况看，土层的分布范围应大致与现代土墩相合，这是一种十分有趣的现象。

在徐家浜以西约 1 公里之内，我们还在竹水板桥、高地上两个土墩开了探沟，结果发现均为宋代以后堆筑而成。研究杭嘉湖地区营筑人工土墩的历史过程与文化背景，将有益于认识良渚时期的生存状态。

发掘人员：田正标、郑嘉励、张海真、
　　　　　　蒋乐平（领队）
器物绘图：夏朝日、许慈波
器物照相：邵海琴
执　　笔：蒋乐平

余姚老虎山一号墩发掘

　　老虎山位于余姚市城南约 4 公里的明伟乡姚家店村南侧，是一座海拔仅 59.38 米的小山，山脊由北向南转而分别向东向西延伸，平面形状犹如一只蹲伏的老虎，故当地俗称为老虎山。老虎山以东为广阔的姚江平原，以西为四明山山脉，山峰连绵不断，层峦叠嶂（图一、二）。

　　在老虎山山脊和山顶，分布有一批大小不一的土墩墓。分布于山脊上的土墩规模普遍较小，一般底径在 10 米以内，但密度较大，两墩之间大多仅数米之距，可惜因自然或人为的因素，大部分已经破坏殆尽，现多数只剩下微隆的土墩底部残迹，山脊地表散

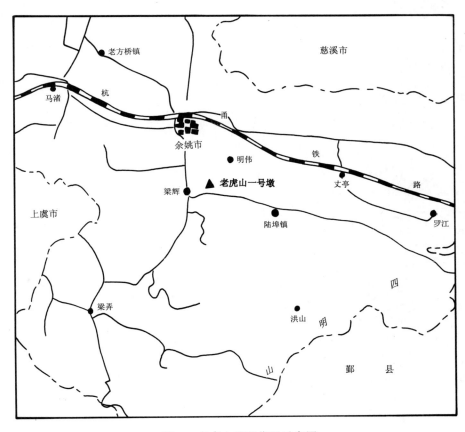

图一　老虎山地理位置示意图

布着一些原始瓷和印纹硬陶片等，这些遗物原先都应埋葬于土墩之内。分布在山顶主峰的一座土墩规模巨大，保存也较好。由于土墩建于高突的顶峰，范围又大，故显得气势

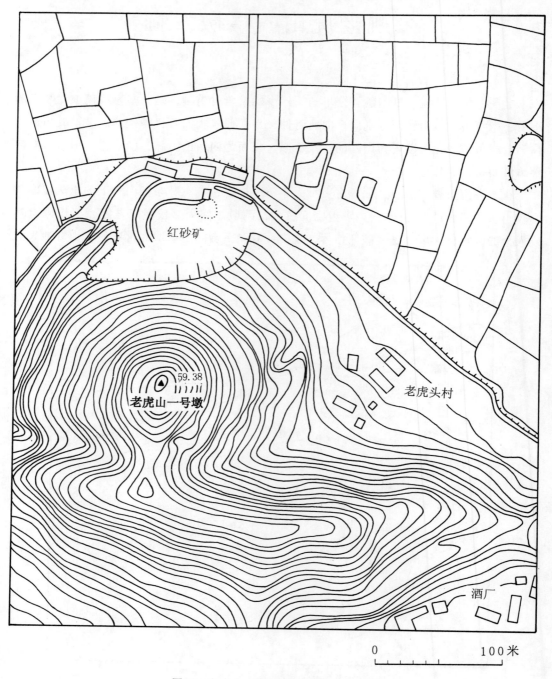

图二　老虎山一号墩（D1）分布地形图

雄伟，加之山上树木稀少，远远便可望见（彩版八）。

由于新建的杭甬高速公路需从老虎山主峰穿过，1992 年经报国家文物局批准，对分布在山顶的大土墩进行了抢救性发掘，土墩编号为 92 余老 D1。发掘工作自 1992 年 3 月 10 日开始，至 5 月 20 日结束，历时 70 天。先后参加发掘工作的有浙江省文物考古研究所的王宁远、孟国平、陈元甫、张克西和彭必平，余姚市文物管理委员会的孙栋苗和武义县博物馆的徐卫，领队为陈元甫。现将发掘情况报告如下。

一、封　土

现存土墩范围较大，平面呈长圆形，南北长 45、东西宽 23 米左右，最高处达 3 米余。由于文革期间曾在土墩上挖掘壕沟，对土墩破坏较甚，土墩显得较为平坦。封土取自周围山脊，因山体植被较薄，故封土中夹石较多，土质土色接近，结构比较松散，土层较难分辨。

封土中包含不少印纹硬陶和原始瓷片，有些甚至是基本完整的小件原始瓷器，有的在较大范围内出土的残碎片可以拼接成同一件器物。这种现象的形成不外乎两个方面的原因：其一，封土可能取自于分布在周围山脊上的其他土墩，从而破坏了那些土墩内的墓葬；其二，不同时期埋到同墩内的各座墓葬，晚的打破早的，特别是六座战国至西汉时期较大型深土坑木椁墓，在由墩表向下深挖土坑的过程中，破坏了原先已埋在那里的早期土墩墓（图版一四）。

墩内共发现墓葬 20 座，编号 D1M1～D1M20。出土各类随葬器物 151 件。其中西周至春秋时代土墩墓 14 座，战国至汉初土坑墓 6 座（图三）。考虑到墓葬形制和数量上的差别，下面分"西周春秋土墩墓"和"战国西汉土坑墓"两部分介绍。其中土墩墓出土器物用综合方式介绍，战国西汉土坑墓出土器物则随每墓形制后介绍。

二、西周春秋土墩墓

14 座（D1M3～D1M9、D1M11、D1M15～D1M20）。各墓在土墩内深浅不一，有的在熟土中部，有的在生土面上。由于土层难以辨别，各墓封土与叠压打破关系无法全部搞清。野外明确搞清叠压打破关系的有 D1M3 叠压 D1M6，D1M6 叠压 D1M11，D1M15 打破 D1M16。

（一）埋葬特点

十四座土墩墓据其埋葬特点可分浅土坑、石床、堆石和无坑无床四种。现分别介绍如下：

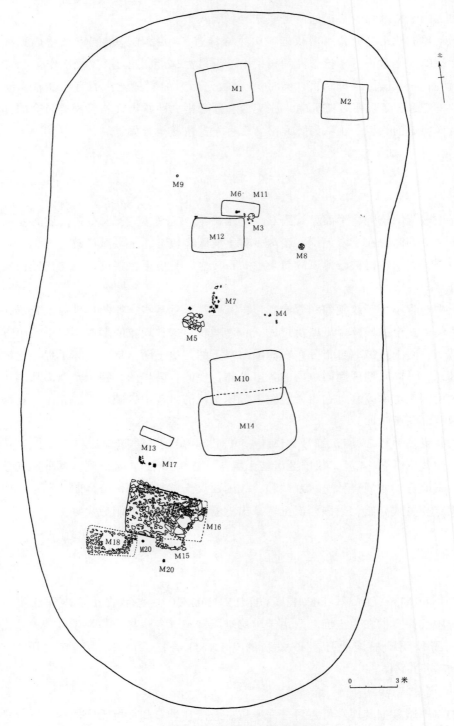

北

0 3 米

图三 老虎山 D1 墓葬分布图

1. 浅土坑型

1 座（D1M11）。位于土墩中部偏北。浅坑开口距现存表面深 1.25 米。坑壁明显，坑底已属岩基。墓上依次为 D1M6 和 D1M3 所叠压。土坑呈东西向长方形，长 2.56、东头宽 0.76、西头宽 1.1、深仅 0.2 米左右。墓底顺山势略向东倾斜。坑内填土主要为经烧烤的灰黑、红褐、黄褐色土块粒，底部普遍可见一层细软的灰黑土，推测为某种有机质葬具或铺垫物腐朽后所致。在墓坑北侧，残留两根较粗的木炭，其中一段长达 1 米余，直径 0.05 米左右（彩版九，1；图版一五，1）。

墓底残留人骨遗骸，已朽成白色，分布较广，部分条状肢骨尚可分辨，但葬式不明。头盖骨、颌骨和牙齿发现于地势较高的西头，但颌骨与牙齿附近又杂乱地堆积着较多的条状肢骨，中部和东头所见朽骨，分布不成形状。值得一提的是，在堆叠于颌骨旁的一根肢骨上，斜向嵌插有一件直径仅 1.3 厘米的小玉玦，从出土现状观察，两骨端相应地成斜面，此段肢骨似为玉玦所切断（彩版九，2）。

出土遗物仅 2 件，一件为直口微敛的原始青瓷豆，置于墓底东头，仰放而略向西倾倒，另一件为玉玦（图四、五）。

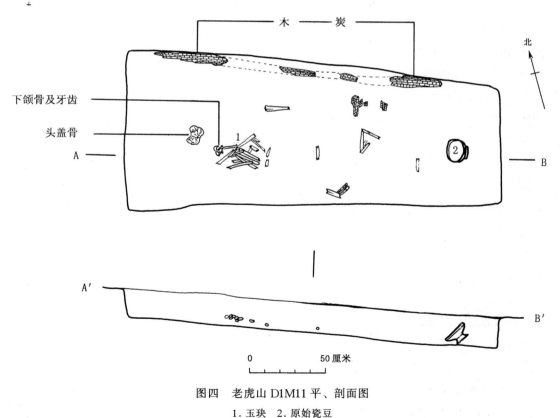

图四　老虎山 D1M11 平、剖面图

1. 玉玦　2. 原始瓷豆

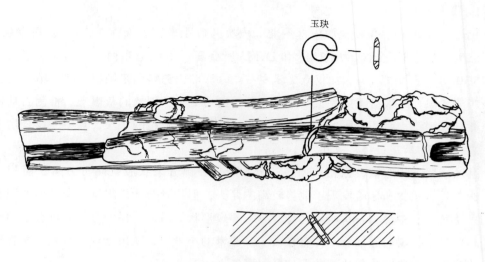

图五　老虎山 D1M11 玉玦出土状态

2．石床型

3 座（D1M15、D1M16、D1M18）。其中以 D1M16 和 D1M18 最具代表性。

D1M16，位土墩南部，墓底距墩表深 1.8 米。该墓用多层大小不一的石块铺砌成石床型墓底，但铺砌不规整，四周不甚整齐，石床面也高低凹凸，显得不够平整，石块排列不够严密，缝隙较大。石床呈长方形，范围甚大，东西长 6、南北宽 3、上坡面高0.3、下坡面高 0.5 米。方向 103°。石床平面由北向南略有倾斜，显然系在稍加平整的原山坡地表营建所致。墓的东南角稍为 D1M15 所打破。墓上封土范围大体清楚，土呈灰黑色。

石床上发现大量的已朽人骨，分布范围甚广，除集中放置随葬遗物的东头约 2 米长一段少见或不见外，其余大约长 4、宽 3 米范围内均有朽骨分布。朽骨已基本成白色粉末状，分布零碎而普遍，局部地方则成杂乱的小堆状。

除朽骨外，石床上还分布有零星的木炭，石床北侧边缘还有灰黑色细软土，和一条宽 6 厘米左右的朽木痕迹。朽木起于石床东头，终于石床西头，长近 6 米，基本与石床长度相一致。

在墓底西端中部，发现一小堆植物果籽，状类谷物，可能系一种粮食。

随葬遗物较丰富，共 25 件，集中分布于石床东头，中部和西头未见。遗物出土时或仰或倒，有的甚至陷入石缝之内。其中除三件夹砂陶鼎和一件砺石外，其余均为原始青瓷。这些原始瓷大多施青绿色厚釉，胎灰白厚重，外底刻有各种不同符号。器形有盂、豆、盘和罐等（图六）。

D1M18，位于土墩南部边缘，D1M16 之南侧。该墓是在生土面上略经平整后，用

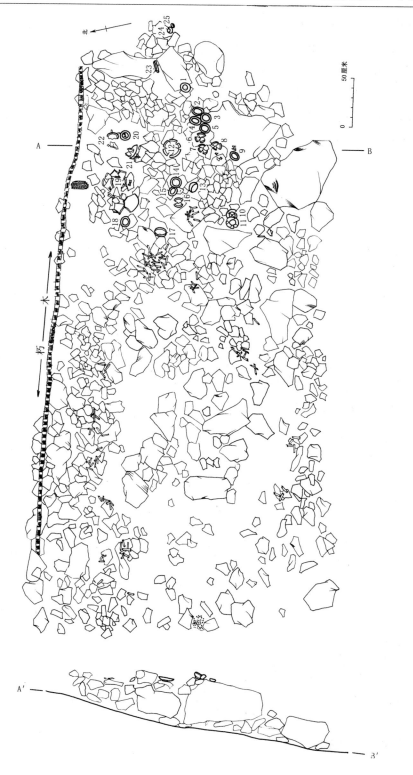

图六 老虎山 D1M16 平、剖面图

1、3~10、13~16、18、20、24、25. 原始瓷盂 2、11、17. 原始瓷豆 12. 原始瓷盘 18. 原始瓷罐
21、22. 夹砂陶盖鼎 23. 砺石

大小基本一致的小石块单层铺设出墓底石床。石床基本呈东西向长方形，方向114°。西头略宽于东头，长3.3、宽1.6~1.8米。由于是在原北高南低的山坡上平整出一个长方形的墓底，故上坡面明显呈现高0.1米左右的坑壁，其中石床两端靠下坡一段，可以见到用扁平石块侧放拦边的现象。

　　石床上未见人骨和朽木痕迹。随葬遗物有原始瓷豆2件，印纹硬陶瓿1件，陶纺轮2件。其中一件原始瓷豆置于西半部，其余四件皆置于东半部（图版一五，2；图七）。

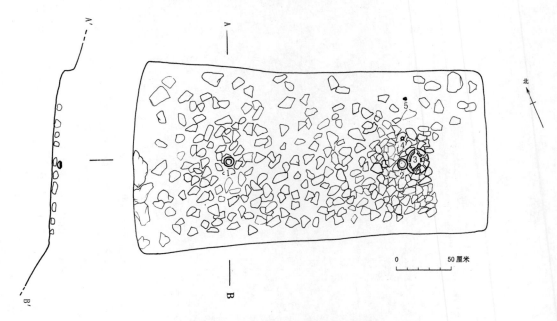

图七　老虎山 D1M18 平、剖面图
1、2.原始瓷豆　3.印纹硬陶瓿　4、5.陶纺轮

　　3.石堆型

　　1座（D1M5）。该墓位在土墩中部略偏西，所在位置距现存土墩表面深约0.5米。石堆范围不大，大体呈东西向长方形，长1.3、宽1米左右，由较大的块石堆叠而成（1~2层），堆叠紧密，中心高约0.30米。在石堆北侧放置有一件原始瓷尊，石堆下面未见器物和其他遗迹（图八）。

　　4.无床无坑型

　　9座（D1M3、D1M4、D1M6~D1M9、D1M17、D1M19、D1M20）。此类墓葬既无浅坑和石床，也没有其他墓底铺垫现象，而直接在略经平整后的山地上堆土掩埋。举例如下：

　　D1M6，位在土墩中部偏北处，距现存土墩表面深0.7米，上为D1M3所压，间隔

0.15 米，下压 D1M11，间隔 0.5 米左右。无骨架和朽木等迹象发现，仅两件原始瓷豆并列倒置一起，出土时两件器物上压有一块较大的扁石。两件原始瓷豆胎壁不厚，釉层极薄乃至不明显，外底无刻划符号（图九）。

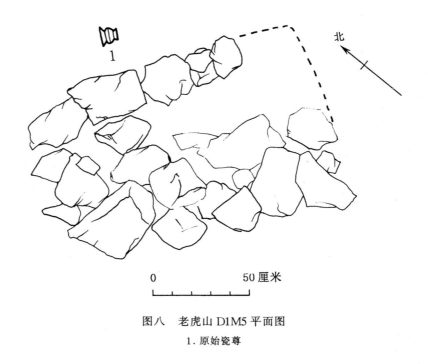

图八　老虎山 D1M5 平面图

1. 原始瓷尊

D1M3，位于土墩中部偏北，叠压在 D1M6 之上，墓底距现存墩表 0.5～0.6 米。随葬遗物共 8 件，其中一件为平底外撇、通体拍印折线和回纹的印纹陶罐，其余七件为厚胎厚釉、外底刻有各种符号的原始瓷盂和豆。八件遗物放置比较集中，大都倾倒，其中 3 号原始瓷豆完全倒置。未见其他迹象（图一〇）。

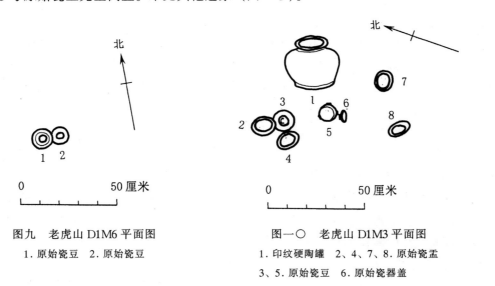

图九　老虎山 D1M6 平面图

1. 原始瓷豆　2. 原始瓷豆

图一〇　老虎山 D1M3 平面图

1. 印纹硬陶罐　2、4、7、8. 原始瓷盂

3、5. 原始瓷豆　6. 原始瓷器盖

表　一　　　　　　　　　　余姚老虎山一号墩西周春秋土墩墓登记表

墓　号	形　制	墓葬大小（米）	出　土　遗　物
D1M3	无床无坑型		A型Ⅰ式原始瓷豆2、原始瓷盂4、原始瓷器盖1、A型印纹硬陶罐1
D1M4	无床无坑型		A型Ⅱ式原始瓷豆3、D型Ⅱ式原始瓷豆1、原始瓷盂2
D1M5	堆石型	长1.3、宽1	原始瓷尊1
D1M6	无床无坑型		C型Ⅰ式原始瓷豆2
D1M7	无床无坑型		A型Ⅱ式原始瓷豆5、B型Ⅱ式原始瓷豆1、原始瓷器盖1
D1M8	无床无坑型		泥质陶罐1
D1M9	无床无坑型		硬陶豆1
D1M11	浅土坑型	长2.56、宽0.76～1.1、深0.2	B型Ⅰ式原始瓷豆1、小玉玦1
D1M15	石床型	长2、宽1.2	原始瓷盅式碗2
D1M16	石床型	长6、宽3	A型Ⅱ式原始瓷豆2、D型Ⅰ式原始瓷豆1、原始瓷盂17、原始瓷罐1、原始瓷盒1、砺石1、夹砂陶鼎2
D1M17	无床无坑型		A型印纹硬陶罐1、B型印纹硬陶罐5
D1M18	石床型	长3.3、宽1.6～1.84	A型Ⅰ式原始瓷豆2、印纹硬陶瓿1、陶纺轮2
D1M19	无床无坑型		C型Ⅱ式原始瓷豆1
D1M20	无床无坑型		C型Ⅰ式原始瓷豆1

　　D1M7，位于土墩中部，墓底距现存墩表深0.64米。六件施厚釉的原始瓷豆和一件原始瓷器盖，比较集中地放置于较小的范围之内，出土时，5号豆倒置，6、7号豆叠置而倾倒。墓底铺垫有一些小石块，但分布较稀，范围也未具一定形状，与"石床"有别。另外，墓底还发现一些印纹陶碎片，或许是有意铺垫于墓底的（图一一）。

　　D1M17，位于土墩南部，东侧有D1M13。墓底未见任何铺垫现象，遗物直接置于红砂岩上，底部由上坡向下坡倾斜。野外迹象明显可见该墓在埋葬时仅仅只将山坡表土清除，露出岩体后即行埋葬，未见挖掘土坑或将岩体整平后再行掩土埋葬之迹象。随葬遗物共6件，全为印纹硬陶罐。六件器物大体呈一字形排放在长约1.3米的距离之内，四件置于西头，另二件分置于东头和中部。个别器物有残缺现象，可能为D1M3所扰破。印纹硬陶上拍印的纹样有方格纹、回字纹、叶脉纹和米筛纹（图一二）。

　　（二）出土遗物

　　十四座土墩墓出土遗物共68件，其中多者达25件，少者仅1件。遗物以原始瓷为

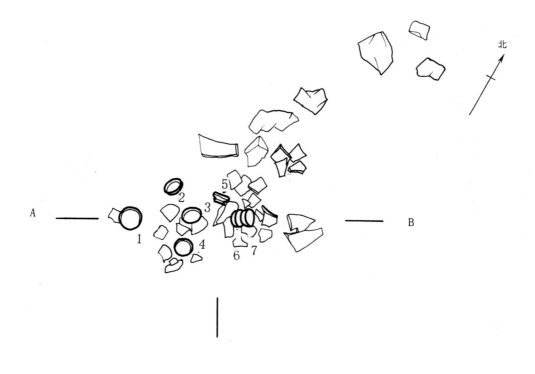

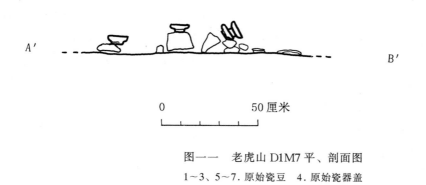

图一一　老虎山 D1M7 平、剖面图

1~3、5~7. 原始瓷豆　4. 原始瓷器盖

大宗，其次是印纹硬陶，另有少量的硬陶、泥质陶、夹砂陶、石器和玉器。以下按质地分述如下：

1. 原始瓷

52 件。从胎釉特征观察，这些原始瓷可分三种情况。第一种，胎多呈灰黄色，胎表往往可观察到比较细密的轮修线痕，外壁常见较粗深的弦纹，一般除圈足内壁外，其余部位内外均施釉，釉层稀薄，釉色浅淡，不少器物的局部很难观察到釉的存在。第二

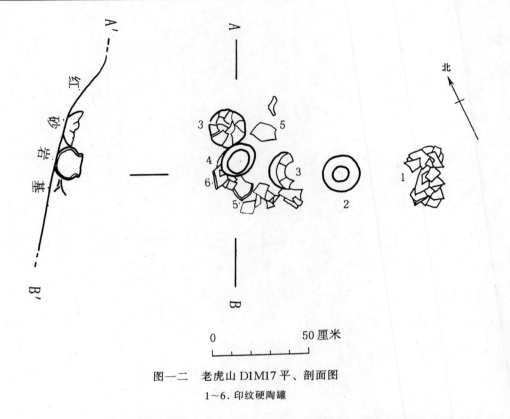

图一二 老虎山 D1M17 平、剖面图
1~6.印纹硬陶罐

种，胎色较细白，胎壁厚重，造型不甚规整，大部分小型大口器的内底可见到粗疏的旋痕，一般外壁施釉不及底，釉层甚厚，釉色较深，胎釉结合不良，多见脱釉现象。由于釉浆浑厚，施釉不匀，凝釉和积釉现象也较多见。在这种原始瓷器物上，外壁常施有细密的弦纹和横 S 纹堆贴。同时，大部分外底部刻划有各种符号。第三种，原始瓷胎质细腻，胎色灰中泛黄，内壁可见细密的轮旋纹，为轮制产品。内外通体施釉，釉层薄而均匀，釉色大多青中泛黄，剥釉和凝釉现象基本不见。这三种原始瓷以第三种数量居多，品种上也较其他两种丰富。器形有豆、碗、盂、罐、尊、盆和器盖。

豆　22 件。分四型。

A 型　14 件。敛口豆。可分二式。

Ⅰ式　2 件。敛口较甚，腹较深，喇叭形高圈足把。外壁有粗深的弦纹。除圈足内壁外，其余部位内外均施釉，釉层较薄较匀，釉色青黄，有光亮感。标本 D1M18：1，口径 7.6、底径 4.4、高 5 厘米（图版一六，1；图一三，1）。

Ⅱ式　12 件。敛口趋直，豆把减矮。外壁弦纹变细。施釉普遍较厚，部分有凝釉和脱釉现象。外底大多有刻划符号。标本 D1M7：2，外底有刻划符号。口径 9.8、底径6、高 4.2 厘米（图版一六，2；图一三，2）。标本 D1M3：3，外壁贴横 S 纹，外底有刻划符号。口径9、底径5.2、高4厘米（图版一六，3；图一三，3）。

　　B型　2件。直口豆。可分二式。

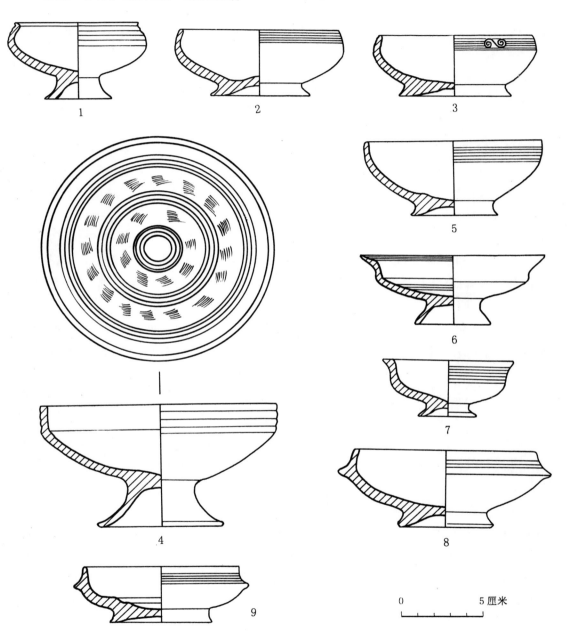

图一三　原始瓷豆

1.A型Ⅰ式 D1M18:1　2.A型Ⅱ式 D1M7:2　3.A型Ⅱ式 D1M3:3　4.B型Ⅰ式 D1M11:2　5.B型Ⅱ式 D1M7:1
6.C型Ⅰ式 D1M6:1　7.C型Ⅱ式 D1M19:1　8.D型Ⅰ式 D1M16:2　9.D型Ⅱ式 D1M4:6

Ⅰ式　1件。标本 D1M11：2，底腹弧收，盘腹较深，豆把外撇较甚。内外通体施青绿色釉，釉层较薄但较匀净，光亮感较弱。外壁有三道粗弦纹，内底间隔刻划两组细密的弦纹和篦状纹。口径15、底径7.8、高7.8厘米（图版一六，4；图一三，4）。

Ⅱ式　1件。标本 D1M7：1，直口，弧收腹，豆把减矮。外壁弦纹细密。内外通体施青绿色釉，釉层厚，积釉处呈墨绿色。外底有刻划符号。口径11.2、底径5.4、高4.8厘米（图一三，5）。

C型　4件。敞口豆。可分二式。

Ⅰ式　3件。敞口折腹，喇叭形高圈足。口沿和底腹交接处各刻划一组细弦纹。内外施釉较薄，多数失脱殆尽。标本 D1M6：1，口径10.5、底径4.5、高4.5厘米（图一三，6）。标本 D1M20：1，口径10.8、底径5、高4.2厘米（图版一六，5）

Ⅱ式　1件。标本 D1M19：1，敞沿收缩，盘壁较直，豆把较矮。外壁刻划细密弦纹。内外通体施青绿色釉，有光亮感。口径8.2、底径3.8、高3.6厘米（图一三，7）。

D型　2件。折腹豆。可分二式。

Ⅰ式　1件。标本 D1M16：2，敛口，折腹有凸脊，矮圈足把。外壁刻划弦纹数道。内外通体施青绿色釉，釉不匀，积釉处色深如墨。口径9.4、底径5.8、高5厘米（图版一六，6；图一三，8）。

Ⅱ式　1件。标本 D1M4：6，浅盘，直口折腹，凸脊减弱，矮圈足把。外壁施细密弦纹。内外施青绿色厚釉。外底有刻划符号。口径9.6、底径6.6、高3.5厘米（图一三，9）。

盅式碗　2件。形式各异。标本 D1M15：2，直口，腹外鼓，平底。内底有细密轮旋纹，外底可见线割痕迹。内外通体施釉，釉色青灰，釉薄而匀净，有光亮感。口径7、底径4.6、高3.7厘米（图一四，1）。标本 D1M15：1，直口，斜直腹，近底处折收成小平底。外底有线割痕，内底有细轮旋纹。通体施青黄色釉，大部分未见光亮。口径10.2、底径5.8、高5厘米（图一四，2）。

盂　23件。形式基本一致。敛口，扁腹，圈足。内外施釉较厚，大部分外壁有细密弦纹，外底有刻划符号。标本 D1M16：1，饰弦纹，外底有刻划符号。口径6.5、底径4.8、高4.2厘米（图版一七，1）。标本 D1M3：2，弧敛口，扁圆腹。外壁在两组弦纹之间再饰以斜向篦点纹。口径7、底径5.8、高4.8厘米（图一四，3）。标本 D1M4：2，接近折敛口，扁鼓腹。纹样同上。釉色青绿。外底有刻划符号。口径4.6、底径5.4、高3.5厘米（图版一七，2；图一四，4）。

罐　1件。标本 D1M16：19，敞口，短折颈，广弧肩，圆鼓腹，近底处收敛较甚，平底。肩设由泥条组成的横向半环形耳一对，耳根各贴一个横 S 纹，宽斜沿上刻划多道弦纹，肩部间隔分饰细弦纹三组和斜向篦点纹二组。内外施青绿色厚釉，釉层剥落严

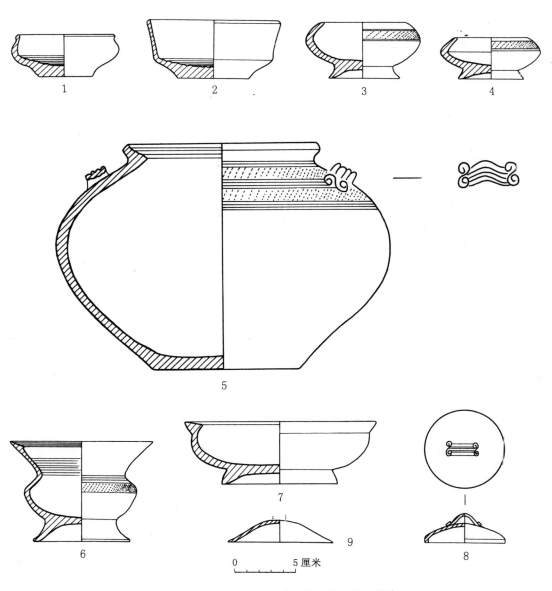

图一四　原始瓷碗、盂、罐、尊、盆和器盖

1. 盅式碗 D1M15:2　2. 盅式碗 D1M15:1　3. 盂 D1M3:2　4. 盂 D1M4:2　5. 罐 D1M16:19　6. 尊 D1M5:1　7. 盆 D1M16:12　8. 器盖 D1M3:6　9. 器盖 D1M7:4

重。口径 16、底径 12.4、高 19.8 厘米（彩版一〇，1；图版一七，3；图一四，5）。

尊　1 件。标本 D1M5:1，大敞口，斜沿，折颈，鼓腹，高圈足外撇。内壁口沿和颈部刻划细密弦纹，外壁肩部刻划弦纹和斜向篦点纹。内外通体施青黄色厚釉，施釉较匀，光亮感强，内底和圈足积釉挂釉处呈酱褐色，并有斑脱现象。口径 12、底径 8、高

8.6厘米（彩版一〇，2；图版一七，4；图一四，6）。

盆 1件。标本D1M16：12，口略敞，宽斜沿内敛，弧腹，平底宽平，圈足。沿面上刻划弦纹数道，内外施青绿色厚釉，有大片脱釉现象。外底有刻划符号。口径16、底径9.8、高5.5厘米（图版一七，5；图一四，7）。

器盖 2件。标本D1M3：6，拱形盖。三泥条并列半环形纽，纽之两端各贴饰一个S纹。施青绿色釉。直径6.8、通高2.6厘米（图一四，8）。标本D1M7：4，圆拱形盖，纽残。外壁施青绿色厚釉。直径8.8、残高2厘米（图一四，9）。

2．印纹硬陶

8件。器形有罐和瓿。

罐 7件。分二型。

A型 2件。敞口罐。标本D1M3：1，敞口，短弧颈，弧收腹，大平底。通体拍印回纹和折线的重复组合纹，回纹内框粗凸，外框几无。口径17.4、底径22.5、高24.6厘米（图版一八，1；图一五，1）。标本D1M17：6，敞口，短折颈，弧腹，平底。拍印梯格纹和斜线纹。口径12、底径10、高11.2厘米（图一五，2）。

B型 5件。垂腹罐。全出自D1M17，形状基本一致。直口或微敞，无明显颈部，最大腹径下垂，平底，底径大于口径。通体拍印或米筛纹，或方格纹，或回纹。标本D1M17：3，口径11、底径15、高12厘米（图一五，3）。标本D1M17：1，口径11.4、底径11.5、高10.2厘米（图版一八，2；图一五，4）。标本D1M17：2，拍印米筛纹。口径9.8、底径12.4、高10厘米（图版一八，3）。

瓿 1件。标本D1M18：3，敞口，短弧颈，圆肩，斜收腹，大平底，底径大于器高。肩上和上腹拍印折线纹，下腹拍印回纹，回纹内框线粗凸。口径15、底径14.8、高12.8厘米（图版一八，4；图一五，5）。

3．硬 陶

豆 1件。标本D1M9：1，敛口，折腹，喇叭形高圈足把。豆盘较深，内底宽平。外壁有两道弦纹，豆把内壁有刻划符号。口径13、底径9、高7.6厘米（图版一八，5；图一五，6）。

4．其 他

砺石 1件。标本D1M16：23，呈不规则长条形，四面均有明显的使用痕迹，横断面呈长方形。长10.5、宽2.4～3.2厘米。

小玉玦 1件。标本D1M11：1，呈扁薄形，直径仅1.3厘米。出土时嵌入朽骨内（参见图五）。

另外尚有泥质陶罐、纺轮和夹砂陶鼎等，但均因质地松软，破碎过甚，无法复原，其中纺轮呈算珠式。

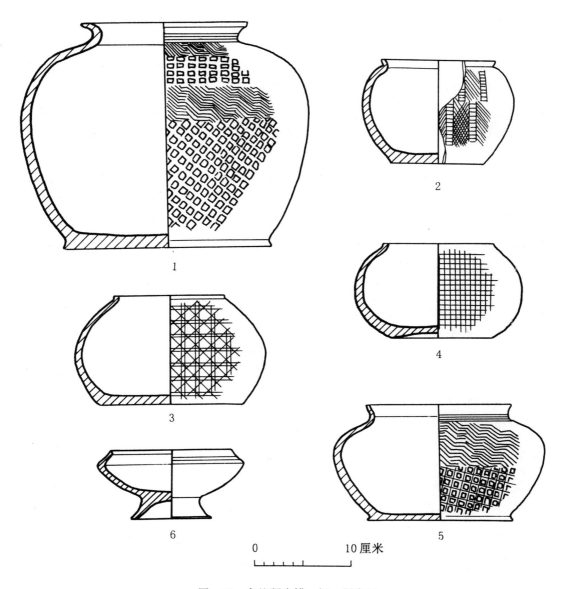

图一五　印纹硬陶罐、瓿，硬陶豆

1.A型印纹硬陶罐 D1M3:1　2.A型印纹硬陶罐 D1M17:6　3.B型印纹硬陶罐 D1M17:3　4.B型印纹硬陶罐 D1M17:1　5.印纹硬陶瓿 D1M18:3　6.硬陶豆 D1M9:1

以上各座土墩墓详细情况可见表一。

（三）墓葬年代

土墩墓中均未见有明确纪年的实物可以断代，但大量发掘资料已建立起来的浙江土墩墓分期序列，为这些土墩墓的断代提供了年代标尺[1]。十四座土墩墓中，十一座出有原始瓷。根据我们对浙江地区出土原始瓷的已有认识，从胎釉特征上观察，这里见到的 A 型 I 式豆、B 型 I 式豆和 C 型 I、II 式豆，都具有厚胎薄釉的共同特征，均属于原始瓷第一阶段制品，即习惯所说的甲种瓷。A 型 II 式豆、B 型 II 式豆、D 型 I、II 式豆以及盂、罐、尊和盆等，普遍具有厚胎厚釉特征，均属于原始瓷第二阶段制品，即习惯所说的乙种瓷。原始瓷盅式碗的胎釉特征则表现为薄胎薄釉，属于原始瓷第三阶段制品，即习惯所说的丙种瓷。而从具体形态特征上考察，这里见到的 A 型 I 式豆，属于土墩墓第三期遗物，时代相当于西周早期。B 型 I 式豆和 C 型 I、II 式豆，属于土墩墓第四期遗物，时代相当于西周中期。A 型 II 式、B 型 II 式、D 型 I、II 式豆，以及盂、罐、尊和盆等，均可与土墩墓第五期遗物相对应，时代相当于西周晚至春秋初期。而盅式碗的形态，则与土墩墓第八期遗物相同，时代相当于春秋中期偏晚。其他未见原始青瓷器的三座土墩墓中，除 D1M8 因仅出泥质陶而年代难定外，其余两座可根据其他出土物也可确定其年代，其中 D1M17 出土的印纹硬陶罐等器物，从器物到纹饰都具有第八期土墩墓的特征，据此，我们可将其年代确定在春秋中期或偏晚。而 D1M9 硬陶豆，据其形态特征，可纳入第五期土墩墓的范围。因此，老虎山一号墩十四座土墩墓的年代，除 D1M8 仅出一件泥质陶而难以确定其具体年代外，其他十三座墓葬可分属西周早期、西周中期、西周晚期至春秋初期和春秋中期四个阶段。具体情况如下：

西周早期：D1M18

西周中期：D1M11、D1M20、D1M6、D1M19

西周晚至春秋初期：D1M3、D1M4、D1M5、D1M7、D1M9、D1M16

春秋中期：D1M15、D1M17

三、战国～西汉土坑墓

6 座（D1M1、D1M2、D1M10、D1M12、D1M13、D1M14）。这些土坑墓均在土墩表土层下开口，打破土墩封土，并深入到岩层内，其中部分墓葬之间具有叠压打破关系，如 D1M1 的封土边缘叠压在 D1M2 封土之上，D1M14 的坑壁被 D1M10 打破。现将各墓情况分别介绍如下：

（一）D1M14

1．形　制

为长方形竖穴土坑木椁墓，位在土墩南部。方向 90°。墓坑开口于土墩表土层下，打穿封土深入到山体岩层。土坑上口较宽敞，不甚规整，北侧被 D1M10 打破。土坑下部打入质地较软的红砂岩层，故坑壁和坑底均显得十分平整。

墓坑规模较大。坑口长 6.2 米，宽因一侧被 M10 打破而不详；坑底长 4.64、宽 3.1、坑深达 2.4 米。坑内填土为夹大量红砂岩块粒的五花土，显系原土回填。填土结构松软，并包含有不少原始瓷和印纹硬陶器的残片，可能是打破原先的土墩墓所致。

墓内葬具已朽，在清理至距墓底高 1.2 米左右时，紧靠坑壁的四周，均出现比较明显的"熟土二层台"，紧实的填土结构与墓坑中间较松软的填土可明显区别。墓底随葬遗物均整齐地排列于紧靠"熟土二层台"的四周内侧，在四周器物之间大约长 2.4、宽 1.1 米的范围内，普遍可见较厚的棺木腐朽后的板灰痕迹。由此可见，该墓原先棺外有椁，椁的结构应该是既具头厢和足厢，又有两侧边厢。"熟土二层台"应该是坑壁与木椁之间的填土。清理时，棺木位置发现漆皮痕迹，表明当时木棺施漆。

随葬遗物十分丰富，共 51 件。其中既有鼎、瓿、壶和香熏等原始瓷制品的仿铜礼器 15 件，又有鼎、豆、盒、壶和钫等泥质黑衣陶仿铜礼器 28 件，另外还有璧、玦和剑首等玉器 3 件，以及陶纺轮、铜镜和漆器等。出土时，原始瓷器上大多可见朱红色彩绘，泥质黑衣陶上也基本都施有红、白二种卷云状彩绘图案。其中鼎集中置于两边厢和头厢内。从出土位置看，玉璧应置于棺内头部。一件圆饼形玉剑首分散于相距 0.4 米的两处，可能因棺木坍塌时砸碎所致（彩版一一，1、2；图版一九，1、2；图版二〇，1、2；图一六）。

2. 出土遗物

51 件。内有原始瓷、泥质黑衣陶、漆器、玉器和铜器等。

(1) 原始瓷

15 件。胎呈青灰色，质地致密坚硬，施釉薄而均匀，釉色青黄或青灰，胎釉结合不良，釉层斑脱现象普遍，又因体形较大，受火不匀和装烧方面的原因，器物均存在大面积失釉现象。器物均为鼎、壶、瓿和香熏等大件仿铜礼器。器物上普遍施有弦纹、水波纹、锥刺纹和圆圈纹等各种刻划纹。出土时，部分器物还残留有朱红色彩绘。

盖鼎　4 件。大小形状基本一致。拱形盖，子口，长方形附耳，圜底近平，三足粗矮，足尖外撇。盖缘贴饰三个竖立的小纽。另有二件盖顶中心也设立圆条半环形纽，纽上再套贴一装饰性小圆环。盖、双耳和鼎腹外壁施釉，内壁、外底和三足未着釉。标本 D1M14:6，盖顶中心无纽。釉色青黄。口径 16、腹径 20、通高 17.6 厘米（彩版一二，1；图版二一，1；图一七，1）。标本 D1M14:5，盖顶中心有纽。釉呈青灰色。口径 16、腹径 20、通高 18.2 厘米（彩版一二，2；图版二一，2；图一七，2）。

壶　4 件。大小形制和纹样基本一致。有拱形盖，盖纽呈蘑菇状。敞口，平沿，矮束颈，广溜肩，斜收腹，最大腹径在中腹偏上，肩设环形绹索状耳一对，耳之上下两端用泥条和小泥饼贴饰成兽形耳。高圈足外撇。肩和上腹部分别刻划一组斜向锥点纹和二组水波纹，每组纹样间均用双弦纹分隔。盖上纹样不一，其中两件为双弦纹分隔的两组水波纹，两件为用双弦纹分隔的两组"A"形鸟足状印纹。这些器物在盖面、颈下部、肩部、上腹部和圈足外壁，以及口沿、颈上部的内壁和内底均可见到施釉现象，而外敞的颈上部、斜收的下腹部以及底部之外壁均未上釉，可知当时采用的是一种由上向下的

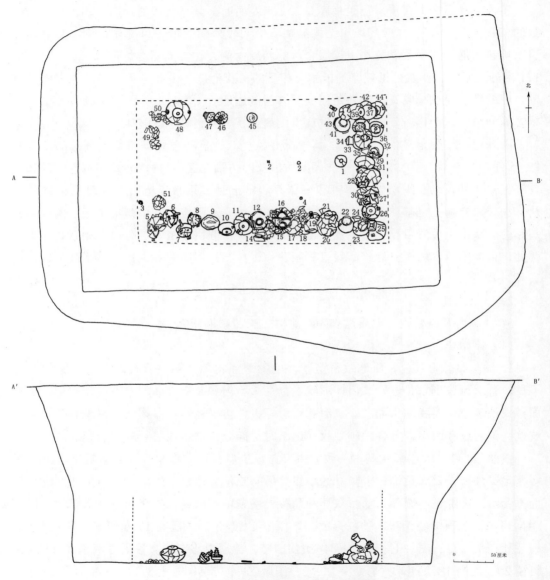

图一六　老虎山 D1M14 平、剖面图

1. 玉璧　2. 玉剑首　3. 玉玦　4. 陶纺轮　5~8. 原始瓷盖鼎　9、12、13. 漆木器　10、11、26、44、48. 原始瓷瓿　14、15~17、19、20、39. 泥质陶盖鼎　18、21、24、30、31、35. 泥质陶豆　22、23、33、38. 泥质陶壶　25、27~29. 泥质陶钫　32、34、36、37. 原始瓷壶　40~43. 泥质陶盒　45. 铜镜　46、47. 原始瓷香熏　49~51. 泥质陶器

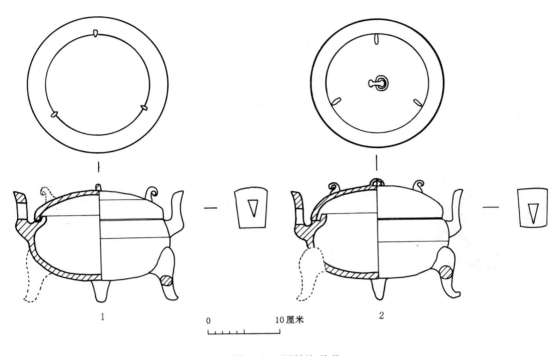

图一七　原始瓷盖鼎

1.D1M14:6　2.D1M14:5

淋釉方法。标本 D1M14:32，盖上饰鸟足印状的"A"形纹。青绿色釉。口径 11、底径 13.4、腹径 20.5、通高 28.5 厘米（彩版一三，1；图版二一，3；图一八，1）。标本 D1M14:36，盖上饰水波纹。青绿色釉。口径 11、底径 20.5、通高 28.5 厘米（彩版一三，2；图版二一，4；图一八，2）。

瓿　5 件。从器形上区分，可分三足瓿和圈足瓿两种。

三足瓿　4 件。形制、大小和纹样一致。有拱形盖，盖沿下折并与器口相扣，盖纽呈蘑菇状。器身直口，平沿，短折颈，宽圆肩，斜收腹，平底，下设三只矮瓦足。最大腹径接近肩部。肩有绚索状环耳一对，耳之上下端用泥条贴饰成兽面状。上腹刻划水波纹两组，肩部饰叶脉状斜向锥点纹一组，每组纹样间均用双弦纹分隔，盖顶上也同样刻划有用双弦纹分隔的两组水波纹。盖面、口沿、肩部、上腹以及内底施釉，下腹和外底无釉，也应采用淋釉方法施成。标本 D1M14:10，青黄色釉。口径 10.5、底径 14.8、腹径 22.8、通高 19.8 厘米（彩版一四，1；图版二一，5；图一九，1）。

圈足瓿　1 件。标本 D1M14:48，体形较三足瓿大。有拱形盖，盖纽呈蘑菇状。器身直口，平沿，短折颈，广弧肩，斜收腹，矮圈足，最大腹径在中腹偏上。肩有绚索状环形耳一对，耳之上下端用小泥条贴饰成兽耳状，盖面上用双弦纹分隔出内外两区，内

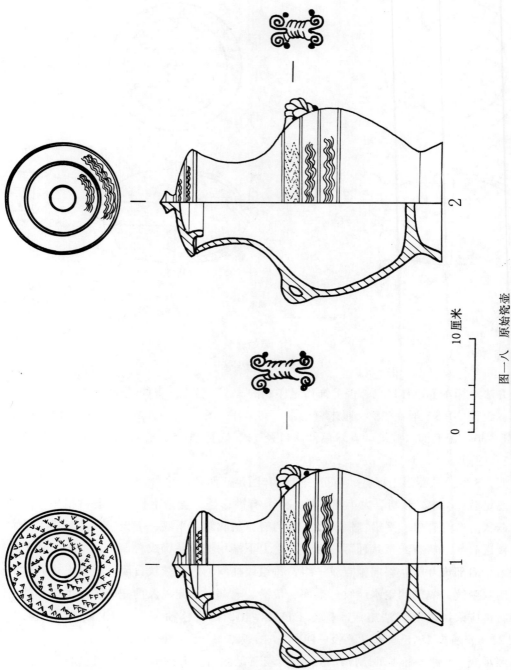

10厘米

0

图一八 原始瓷壶
1.DIM14:32 2.DIM14:36

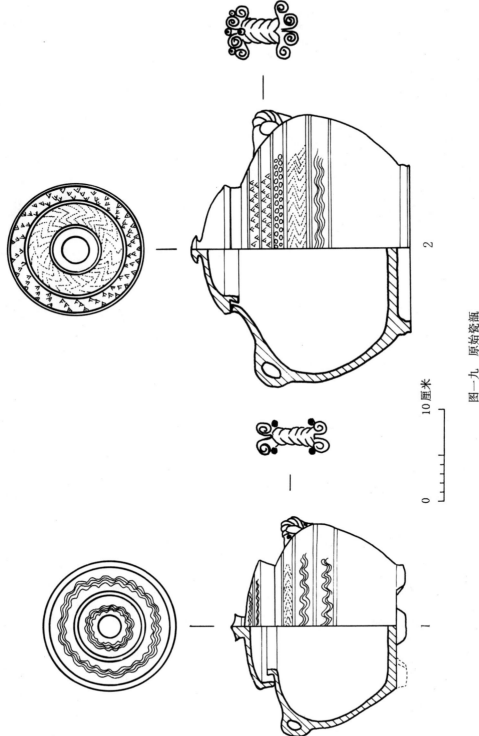

图一九　原始瓷瓿
1.D1M14:10　2.D1M14:48

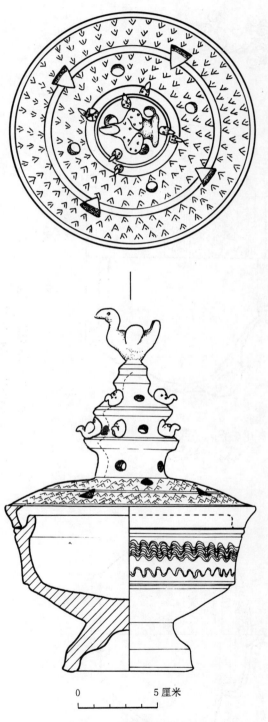

图二〇　原始瓷香熏 D1M14：46

区饰斜向锥点纹，外区饰鸟足印状纹。器肩和上腹部分别用双弦纹分隔出五组刻划纹，由上往下第一、二组是鸟足状的"A"形纹，第三组是圆圈纹，第四组是斜向锥点纹，第五组是水波纹。施釉情况与上述三足瓿相同。釉呈青黄色，釉面匀净光亮，无脱釉现象。口径 14.4、底径 18.4、腹径 30.4、通高 23.8 厘米（彩版一四，2、3；图版二一，6；图一九，2）。

香熏　2 件。大小和形状一致。熏体呈深腹豆形状，子口，近直腹，内底宽平，倒置浅杯式高圈足。上置拱形盖，盖面有圆形和三角形镂孔各一周，用作烟孔。纽较高，作两层圆形宝塔状，中空，各层均有圆形镂孔。上层塔面贴饰有三只小鸟，下层塔面贴饰有四只小鸟，塔尖昂立一只大鸟。熏腹外壁饰水波纹，盖面饰"A"形鸟足状纹。熏体基本无釉露青灰色胎，盖面和纽施淡青色釉，有光亮感。标本 D1M14：46，腹外壁水波纹较细密。口径 13、底径 8.4、通高 24 厘米（彩版一四，4；图版二二，1；图二〇）。标本 D1M14：47，腹外壁水波纹较稀疏。口径 13、底径 8、通高 23.2 厘米（图版二二，2；图二一）。

（2）泥质陶

28 件。修复 14 件。出土时均与原始瓷器物叠压混放于头厢和边厢内，均被压碎，可辨器形有盖鼎 7

件，钚 4 件，壶 4 件，盒 4 件，豆 6
件，另有三件难辨器形。可分泥质黑
衣陶和泥质灰陶二种，前者往往施有
朱、白色彩绘。

盖鼎　7 件。修复 4 件。从器形
上区别，可分为高足和矮足两种。

高足鼎　2 件。修复。泥质黑衣
陶。拱形盖，器身子口，长方形附
耳，耳较外敞，圜底状浅腹，细高直
足削成多棱状，通体外壁均施有朱、
白两色彩绘图案，惜大多已剥蚀不
清。标本 D1M14：16，口径 16、腹深
7.4、通高 22 厘米（图版二三，1）。
标本 D1M14：17，口径 18、腹深 6.4、
通高 23 厘米（彩版一五，1；图版二
三，2；图二二）。

矮足鼎　2 件。修复。泥质黑衣
陶。拱形盖，顶有环形纽，器身子
口，长方形附耳，圜底深腹，矮足外
撇，足根呈扁圆状。盖和器身扣合
后，整个器形呈扁球状。外壁通体施
朱、白色彩绘，惜大部分剥蚀已不清
楚。标本 D1M14：14，口径 19.6、腹
深 9.4、通高 21.2 厘米（图版二三，
3）。标本 D1M14：15，口部有水波纹
和点状纹组成的带饰，腹部与足部饰
云纹。口径 20.4、腹深 10、通高
20.8 厘米（彩版一五，2；图版二三，
4；图二三）。

豆　6 件。修复 1 件。标本
D1M14：31，泥质黑衣陶。豆盘呈圆
腹状，较浅，高把，底座缘面平直。
豆盘内外和底座上均施有朱、白两色

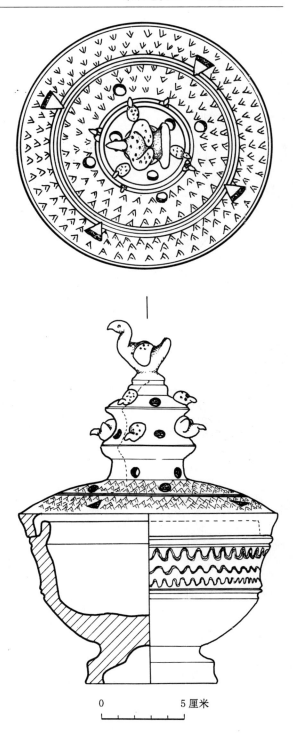

0　　　　　5 厘米

图二一　原始瓷香熏 D1M14：47

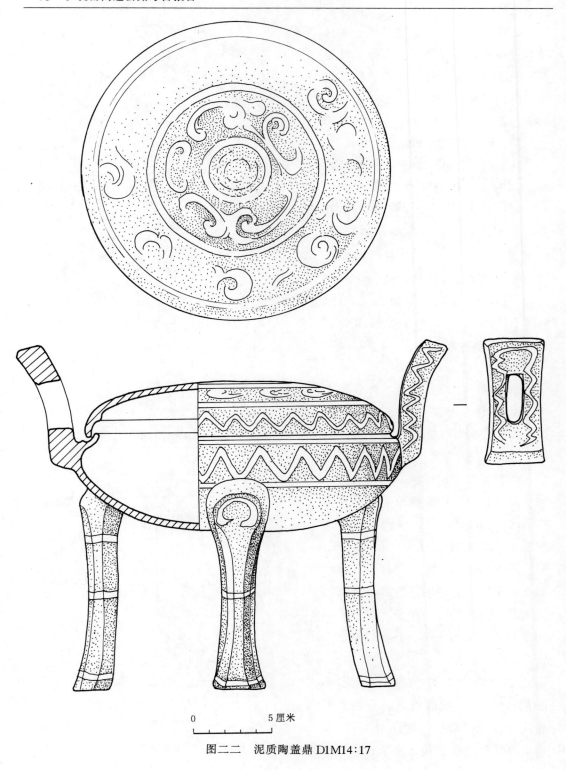

0   5厘米

图二二 泥质陶盖鼎 D1M14：17

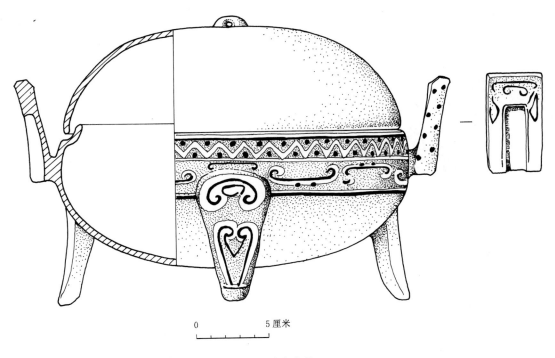

0　　　　　　5厘米

图二三　泥质陶盖鼎 D1M14:15

彩绘，但大部分已剥蚀。口径 16.8、高 15.4 厘米（图版二四，1；图二四，1）。

壶　4件。全部修复。泥质灰陶，器形一致。拱形盖。壶身敞口，平沿，矮束颈，鼓腹较扁，喇叭形高圈足。肩部对称设置二个桥形耳。器形基本与原始瓷壶一致。标本 D1M14:38，足壁斜直，口径 12、底径 14.4、腹径 24、通高 31.6 厘米（彩版一五，3；图版二四，2；图二四，2）。标本 D1M14:33，圈足足尖内敛，口径 11.2、底径 15.6、腹径 22、通高 26.4 厘米（图版二四，3；图二四，3）。

盒　4件。全部修复。泥质灰陶。其中三件形式一致。器身子口，弧腹剧收，内底宽平，矮圈足。器盖的形状与器身相似，较浅，顶部捉手呈浅圈足状。盒似两件圈足盘扣合在一起，整体呈扁圆形。标本 D1M14:43，口径 16.4、底径 11.6、通高 10.4 厘米（图版二四，4；图二四，4）。标本 D1M14:42，盖呈拱形。器身呈钵形，盖和器身形状相似，上下扣合，但器盖较浅，无捉手。盒底无圈足。口径 16.4、通高 12.4 厘米（图版二四，5；图二四，5）。

钫　4件。修复1件。均为泥质黑衣陶，通体施彩绘。标本 D1M14:25，盝顶式盖，器身敞口，矮束颈，溜肩，鼓腹，下腹斜收，覆斗状高圈足。出土时器表有朱、白色彩绘图案，因大多剥蚀不清而难辨图案之全貌。口径 12、腹径 23.6、通高 38.6 厘米（彩

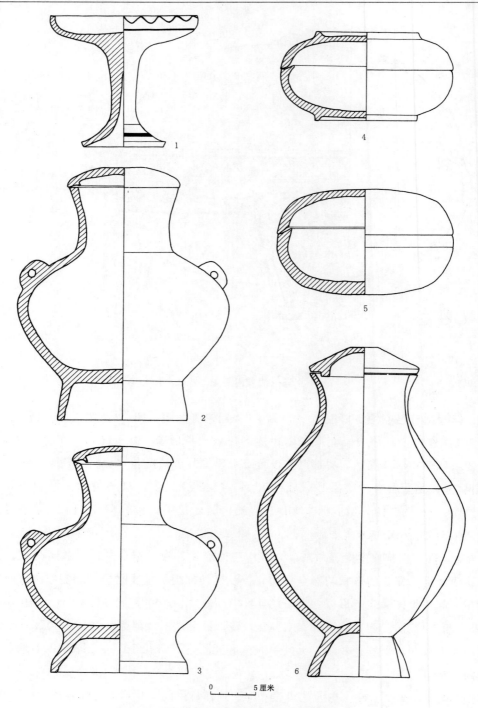

图二四　泥质陶豆、壶、盒和钫
1．豆 D1M14：31　2．壶 D1M14：38　3．壶 D1M14：33　4．盒 D1M14：43　5．盒 D1M14：42　6．钫 D1M14：25

版一五，4；图版二四，6；图二四，6）。

　　3. 玉　器

　　3件。有璧、玦和剑首各一件。

　　璧　1件。标本 D1M14：1，青玉。个体较大，较薄，接近半透明状。通体抛光，做工细腻。肉大于好，肉部内外各有廓一周。两面均饰凸起的涡纹，其上阴刻卷云纹，卷云纹有的凸出部分较大，有的较平缓，因此，璧面也显得凹凸不平，同时还可隐约见到划分每个涡纹位置的暗菱形状网纹。肉径 5.8、好径 4、通体直径 15.6、厚 0.4 厘米（彩版一六，1；图版二五，1；图二五，1）。

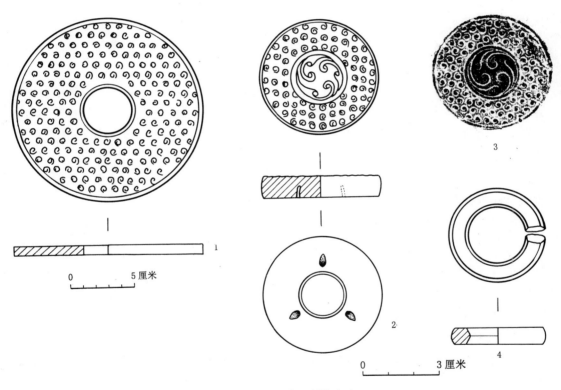

图二五　玉璧、剑首和玦

1. 璧 D1M14：1　2. 剑首 D1M14：2　3. 剑首纹饰拓本 D1M14：2　4. 玦 D1M14：3

　　玦　1件。标本 D1M14：3，翠绿色，两面平整，侧面呈弧形。直径 3.8、厚 0.7 厘米（彩版一六，2；图版二五，2；图二五，4）。

　　剑首　1件。标本 D1M14：2，白玉。扁薄圆饼形。向外的一面雕饰外凸的云气状阳纹，接纳剑茎的内面有一周深凹槽便于剑茎嵌入，槽旁有三个与槽相通的小孔用以固定剑茎。直径 4.8、厚 0.9 厘米（彩版一六，3；图版二五，3；图二五，2、3）。

4．其 他

陶纺轮　1件。标本 D1M14：4，泥质陶。算珠式。直径3.1、高2.2厘米。

铜镜　1件。标本 D1M14：45，出土时已完全腐朽，从痕迹看，壁极薄，纽甚低。直径13厘米左右。

漆木器　3件。均已朽烂，器形不明。

（二）D1M10

1．形　制

长方形竖穴土坑木椁墓，位于 D1M14 之北侧，东西向，墓坑开口于土墩表土层以下，并打破 D1M14 外敞的北壁上口，使之南壁线与 D1M14 下部北壁线基本重合，墓坑规模和深度要小于和浅于 D1M14。坑口大体规整而较敞，下部坑壁平直整齐。墓口长4.72、宽3.4米，底长3.6、宽2.2、深2米。墓底为平整的岩面，高于 D1M14 底面1.4米。

墓坑内填土自上而下均为纯净而松软的灰色土，内含少量印纹陶、泥质陶和原始瓷片，并发现铁镢一把。近底部坑壁四周均见"熟土二层台"，墓底有黑灰色板灰痕迹。一些陶瓷随葬遗物一字形排置于紧挨北侧"熟土二层台"旁，可见当时棺外套置有木椁，但木椁可能仅具一侧边厢，规模较小。墓底未见垫置棺木的枕木沟。

随葬遗物共12件，内有印纹硬陶罐、原始瓷壶、银器、漆木器、玉璧、腰形玉饰、青铜剑和青铜戈等。大件陶瓷器、银器和漆木器均置于木椁边厢，而青铜剑、戈和9号大玉璧出土在棺的部位，但出土时距墓底位置较高，又放置不平，底下均有0.1～0.2米厚的淤泥，器下有板灰痕迹，其中玉璧甚至基本呈竖立状，推测此三器原可能搁置于木棺之上。青铜戈出土时尚可见到已朽的木柄痕迹。直径仅8厘米的12号小玉璧出土时已碎成数块，碎块的分布斜、平、竖状皆见，其上有已朽牙齿，碎璧直接置于墓底，推测当时此璧可能垫于头部（彩版一七，1；图版二六，1、2；图二六）。

2．出土遗物

12件。有印纹硬陶罐、原始瓷壶、玉璧、腰形玉饰、青铜剑、青铜戈、银器和漆木器等。

印纹硬陶罐　2件。标本 D1M10：5，大直口，圆肩，弧收腹，平底。底径略大于口径，通体拍印米字纹。口径10.8、高12.2厘米（图版二七，1；图二七，1）。标本 D1M10：6，口略敞，弧肩，斜收腹，小平底。底径小于口径，通体拍印米字纹。口径12.2、底径8、高10.6厘米（图版二七，2；图二七，2）。

原始瓷壶　2件。大小和纹样均同。敞口，平沿，高颈较直，广斜肩，肩设牛鼻式宽环耳一对，斜腹剧收，器腹较扁，高圈足外撇。肩部刻划水波纹三组，每组用双弦纹分隔。施釉仅见于口沿、肩部和内底，下腹部和圈足内外均无釉，推测当时采用的也是

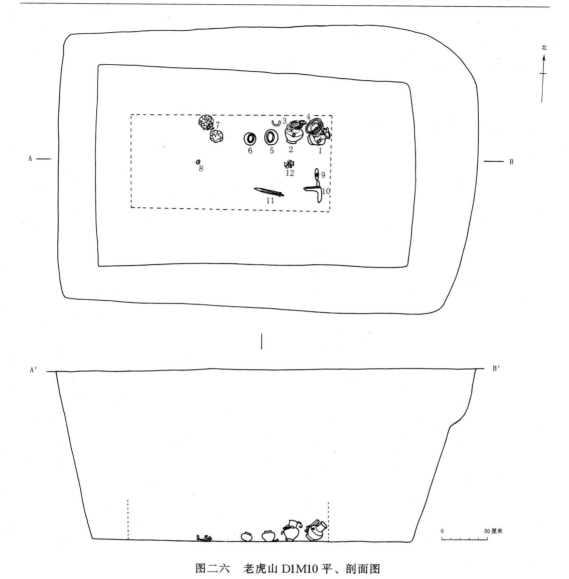

图二六　老虎山 D1M10 平、剖面图

1、2.原始瓷壶　3、4.银器　5、6.米字纹印纹硬陶罐　7.漆器　8.腰形玉饰　9、12.玉璧　10.青铜戈
11.青铜剑

由上往下的淋釉方法。釉色青黄，剥釉现象较严重，光泽感弱。标本 D1M10：2，口径
11.5、底径 12.4、高 28.5 厘米（彩版一七，2；图版二七，3；图二七，3）。

　　玉璧　2 件。青玉和白玉各一件。标本 D1M10：9，青玉。个体大，通体抛光，做
工精细，薄而有半透明之感。肉大于好，肉径 5.6、好径 4.4 厘米，肉部内外侧各有廓
一周，两面均饰凸起的涡纹，在这凸起的涡纹上，再以极细的线条阴刻出卷云纹。卷云
纹有的凸出部分较大，有的较平缓，因而璧面也显得凹凸不平，并隐约可见到划分每个

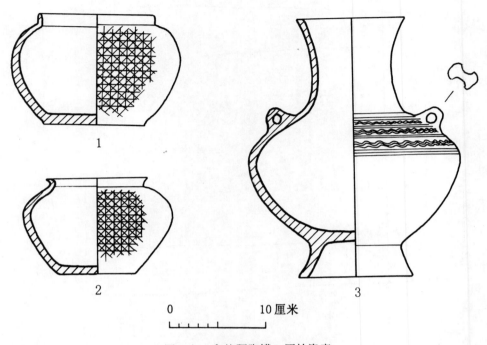

图二七　印纹硬陶罐，原始瓷壶

1. 印纹硬陶罐 D1M10∶5　2. 印纹硬陶罐 D1M10∶6　3. 原始瓷壶 D1M10∶2

涡纹位置的暗菱形状网纹。璧的色泽、花纹与 D1M14 出土者一致，形状大小也基本相同。通体直径 15.8、厚 0.3 厘米（彩版一七，3；图版二七，4；图二八，1）。标本 D1M10∶12，白玉。个体较之青玉璧要小，要厚，形状和纹样则与青玉璧相同，但凸起的涡纹已接近乳钉状圆点纹。通体直径 8、厚 0.6 厘米（彩版一八，1；图版二七，5；图二八，2）。

腰形玉饰　1 件。标本 D1M10∶8，白玉，素面无纹。扁薄，腰圆形，上部中间部位有一个与整体形状相应的腰圆形大孔，大孔上方有一小圆孔可穿线佩挂。长 3.5、宽 5.7、厚 0.7 厘米（彩版一八，2；图版二七，6；图二八，3）。

青铜剑　1 件。标本 D1M10∶11，已基本朽烂。短剑，茎无凸箍，无剑首，宽格，身修长，中脊两侧各有一条血槽。通长 32 厘米（图二八，4）。

青铜戈　1 件。标本 D1M10∶10，已朽烂。长援微弧，末端较宽，两刃前聚成锋，锋低垂，平脊，长胡，栏侧四穿。内略成尖锋状，三面有刃，无穿。通长 29.8、援长 26、内长 10.8 厘米（图二八，5）。

银器、漆器　3 件。均已朽烂破碎，器形不明，其中银器大部分呈箍状，可能是漆木器上的部件。

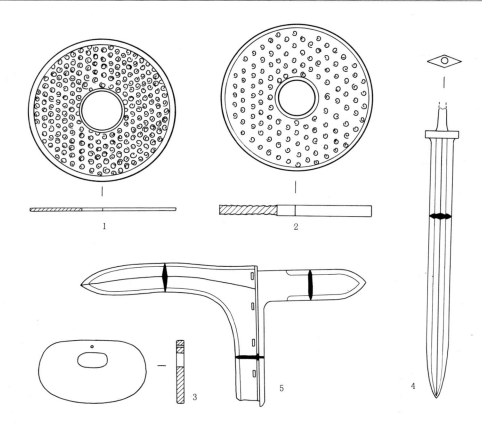

图二八　玉璧、玉饰，青铜戈、青铜剑

1.玉璧 D1M10:9　2.玉璧 D1M10:12　3.腰形玉饰 D1M10:8　4.青铜剑 D1M10:11　5.青铜戈 D1M10:10（2、3 为 1/2　1、4、5 为 1/4）

（三）D1M13

1.形　制

长方形小型土坑墓。位于 D1M10、D1M14 之西头近 2 米处，开口于土墩表土层下，墓坑深 1.5 米左右，底部打入生土。墓坑显得十分狭小，坑底长 2.2、宽 0.6 米。方向 120°。人骨已朽，墓底未发现板灰等棺木朽烂痕迹，估计当时未使用木棺（图二九）。

2.出土遗物

仅见一件铁镢 D1M13:1，大小和形状与 D1M10 填土所出者一致。长 15.5、宽 7 厘米（图三〇）。

（四）D1M1

1.形　制

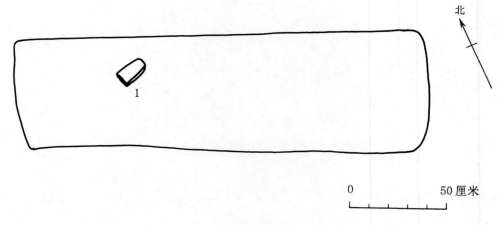

北

0　　　　　　50 厘米

图二九　老虎山 D1M13 平面图
1. 铁镢

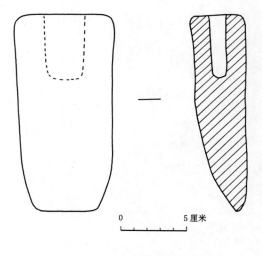

0　　　5 厘米

图三〇　铁镢 D1M13：1

长方形竖穴土坑木椁墓。位于土墩北部。封土明确，与 D1M2 具有明确的叠压打破关系，D1M1 封土叠压在 M2 封土之上，墓坑也打破 D1M2 封土。坑口略敞，长 3.7、宽 2.75 米，下部坑壁规整，底平。坑底长 3.2、宽 2.25 米，坑深 1.5 米。坑内填土上部呈灰黑色，较纯，十分坚硬，下部夹碎石较多。填土有明显的塌陷现象，并夹杂有一些原始瓷片及小件器物，当系挖坑或取土时打破原先已存在的土墩墓并原土回填所致。葬具和人骨已朽。根据清理所见填土塌陷现象、"熟土二层台"迹象和随葬遗物一字形排列于北侧的情况分析，当时具有木椁，木椁北侧设边厢（图版二八，1；图三一）。

2. 出土遗物

11 件。除一件玉璧和一件漆木器外，余皆为泥质黑衣陶器，出土时大部分器表着朱、白色彩绘，惜因质地松软，破碎过甚，难以起取和修复。可辨器形有鼎、壶、钫、盒和三足盘等。其中钫修复一件，即标本 D1M1：4，泥质黑衣陶，有盝顶式盖，敞口，矮弧颈，溜肩，下腹斜收，覆斗状高圈足，通体施彩，对称的两面颈部和腹部为三角状

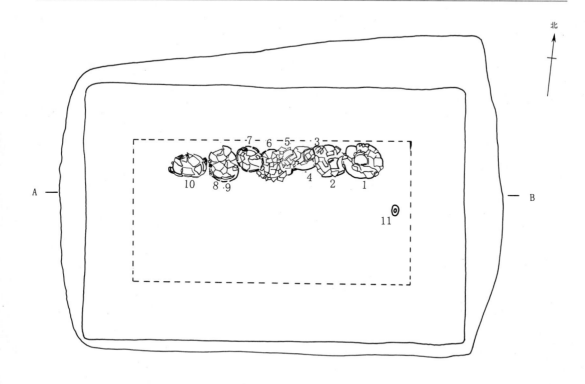

图三一　老虎山 D1M1 平、剖面图

1、2、4.泥质陶钵　3.漆木器　5.泥质陶壶　6、10.泥质陶盖鼎　7、8.泥质陶盒　9.泥质陶三足盘　11.玉璧

云纹，上腹部和腹底为竖向水波纹，另一对称的两面颈部纹样已不可辨认，腹上部为三角状云纹，腹下部为块状与斜井形纹，腹底部为竖形水波纹。口径 12、腹径 22.4、底径 10.4、通高 37 厘米（图版二八，2；图三二）。玉璧一件，即标本 D1M1：11，白玉，

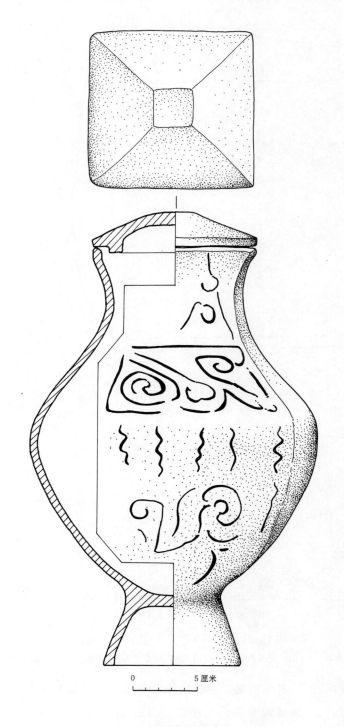

图三二　泥质陶钫 D1M1∶4

个体较大，较厚，通体抛光，做工细腻，肉部内外侧各有廓一周，两面均饰凸起的涡纹，其上再阴刻卷云纹，璧面凹凸不平，形制和花纹与 D1M10 出土者基本一致，通体直径 10.5、厚 0.6 厘米（彩版一八，3；图版二八，3；图三三）。

（五）D1M2

长方形竖穴土坑木椁墓。位于土墩北部、D1M1 南约 5 米处，封土被 D1M1 封土所压。墓坑开口于熟土层上，距墩表深 1.2 米，打入岩层，坑口略敞，长 3、宽 2.3、深约 1.4 米。坑底部未见枕木沟。坑内填土质细而松软，但夹有大量石块。

葬具和人骨已朽，随葬遗物分布于墓底南侧，皆为泥质黑衣陶，但因质地疏松，多已压碎，无法取出修复。器形大体有拱形盖兽足鼎 1 件，大小圈足豆各 1 件，盒 1 件，另有一件器形不明（图三四）。

（六）D1M12

长方形竖穴土坑木椁墓。墓坑开口于熟土层，打入生土。坑口长 3、宽 2.32 米；坑底底长 2.31、宽

1.38～1.66 米，坑深 1.2 米。四壁和底部都比较平整。棺椁已朽。墓坑南侧和西端有大量大石块，堆积比较整齐，从位置看，当在椁外。其他部位填土呈灰黑色，十分纯净，无石块，结构也较松软（图三五）。

随葬遗物仅泥质陶罐一件和水晶环一件。标本 D1M12:2，泥质灰陶罐，极松软，出土时已碎，无法修复。标本 D1M12:1，水晶环，呈肉白色，为玉髓质地，近透明状，断面呈多棱形，直径 4.3 厘米（彩版一八，4；图版二八，4；图三六）。

以上各墓详细情况可见表二。

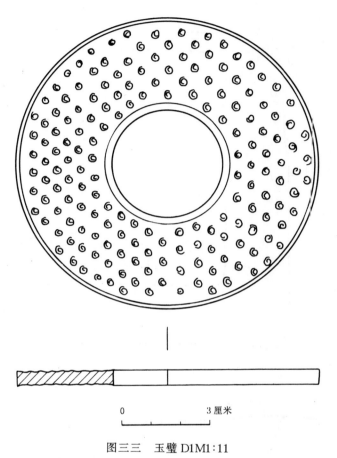

图三三　玉璧 D1M1:11

表　二		余姚老虎山一号墩战国～西汉土坑墓登记表
墓　号	墓坑大小（米）长×宽−深	出　土　遗　物
D1M1	3.7×2.75−1.4	泥质陶鼎 2、泥质陶钫 3、泥质陶盒 2、泥质陶三足盘 1、泥质陶敞口壶 1、漆木器 1、玉璧 1
D1M2	3×2.3−1.4	泥质陶鼎 1、泥质陶豆 2、泥质陶盆 1、泥质陶器 1
D1M10	4.72×3.4−2	原始瓷壶 2、印纹硬陶罐 2、玉璧 2、腰形玉饰 1、青铜剑 1、青铜戈 1、银器 2、漆木器 1
D1M12	3×2.32−1.2	泥质陶罐 1、水晶环 1
D1M13	2.2×0.6−1.5	铁镢
D1M14	6.2×? −2.4	泥质陶鼎 7、泥质陶壶 4、泥质陶钫 4、泥质陶盒 4、泥质陶豆 6、其他泥质陶 3、原始瓷鼎 4、原始瓷壶 4、原始瓷瓿 5、原始瓷香熏 2、玉璧 1、玉玦 1、玉剑首 1、青铜镜 1、漆木器 3、陶纺轮 1

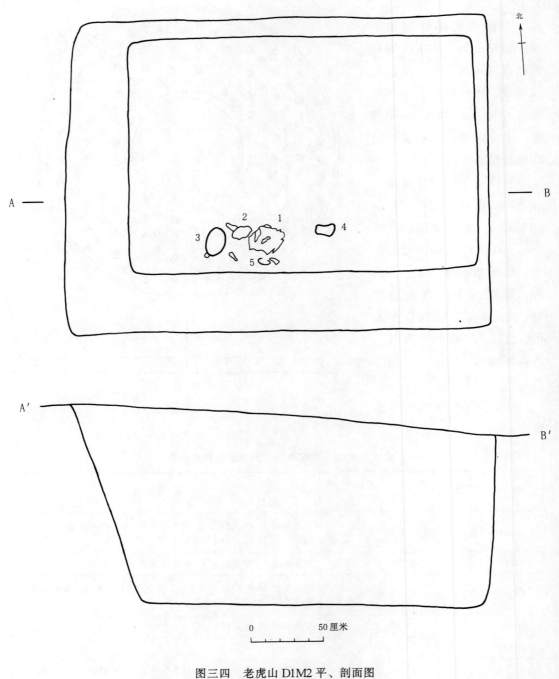

图三四　老虎山 D1M2 平、剖面图

1. 泥质陶盒　2. 泥质陶豆　3. 泥质陶盖鼎　4. 泥质陶器　5. 泥质陶豆

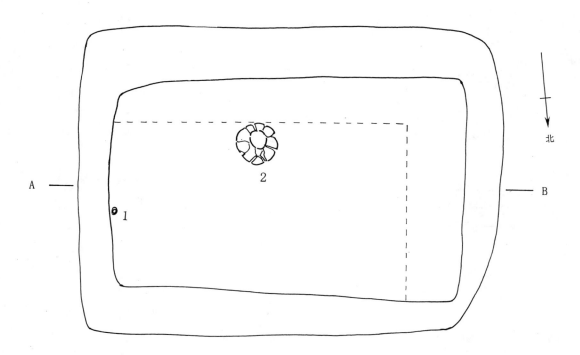

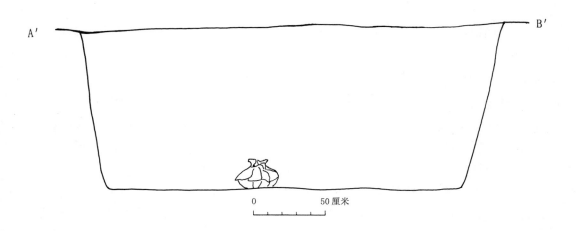

图三五　老虎山 D1M12 平、剖面图

1. 水晶环　2. 泥质陶罐

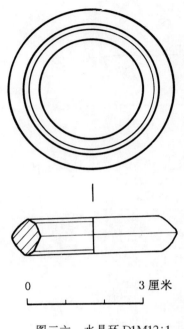

图三六　水晶环 D1M12∶1

（七）各墓年代分析

上述六座墓葬，除 M13 为小型土坑墓外，其余五座均为较大的深土坑墓，而且当时均都应该有木椁。这种形制在浙江地区出现于春秋晚期，流行于战国～西汉，但西汉土坑墓一般出土有半两钱或五铢钱，且往往伴存有鸡、狗、羊、猪、井和灶等泥质陶明器，该五座墓葬均未有此类遗物出土，表明这些墓葬的年代可能都不会晚于西汉早期。

D1M14，在随葬一套原始瓷仿铜礼器的同时，又随葬一套泥质陶仿铜礼器，其中泥质黑衣陶仿铜礼器中又有施彩绘现象，显然具有楚墓随葬遗物的风格，当属楚文化因素。因此，在断代上与楚墓应有可比性。迄今为止对楚墓的分期研究表明，陶礼器上施彩是战国中晚期才出现的现象，而钫和盒作为一种全新的器形，它的出现分别在战国中期和晚期，鼎、盒、壶是战国晚期新出现的一种组合关系。老虎山 D1M14 陶礼器中不但有施彩现象，而且也有钫的存在，鼎、盒、壶、豆、钫的组合关系，也符合战国晚期楚墓陶礼器的组合特征。因此，楚式陶礼器的总体特征表明，D1M14 的年代不会早于战国晚期。

从具体的器形比较而言，D1M14 所见附耳、拱形盖、圜底近平、浅腹、仅存兽面轮廓的细长多棱足泥质陶鼎，对照楚墓陶鼎"腹由深变浅，底由圜底趋于平坦，足由矮变高，由粗变细，由外撇较甚至较直，由实圆足到半圆足，再到内侧三角形槽形足，最后出现多棱足；足的兽面由小圆圈构成到大圆圈构成，再变为仅有兽面轮廓"[2]这一早晚发展变化规律，当属楚式鼎的晚期形态。所见陶钫，敞口，鼓腹，腹的最大径在中部。所见陶盒，整体呈扁圆形，矮圈足的形态同样都具备楚器钫与盒的晚期特征。考虑到楚文化东渐的时间过程，越国腹地宁绍一带见到的楚文化因素应该相对要晚一些。

D1M14 出土的原始瓷鼎、壶、瓿等仿铜礼器，目前在浙江尚无可资对比的出土材料，由于它虽在质料上属于越本地的传统制品，但在器形上却具有楚式陶礼器风格，特别是鼎所具备的附耳、兽形足的基本形制，显然属于楚式而并非越式，因此，与楚墓也具有一定的可比性。原始瓷鼎拱形盖、附耳、圜底近平，原始瓷壶敞口高颈、高圈足的形态特征，分别与湖北当阳赵家湖楚墓甲类七期的陶鼎、B 型陶壶类同，也与湖南资兴旧市战国晚期墓中 V 式陶壶相似[3]。另外，墓中出土原始瓷香熏在上海福泉山西汉中期墓中曾有出土，但老虎山 M14 所出土者深腹高圈足，除顶立一只大鸟外，两层宝塔形盖纽上也分立三或四只栩栩如生的小鸟。福泉山出土者浅腹，矮圈足，塔形盖纽不但显得低矮，而且原分立在两层塔纽上的小鸟已简化为仅在一层上置一圆珠[4]。两相比较，老虎山出土者显然要比福泉山出土者早得多。底有三瓦足的原始瓷瓿，在形制上与江苏苏州真山 D3M1 战国晚期墓出土者完全一致，只是纹饰略异[5]。墓内出土的玉剑首和青玉璧，据造型和纹饰特征，对照楚墓和其他资料，也属于战国晚期之物[6]。综合上述分析，我们认为把 D1M14 的年代确定在战国末期比较合适。

D1M10，在地层关系上打破 D1M14，其相对年代要晚于 D1M14。墓内出土的两件玉璧中，一件从形制到大小、花纹和玉色，都与 D1M14 出土者一致。出土的原始瓷壶，从形态上比较，又显然属于 D1M14 的后续形态，其敞口、高颈较直、上腹较鼓、下腹剧收、高圈足、宽环耳的形态特征，则明显要早于义乌、上海福泉山和青浦骆驼墩西汉早期墓出土的同类器（报告称“釉陶器”）[7]。在上述提及的苏州真山 D3M1 中，可见到这种壶和老虎山 D1M14 出土的那种三足瓿共存现象，更可说明 D1M10 与 D1M14 的时代基本是同期的，至少不会差得太远。出土的青铜戈，长援微弧，锋低垂，长胡四穿，内作三面刃，这种形式也具有战国晚期到西汉早期的青铜戈特征。墓内共存的二件米字纹印纹陶小罐，是本省战国墓中的常见之物，在一部分西汉早期墓中，也还可见到这种米字纹印纹陶小罐的存在。因此，我们将 D1M10 的年代定在战国末到西汉初期。

D1M1，也出土有鼎、盒、壶、钫等彩绘泥质黑衣陶，修复的一件陶钫，器形与 D1M14 出土者相同，但其出土的白玉璧在形制和花纹上与 D1M10 出白玉璧大体一致，其年代也可定在战国末到西汉初期。

D1M2，一部分封土为 M1 封土所压，地层关系上要早于 D1M1，随葬的泥质陶礼器中，有鼎、豆、盒组合，但不见施彩现象，表明其年代可能较 D1M14 和 D1M1 都要早一些，似定在战国晚期较妥。

D1M12，仅出土一件泥质灰陶罐和一件水晶环，罐无施彩现象，其年代可笼统定在战国。

D1M13，小型土坑墓，仅出土一件铁镬，形制与 D1M10 填土所出一致，其年代同样也应在战国末期到西汉初期。

四、结　语

老虎山一号墩的发掘，对于加深认识西周春秋时期土墩墓的埋葬特点和习俗，进一步了解战国时期浙江地区墓葬制度的变化情况和内涵特征，都给了我们许多重要的启示。因此，可以认为，老虎山一号墩的发掘材料，具有十分重要的考古研究价值。

（一）老虎山一号墩位于老虎山主峰，内涵十分丰富，既有十四座西周至春秋时期的土墩墓，又有六座战国晚至西汉初的土坑墓，这些不同时期不同类型的墓葬在同一土墩内的共存现象，不但再一次说明了这类土墩是在较长时期内随着墓葬数量的增加而陆续增加和扩大，墩内各墓具备各自独立形成的时间和空间，而且也反映出在浙江地区从夏商开始将墓葬营建于山顶上的习俗，至少到战国晚期还有较多存在。这种在同一山顶山脊或同一土墩内有西周春秋土墩墓与战国西汉土坑墓共存一起的现象，我省在以往的发掘中已有不少发现。上虞驮山、上虞羊山、慈溪杨梅山、湖州杨家埠、长兴石狮等地，均发现过不少汉代土坑墓与西周春秋土墩墓共存山上或同一土墩内的考古实例。湖州杨家埠、长兴石狮和安吉良朋等地还可见到仅仅是埋有几座乃至十几座汉代土坑墓的土墩，它们也与土墩墓一样，多座汉墓先后埋入同一土墩内，组成墩的形式，分布在隆起的岗地上。尽管这种一墩多墓的性质问题同样有待进一步探讨，但这种现象至少可以说明一点，虽然战国中期以后越为楚灭或越为楚败，但越民族在文化上的传承与展拓，并不因为军事的占领而导致民族文化的全部更替，在埋葬上，除了将墓营建于山上之外，一墩多墓的习俗也同样部分地延续到了汉代。

（二）D1M17和D1M18以清晰的野外迹象，向我们展示了土墩墓的营建过程：它是在选好墓址后，将原山坡表面平整，形成一个大体平整的墓底，然后铺设石床进行埋葬，再封土成墩。在平整过程中，往往是将上坡面去土挖低，由此往往使三面形成类似的"坑壁"，以往发掘资料中曾有过"残留三面坑壁"的报道，其实有可能属于上述现象。这一现象的发现与确立，对于今后土墩墓发掘中对最先埋葬的一座墓葬是否有土坑的判断，具有一定的指导意义。而D1M16这座大型石床墓，其下坡面用好几层石块叠铺，高度大于上坡面，明显反映出在斜坡状的山体上，用石块来铺设出基本平整的墓底的考古迹象，表明它并非由挖坑埋入。

（三）本次发掘的D1M11和D1M16都发现了已朽人骨。浙江以往的土墩墓发掘中，仅在义乌平畴发现过零星的人骨，这次的新发现增添和丰富了这方面的考古材料。它不但为我们认识同墩内多组器物的形成原因与性质提供了考古实证，而且也为进一步分析探索土墩墓的埋葬习俗提供了不可多得的重要材料。D1M11中朽骨残留不多，分布零乱，但有一点比较明确，即有头骨和牙齿。值得注意的是，头骨和牙齿附近的朽骨成堆状叠放，显然并非是尸体腐朽后骨架的自然分布状态，似乎是二次迁葬所致。而D1M16在长6、宽3米的巨大石床上，普遍分布有已朽小堆状骨屑，这种大面积的分布状态，已远远超出了单个人体的正常分布范围，显然不仅仅只是一个个体，应该是有多个个体的人骨一起分布在这一石床上。随葬遗物数量众多，但其时代特征一致，表明它们是一次性形成。因此，这里反映的又似乎是一种二次丛葬的现象。已知考古资料表明，在地处浙东的宁绍平原地区，早在新石器时代晚期，就存在二次迁葬的现象[8]。这种习俗被商周时期生活在这里的于越先民继承沿袭下来，也是完全有可能的事情。流行于江浙地区的土墩墓，由于大多未能保留人骨遗迹而难于了解这种墓葬所采用的是一次葬还是二次葬，以往的考古发掘只是在江苏丹徒四脚墩二座墓内，曾发现过葬式为仰身直肢的人骨遗存[9]，表明这一带土墩墓曾存在过头向朝东、仰身直肢为特征的葬式，属于一次葬葬俗。然而，这种葬式和葬俗，在分布地域极为广阔的土墩墓中，看来不一定具有普遍意义。上述两墓人骨遗迹的发现，无疑为我们全面探索土墩墓的埋葬习俗提供了新的重要资料。

（四）D1M10 和 D1M14 的野外迹象显示出可能是一座埋葬略有先后的异穴同封合葬墓。这种合葬墓在浙江其他地方已有不少发现。由于 D1M10 晚于 D1M14，因此，在晚埋的 D1M10 挖坑过程中打破 D1M14 外敞的墓口一壁，而下面两者各有一边坑壁线重合，两墓墓坑虽然规模有大小之异，深度也不一致，墓底又有高低，但它所刻意掌握的是同向并列，这种现象也见于其他地方已发现的异穴同封合葬墓。另外，D1M10 随葬遗物中有剑、戈等青铜兵器，而 D1M14 无兵器却有铜镜、陶纺轮和原始瓷香熏等物，由此可判断 D1M10 为男性，D1M14 为女性。排列上，两墓均东西向，D1M10 在北，D1M14 在南，所处地势为东低西高的东坡，若以头向朝东而论，正好符合男左女右的安葬习俗。两墓中各有青玉璧一件，相比之下，两璧的玉质、玉色、形制、大小、厚薄和花纹几乎一致，可视作同时制作的一对夫妻璧。D1M14 无青铜剑随葬，却出土有一件玉剑首，而 D1M10 随葬有青铜剑，却无剑首发现，我们推测 D1M14 出土的玉剑首原先可能就是 D1M10 的剑上之物。因此，根据以上诸多迹象，我们认为 D1M10 和 D1M14 可能是一座异穴同封的夫妻合葬墓。

（五）D1M13 是惟一的一座小型土坑墓。它位于 D1M10 与 D1M14 两墓的后侧，墓坑之小仅能容尸，应无棺椁，仅随葬一件从事劳动的生产工具铁镬，无一件生活用品，其简陋的程度与 D1M10 和 D1M14 形成了强烈的反差，墓主地位之低下是显而易见的。而且所出铁镬与 D1M10 填土所出形状一致。由此，我们推测墓主可能是为 D1M10 和 D1M14 殉葬的造墓奴隶。这一现象的发现，或可作为战国末到西汉初期浙江地区尚有奴隶制残余的一个重要例证。

（六）老虎山一号墩的发掘资料，充分反映出战国前后古越地区埋葬制度的变化情况。这种变化主要反映在两个方面，一是墓葬形制，墩内所见的十四座西周春秋墓皆为具有本地传统特色的平地掩埋的土墩墓形制，而其他六座墓，除 D1M13 仅为小型土坑墓外，其余五座均为较大型的深土坑木椁墓，似乎原来平地掩埋的土墩墓形式到此时已完全为竖穴土坑墓所取代。从已有的考古资料看，这种现象在浙江地区具有普遍意义。尽管有些地方到战国中晚期尚有少量石室土墩墓的存在，但毕竟已是极个别的现象。二是墓葬内随葬遗物，一号墩内五座较大型土坑木椁墓的随葬遗物情况明显可分为三类：第一类以 D1M10 为代表，随葬遗物除青铜剑、戈和玉璧外，其余全为印纹硬陶和原始瓷。第二类以 D1M14 为代表，随葬遗物中，既有原始青瓷的鼎、瓿、壶和香熏，又有彩绘泥质陶的鼎、盒、壶、豆和钫，也就是说随葬有两套质地不同的仿铜陶瓷礼器。第三类以 D1M1 和 D1M2 为代表，墓内出土的全为鼎、盒、壶、钫等泥质黑衣陶仿铜礼器，不见原始瓷和印纹硬陶。上述三类随葬遗物情况，第一类完全属于当地的传统制品，与战国之前的土墩墓内涵特征一致。第二类不但其彩绘泥质黑衣陶仿铜礼器明显具备楚文化的因素，原始瓷鼎所具备的附耳兽足形态，也已深深地打上了楚文化因素的烙印，表明这类墓在保留一部分本地传统文化因素的同时，已明显地融入了较多的楚文化成分。第三类情况恰恰与第一类相反，看不见一丝本地传统文化因素，它所反映的完全是一种楚文化的特征。老虎山一号墩所反映的上述现象，基本上代表了浙江地区战国中晚期墓葬的总体情况。如果将第一类情况视作本地越墓的话，那么第二类情况就应该是越文化与楚文化的融合体，而第三类墓葬则已经是楚墓了。可以认为，这种墓葬随葬遗物状况，客观地反映出战国中期越被楚败（灭）之后，楚文化因素逐渐在越地占据重要地位的历史态势。但在此需要着重指出的是，就老虎山乃至浙江总体情况而言，以上三类情况并不绝对构成互有先后的递嬗关系。特别是第一类和第二类情况的墓葬，直至战国末期到西汉早期仍有较多存在，例如 1955 年在绍兴漓渚发掘的五十四座墓葬中，二十三座战国晚期墓几乎每座都有印纹硬陶和原始瓷器，三十一座汉墓中，也仍有十二座出有印纹硬陶[10]。而第三类纯粹出泥质陶仿铜礼器的墓葬数量相对较少。这些考古资料表明，文化的相互浸染或更替，绝不是像军事的占领和统治那样来得突然和干脆。越为楚败（灭）之后，土著的越文化虽然受到了楚文化的强烈打击与影响，但越民族自身的历史文化传统并没有因此而完全消失，而是仍然顽强地得以保留和发展，楚文化在这个地带所表现的只是两种文化因素并存的格局。这就使我们在感叹楚文化鞭长莫及的同时，也不能不对越文化的强大生命力感到由衷的自豪。

整理执笔：陈元甫

器物照相：邵海琴、李永嘉

器物描图：徐竞颜

注　释：

[1] 陈元甫：《论浙江地区土墩墓分期》，载《浙江省文物考古研究所建所二十周年论文集》，西泠印社，1999 年。

[2] 湖北省宜昌地区博物馆、北京大学考古系：《当阳赵家湖楚墓》，文物出版社，1992 年 3 月。

湖南省博物馆等：《长沙楚墓》，文物出版社，2000年1月第1版。

［3］湖南省博物馆：《湖南资兴旧市战国墓》，《考古学报》1983年第1期。

［4］王正书：《上海福泉山西汉墓群发掘》，《考古》1998年第8期。

［5］苏州博物馆：《真山东周墓地》，文物出版社，1999年。

［6］邓淑萍：《玉剑饰》，《故宫文物月刊》（台北）第1卷8期。湖南省博物馆等：《长沙楚墓》，文物出版社，2000年1月。

［7］浙江省文物管理委员会：《浙江义乌发现西汉墓》，《考古》1965年第3期。王正书：《上海福泉山西汉墓群发掘》，《考古》1998年第8期。上海市文物保管委员会：《上海青浦县的古文化遗址和西汉墓》，《考古》1965年第4期。

［8］浙江省文物考古研究所、象山县文物管理委员会：《象山县塔山遗址第一、二期发掘》，《浙江省文物考古研究所学刊》1997年。

［9］镇江博物馆：《丹徒四脚墩西周土墩墓发掘报告》，《东南文化》1989年第4～5期。

［10］浙江省文物管理委员会：《绍兴漓渚的汉墓》，《考古学报》1957年第1期。

上虞羊山古墓群发掘

羊山，在上虞市百官镇东北约 5 公里的小越镇羊山村背，山体呈东北—西南走向，海拔高度 49.47 米，植被稀疏，土层较薄，部分地方岩石裸露，北临 329 国道，有浙东运河和杭甬铁路经过，交通十分便利（图一）。

羊山古墓群位于羊山之巅，于 1991 年秋的杭甬高速公路考古调查中被发现。墓葬均分布于羊山光秃的山顶或山脊上，墓上封土保存不佳，土墩大多隆起不明显，有的甚

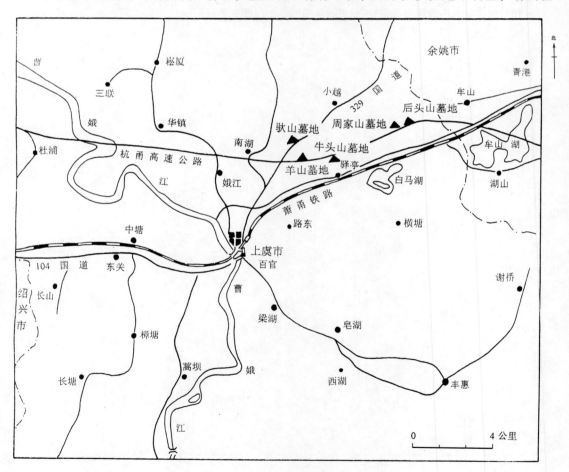

图一　上虞羊山墓地位置示意图

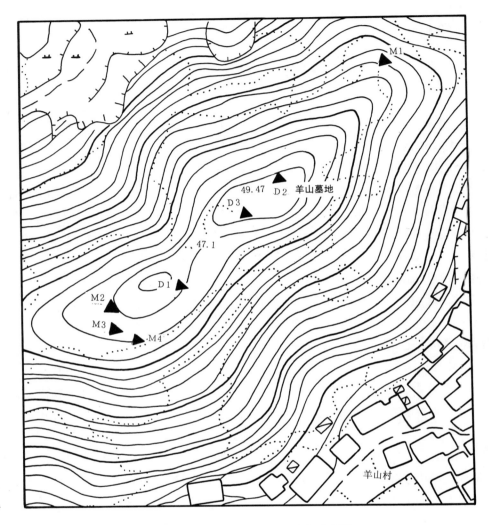

图二　上虞羊山墓地墓葬分布示意图

至基本夷为平地。凡属石室土墩墓者，则往往石墙已暴露于地面（图二）。

　　1992 年 9 月至 12 月，杭甬高速公路考古队对此处墓葬群进行了抢救性发掘。这次发掘的墓葬仅是整个墓地的一部分，还有一些墓葬因不属于高速公路施工范围而未进行发掘。发掘先后由浙江省文物考古研究所的王海明和陈元甫主持，参加人员有浙江省文物考古研究所的黎毓馨和彭必平，绍兴市文物管理处的彭云。

　　此次发掘有土墩墓 1 座，石室土墩墓 2 座，土坑木椁墓 2 座，土坑砖椁墓 2 座。为了便于墓葬的区分，按不同的形制分类编号。一座土墩墓编为 D1，二座石室土墩墓分别编为 D2～D3，二座长方形竖穴土坑木椁墓和二座长方形土坑砖椁墓分别编为 M1～

M4。这些墓葬共出土各类随葬品 114 件，采集品 4 件。现按年代顺序，将这些墓葬的
发掘情况分别报告如下。

一、商周时期墓葬

这一时期的墓葬可分土墩墓、石室土墩墓和土坑墓三类。现分别介绍于下：

（一）土墩墓

1 座，编号为 D1。位于羊山次主峰，海拔高度 40 米左右，土墩上均无树木，土墩
北部边缘埋葬有二座现代墓，破坏了部分封土。发掘前，在土墩周围采集到一些印纹硬
陶片和泥质陶片。土墩保存不佳，隆起已不明显，发掘时土墩最高处仅有 0.8 米左右。
土墩大体呈不规则圆形，南北最长处 13 米，东西最宽处 12.3 米。封土全系用夹细沙山
土堆筑而成，结构较紧实，土内包含有泥质灰、黑陶片，及夹沙陶鼎足等。土墩内有墓
葬 3 座，编号依次为 D1M1、D1M2、D1M3。D1M1 位于土墩之西北侧，D1M2、D1M3
均在土墩之北侧。当发掘完 D1M2 后，发现 D1M2 的随葬器物压于 D1M3 的封土东侧，
说明 D1M2 叠压在 D1M3 之上。D1M3 为浅土坑，D1M1 和 D1M2 无土坑。三座墓葬的
葬具和人骨架均已腐朽无存。每座墓均有随葬遗物（图三）。

1. D1M1

位于土墩之西北侧部，墓底为岩石，未发现平整墓底的迹象。随葬遗物仅发现一件
泥质黑陶瓮。瓮直接置于高低不平的岩缝中，已严重破碎，无法修复，从残片看，为凹
底。

2. D1M2

位于土墩中心偏东处，墓葬暴露于表土层之下，距地表很浅，深仅 0.1～0.5 米。
墓葬底部在夹沙山土上略加平整，无墓坑。出土随葬遗物 10 件，呈南北向排列，有原
始瓷器、印纹硬陶器和石器，原始瓷器在南，印纹硬陶器和石器在北（图四）。

原始瓷碗　5 件。其中四件均为盅式碗，形式一致。直口，斜直腹，近底部折收成
平底，内底宽平，外底部有线割痕迹。内外通体施黄绿色釉，釉薄而均匀，并有光亮
感。胎釉结合良好，釉无脱落现象。内壁、内底均可见细密的轮旋纹。标本 D1M2:2，
口径 11.1、底径 6、高 3.8 厘米（图五，1）。另有标本 D1M2:3，与盅式碗略有不同，
直口，弧收腹，平底，外底部有线割痕，内壁和底部均可见到细密的轮旋纹。通体内外
施黄绿色釉，釉层较薄而有光泽。口径 11.4、底径 6、高 4.6 厘米（图五，2）。

印纹硬陶瓿　2 件。标本 D1M2:6，直口，矮颈，广肩，鼓腹，大平底。通体拍印
方格纹。口径 12.4、底径 13.4、高 11 厘米（图五，3）。

印纹硬陶坛　1 件。标本 D1M2:9，敞口，矮弧颈，圆肩，斜收腹，大平底。口沿

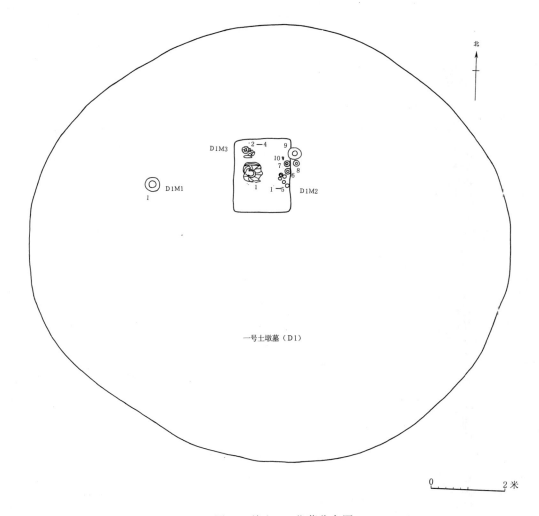

图三　羊山 D1 墓葬分布图

饰两道弦纹，通体拍印米筛纹和小方格纹。口径 17、底径 17.4、高 33.8 厘米（图五，4）。

　　印纹硬陶罐　1 件。标本 D1M2：8，敞口，矮弧颈，溜肩，鼓腹，大平底。通体拍印米筛纹和小方格纹。口径 10.8、底径 11.2、高 12.4 厘米（图五，5）。

　　石镞　1 件。标本 D1M2：10，柳叶形，锋残，中脊明显，断面呈扁菱形状，铤呈扁圆形。残长 5.6、宽 2.6、厚 0.6 厘米（图五，6）。

　　3.D1M3

　　位于土墩中心的偏西处，从平面位置上看，D1M3 紧挨 D1M2 西部，虽然两座墓葬的器物无直接叠压关系，但从发掘时留下的剖面可判断出 D1M2 的器物叠压了 D1M3

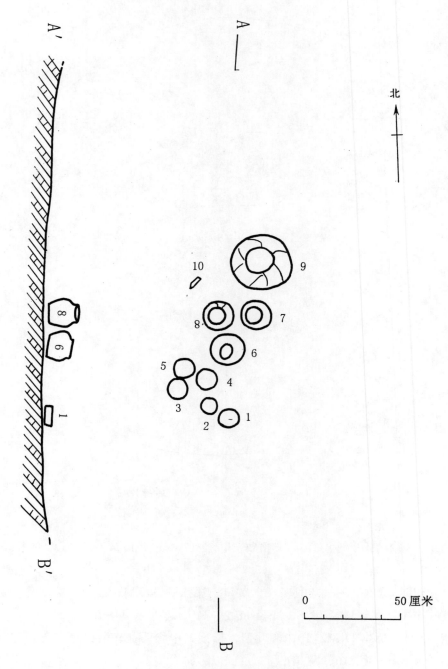

图四 羊山 D1M2 平、剖面图

1~5.原始瓷碗 6、7.印纹硬陶瓿 8.印纹硬陶罐 9.印纹硬陶坛 10.石镞

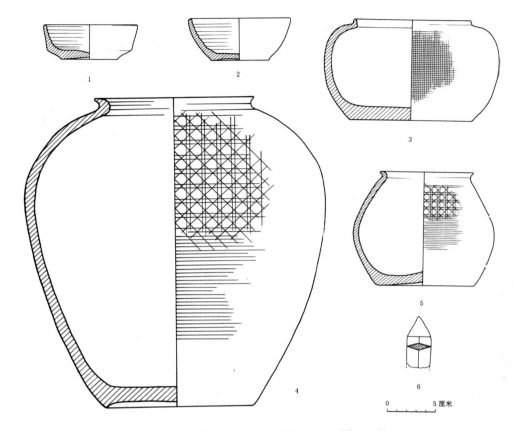

图五　原始瓷碗，印纹硬陶瓿、坛和罐，石镞

1、2．原始瓷碗 D1M2：2、D1M2：3　3．印纹硬陶瓿 D1M2：6　4．印纹硬陶坛 D1M2：9　5．印纹硬陶罐 D1M2：8
6．石镞 D1M2：10

的封土。D1M3 墓底稍作平整，但由于岩石坚硬之故，墓底修整得不够平整。墓底在岩石上挖有较浅的墓坑，坑壁不规整。浅坑长 2.12、宽 1.5、深 0.04～0.3 米。在墓坑的填土内，发现有零星木炭。出土随葬遗物 4 件，呈南北向摆放，全为泥质陶，其中一件泥质陶瓮在南，三件泥质灰陶豆相叠在北（图六）。

出土的一件泥质黑陶瓮已残碎，上部拍印大方格纹，下部拍印粗席纹。三件泥质灰陶豆均残，豆盘形状不明，豆把呈竹节状，如标本 D1M3：4，残高 8 厘米（图七，1）；标本 D1M3：2，残高 7 厘米（图七，2）。

（二）石室土墩墓

石室土墩墓 2 座，编号为 D2 和 D3。二座石室土墩墓均位于羊山主峰，紧挨一起。清理前，在地表大体可看出石室周边范围和规模。从清理的结果看，这两座石室土墩墓的结构和方向均有明显的不同。例如：D2 方向为东西向，而 D3 为南北向；D2 封门外

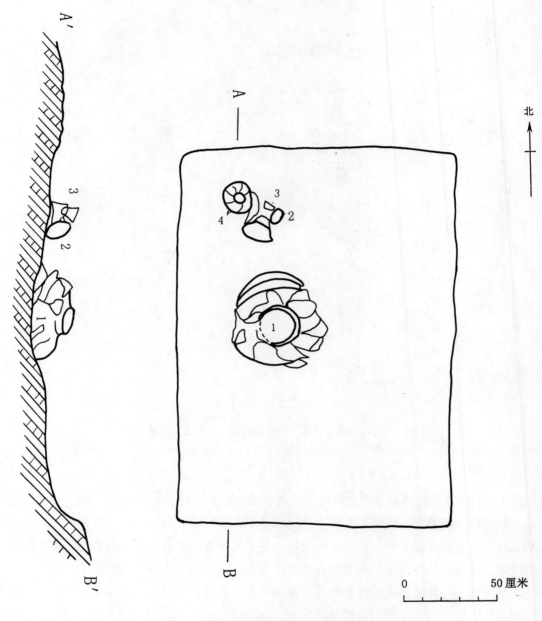

图六　羊山 D1M3 平、剖面图

1. 残泥质陶瓮　2~4. 残泥质陶豆

有墓道，D3 封门外无墓道；D2 土墩边缘砌有石坎，而 D3 没有这种设施。但两座石室土墩墓也有相同之处，例如：墓室均用大小不一的石块垒砌；墓室都设有石床；墓室的后墙都使用整块大石竖立封堵；两墓都未发现一块保存着的盖顶石，包括在填土中也未

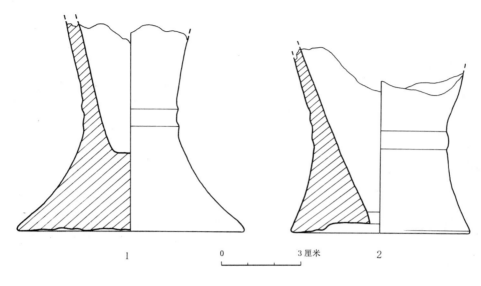

图七　残泥质灰陶豆
1.D1M3:4　2.D1M3:2

发现。另外，在清理时发现，D2整个墓室内的随葬遗物全部无存，只在墓室填土中发现两件小型器物和一些印纹硬陶片。D3的随葬遗物也有局部的扰乱现象。两座墓葬填土中，都没有发现年代晚于战国时期的包含物。现依次分别介绍如下：

1.D2

位于羊山主峰最高处，海拔49.47米，西距D3约10米。石室直接建于去掉表土后的地面岩基上，未挖墓坑。整体范围较大，可墓室面积一般。墓室两壁均用大小不一的石块相叠而成，石块与石块之间的缝隙用小石块嵌塞，两壁向上逐渐斜收，墓室下宽上窄，横断面呈梯形。墓底用小砾石铺垫，形成石床。石床所用的砾石较为均匀，石床显得十分平整。墓室填土较为松软。石室顺山脊呈东西向建造，方向265°。石室为狭长条形，长4.2、底宽1.12、残高0.8～1.08米。墓道在墓室正中位置，长2.6、宽0.92～1.1米，底部用一些较大的石块铺垫，未保留封门墙。石室后墙用一块特大整石侧立而成。在清理过程中，未发现保存有墓室盖顶石，在填土中也未见有塌入的盖顶石。墓葬封土墩四周砌有石坎，石坎南部是利用了山体自然岩石。石坎距石室东约1.6、西约0.9、南约2.8、北约1.8米。墓底没有发现随葬遗物，仅在封土中出土二件器物，在墓道填土中发现一件器物，清理到接近底部时，在墓门口发现一些印纹硬陶片（图八）。

原始瓷碗　1件。标本D2:03，填土出。直口，直颈，鼓折腹，矮圈足。内外通体

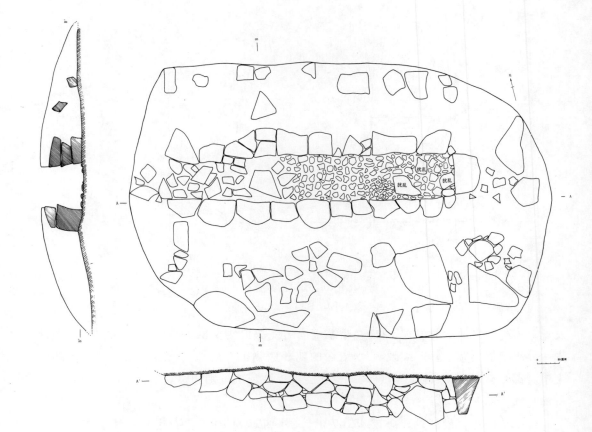

图八　羊山 D2 平、剖面图

施青黄色釉，釉面光泽感较好。口径 8.8、底径 5.4、高 3 厘米（图九，1）。

原始瓷盂　1 件。标本 D2∶01，封土出。直口，溜肩，鼓折腹，圈足，内外均施釉，但釉层大部分脱落。肩部饰斜向篦点纹。口径 7.8、底径 5.4、高 3.8 厘米（图九，2）。

石镞　1 件。标本 D2∶02，封土出。整体呈柳叶形，中脊明显，断面呈菱形状，锋和铤略残。残长 6.2、宽 1.9、厚 0.8 厘米（图九，3）。

填土中还发现少量拍印菱形纹和米字纹的印纹硬陶片，观其器形应是坛的残片。

2.D3

位于 D2 西侧，方向 170°。与山脊走向呈"十"字形相交。发掘前，地面已裸露出部分石块，墓室填土松软，土中夹有小石块。墓室形状为狭长方形，石室长 7.4、底宽

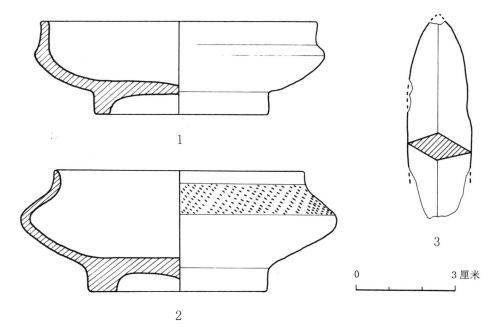

图九　原始瓷碗和盂，石镞

1. 原始瓷碗 D2：03　2. 原始瓷盂 D2：01　3. 石镞 D2：02

1.34、残高 0.22～0.88 米。墓壁均用较大的块石叠砌，但墓室两壁现状呈上宽下窄上口略敞的形状，可能是石墙已移位变形所造成。在室内填土中发现的石块大多数体积较小，数量也很少，仅有一块长约 1 米，未见一块可横架于石室两壁之上的顶盖石。石室后壁和封门均用一块整石侧立封堵，皆卡在两侧墙之间。石室的底部均铺设石床，石床北高南低，略有倾斜，墓室前端有不规则小砾石，可能是后来扰乱破坏石床所致。该石室无墓道。随葬遗物均放在石床上，有个别随葬遗物的碎片有相互错位现象，如 7 号原始瓷盅式碗碎片在 6 号原始瓷盅式碗碎片中，推测可能是被扰乱所致。随葬遗物分前后两组摆放。前组遗物 17 件，散置于墓室前段，分布范围较广，质地有夹沙粗陶、印纹硬陶、泥质陶和原始瓷，以原始瓷居多。后组遗物 9 件，较集中地分布在距后壁较近的位置，质地有印纹硬陶和原始瓷，同样以原始瓷居多。从器形和纹饰比较，前后两组遗物无明显的特征差异（彩版一九，1；图一〇）。

出土随葬遗物共有 26 件，采集品 1 件。

原始瓷盅式碗　16 件。器形基本一致。标本 D3：5，直口，腹壁略微斜向内收，接近底部处折收成平底，底略高，内底宽而略凹，外底部有线割痕迹，内外通体施黄绿色釉，釉薄而均匀，有光泽。胎釉结合良好，釉无脱落现象，内壁和内底可见细密的轮旋纹。口径 9.8、底径 5.8、高 5.4 厘米（图一一，1）。标本 D3：3，直口，腹略斜收，接

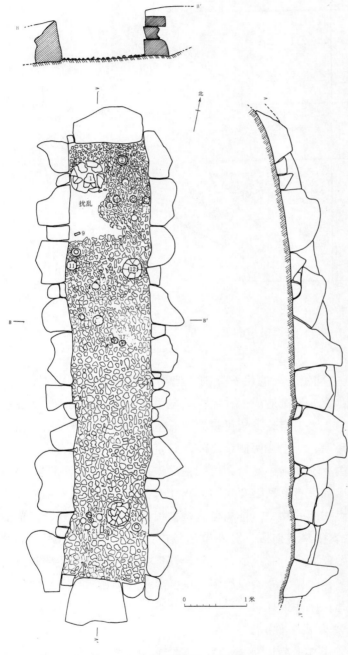

图一〇　羊山 D3 平、剖面图

1. 夹砂粗陶罐　2、15、25. 印纹硬陶瓿　3~8、13、14、16~23. 原始
瓷盅式碗　9、26. 砺石　10、11、24. 印纹硬陶罐　12. 泥质陶罐

近底部处折收成平底，内底宽平，外底部有箕状线割痕迹。内外通体施黄绿色釉，釉面光泽感较好，内壁和内底可见细密的轮旋纹。口径12、底径5.8、高5厘米（图版三〇，1；图一一，2）。标本 D3:17，直口，腹斜收，接近底部处折收成平底，底较高，内底宽平，外底部有箕状线割痕迹。内外通体施黄绿色釉，釉脱落严重。内壁和内底均可见到细密的轮旋纹。口径9.8、底径5.7、高6厘米（图版三〇，2；图一一，3）。

印纹硬陶瓿　3件。标本 D3:15，直口，矮直颈，溜肩，圆鼓腹，大平底。通体拍印方格纹。口径7.8、底径11、高7.5厘米（图一一，4）。标本 D3:2，直口，矮直颈，溜肩，圆鼓腹，大平底。肩部无纹饰，腹部拍印米筛纹。口径10、底径11.2、高9.2厘米（图一一，5）。

印纹硬陶罐　3件。标本 D3:10，口略敞，高

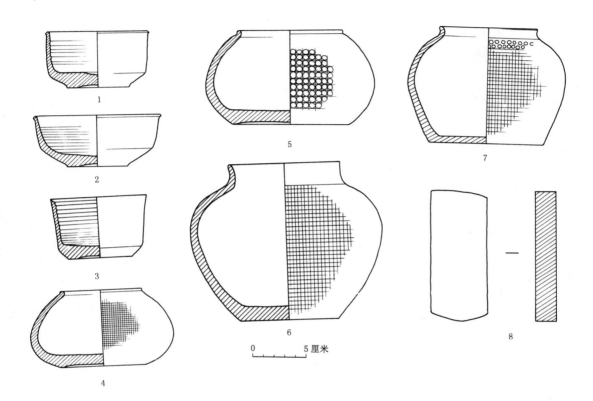

图一一　原始瓷盅式碗，印纹硬陶瓿和罐，砺石

1～3.原始瓷盅式碗 D3:5、D3:3、D3:17　4、5.印纹硬陶瓿 D3:15、D3:2　6、7.印纹硬陶罐 D3:10、D3:11
8.砺石 D3:26

弧颈，广肩，鼓腹，平底。腹部拍印方格纹。口径 10.6、底径 9.2、高 15.2 厘米（图一一，6）。标本 D3:11，敞口，矮弧颈，广肩，鼓腹，平底。肩部拍印两圈圆圈纹，腹部拍印方格纹。口径 9.4、底径 10.8、高 11.2 厘米（图一一，7）。

夹砂粗陶罐　1 件。未修复。

泥质陶罐　1 件。未修复。

砺石　2 件。标本 D3:26，扁长方形，比较规整，一面和两侧使用痕迹明显。长 12.8、宽 5.4、厚 2 厘米（图一一，8）。

另外，在封土中出土一件穿孔石斧，两面磨光，整体呈长方形，弧刃，采用对钻法钻孔。长 11.4、宽 7.4、厚 0.8 厘米。

（三）长方形竖穴土坑木椁墓

1 座。编号为 M1。该墓位于羊山东脊北坡处，也是这次发掘最东端的一座墓葬。

墓葬开口于生土岩层，完全打入基岩，挖坑时利用山坡自然地形，坑口呈南高北低之势。墓葬系长方形竖穴土坑木椁墓，东、西、南三壁加工平直规整，墓底也显平整。墓坑呈口大底小的形状，坑口长 5.21、宽 2.87、深 1.6 米。方向 90°。墓坑填土为黄褐色五花土，土质较为松软。葬具和人骨均已腐朽无存，但从随葬遗物的放置情况分析，当时具有一棺一椁，椁有头厢和边厢。随葬遗物均放在南、西、北面的边厢内。南边厢的器物有泥质陶器和石器，并以小件石器居多；西边厢的器物有原始瓷、泥质陶和硬陶，主要是一些日常生活用的饮食器皿；北边厢的器物主要是印纹硬陶，系瓮、坛类大件容器（图版二九，1；图一二）。

出土遗物共 37 件。

原始瓷盅式碗 4 件。标本 M1：10，直口，腹微斜向内收，近底处折收成平底，内

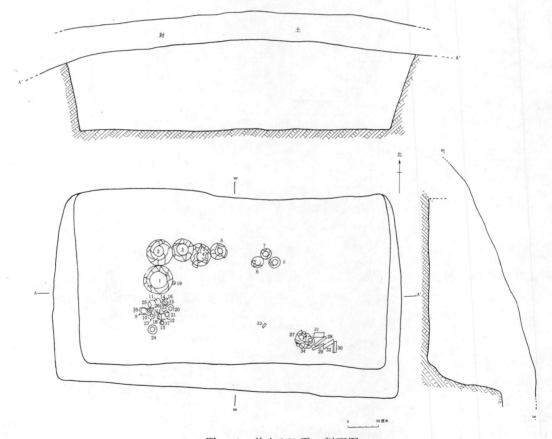

图一二 羊山 M1 平、剖面图

1.印纹硬陶瓮 2～5.印纹硬陶坛 6～8.印纹硬陶罐 9～11、36.原始瓷盅式碗（36 压于 25 之下） 12～14、26、35.原始瓷盅 15～18、37.原始瓷碗 19～23.印纹硬陶麻布纹小罐 24.泥质陶盂 25.泥质陶甑 27.印纹硬陶麻布纹罐 28～33.砺石 34.泥质陶盆

底略凹，外底部有明显的箕状线割痕迹。内外通体施黄绿色釉，釉薄而均匀，胎釉结合良好，釉面光泽感较好，釉无脱落现象。内壁和内底均可见细密的轮旋纹。口径 10.6、底径 6.9、高 7.4 厘米（图版三〇，3；图一三，1）。

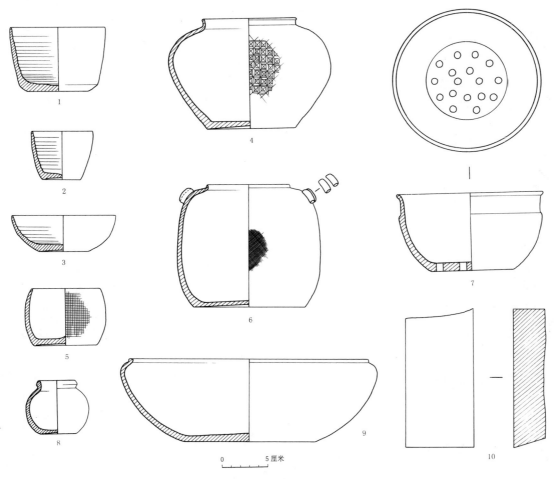

图一三　原始瓷盅式碗、盅和碗，印纹硬陶罐，泥质陶甑、盂和盆，砺石

1. 原始瓷盅式碗 M1:10　2. 原始瓷盅 M1:13　3. 原始瓷碗 M1:15　4. 印纹硬陶罐 M1:7　5. 印纹硬陶麻布纹小罐 M1:23　6. 印纹硬陶麻布纹罐 M1:27　7. 泥质陶甑 M1:25　8. 泥质陶盂 M1:24　9. 泥质陶盆 M1:34　10. 砺石 M1:31

原始瓷盅　5件。标本 M1:13，直口，尖唇，深腹微斜收，平底。内底部略凹，外底有箕状线割痕迹。内外通体施黄绿色釉，胎釉结合良好，釉无脱落现象，釉面有光亮感。内壁和内底都可见细密的轮旋纹。口径 6.8、底径 4.4、高 5.5 厘米（图一三，2）。

原始瓷碗　5件。标本 M1:15，直口，尖唇，弧收腹，平底。内外通体施黄绿色釉，釉层较薄，但光泽感较强。内壁和内底有细密轮旋纹，外底可见箕状线割痕迹。口径 11.6、底径 5.2、高 4.2 厘米（图版三〇，4；图一三，3）。

印纹硬陶罐 3 件。标本 M1:7，直口，矮直颈，广肩，鼓腹，平底。通体拍印回字加 X 形纹。口径 10.8、底径 10.2、高 12.8 厘米（图版三〇，5；图一三，4）。

印纹硬陶麻布纹小罐 5 件。标本 M1:23，直口，腹部略鼓，最大腹径位置在中腹偏下，平底，底径大小接近口径。外壁通体拍印细密的麻布纹。口径 7.8、底径 7.2、高 6.6 厘米（图版三〇，6；图一三，5）。

印纹硬陶麻布纹罐 1 件。标本 M1:27，直口，矮颈，圆肩，腹的最大径在下部，大平底，肩部有一对贯耳。通体拍印麻布纹。口径 9.4、底径 12.6、高 14.2 厘米（图一三，6）。

印纹硬陶坛 4 件。标本 M1:2，直口，矮颈微弧，圆肩，长腹缓收，平底，最大腹径在肩部。通体拍印回字加 X 形纹。口径 22、底径 18.6、高 48 厘米（图一四，1）。标本 M1:5，直口，矮直颈，圆肩，腹斜向缓收，平底。通体拍印米字纹。口径 14.8、底径 12、高 22 厘米（图一四，2）。标本 M1:4，直口微敞，颈略弧，圆肩，最大腹径在上部，平底。通体拍印方格纹。口径 16、底径 15、高 22.2 厘米（图一四，3）。

印纹硬陶瓮 1 件。标本 M1:1，直口，矮弧颈，广肩，鼓腹，平底，最大径在上部。肩部和上腹部拍印回字加 X 纹，下腹部拍印斜方格纹，肩部贴一对横 S 纹。口径 31、底径 24、高 39.6 厘米（图一四，4）。

泥质陶甑 1 件。标本 M1:25，敞口，弧颈，腹微内收，平底，底部有七个圆形箅孔。口径 16.4、底径 9.2、高 9 厘米（图一三，7）。

泥质陶盂 1 件。标本 M1:24，敞口，弧颈，广肩，鼓腹，平底。口径 4.2、底径

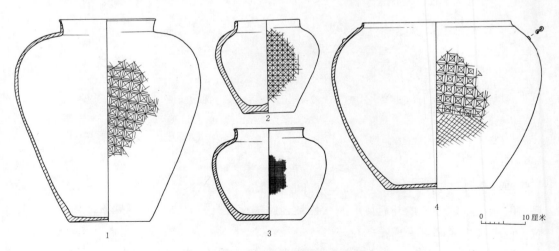

图一四 印纹硬陶坛和瓮

1～3. 印纹硬陶坛 M1:2、M1:5、M1:4 4. 印纹硬陶瓮 M1:1

4、高 6.1 厘米（图一三，8）。

泥质陶盆　1件。标本 M1：34，直口，矮直颈，圆肩，腹缓收，平底。口径 26.8、底径 14.4、高 9.4 厘米（图一三，9）。

砺石　6件。标本 M1：31，长方形，断面也呈长方形，除两端不整齐外，四面皆规整，使用痕迹明显。长 16、宽 7.5、厚 3.8 厘米（图一三，10）。

（四）墓葬年代推断

土墩墓 D1 中的三座墓葬，以 D1M2 的随葬遗物比较丰富，时代特征也比较明显。D1M2 出土器物中的原始瓷胎釉特征和器物形态，印纹硬陶的瓿、坛、罐的形态特征，均基本同长兴便山土墩墓第四期同类器物特征相仿[1]，D1M2 出土的印纹陶纹饰主要以方格纹、米筛纹为主，在坛、罐器形上出现以米筛纹和方格纹的组合纹饰，这种拍印纹饰和组合情况，也正是便山土墩墓第四期的纹饰特征。因此，从器形和纹饰两方面综合分析考察，D1M2 的年代应该与便山第四期土墩墓相当，属春秋中期。

D1M1 和 D1M3 在地层关系上要早于 D1M2，但两者均未见原始瓷和印纹硬陶，缺少比较明确的断代依据。从出土泥质陶瓮碎片观察，具有卷沿和底部略凹的特征，对照江山土墩墓发掘材料，这种凹底当是西周之前的造型风格[2]。D1M3 中见到的泥质陶竹节形豆把，似乎年代也比较早。泥质陶上拍印的席纹也具有早期席纹的风格。根据以上这些分析，我们暂且把两墓的年代定在商代末年到西周早期。

这样，D1 内的三座墓葬年代分别在商末周初和春秋中期，它们的时代不相一致，应该是不同时期埋入的。

D2 石室土墩墓内无随葬遗物遗留，但清理到接近底部时，在封门口发现拍印有菱形纹和米字纹的可能是坛的碎片。另在封土中出土原始瓷盂和石镞各一件，在墓室填土中发现一件原始瓷碗。这些遗物虽均属于扰乱所致，但对于该石室的年代判断应具有一定的参考价值。拍印米字纹在浙江的出现时间较晚，约在春秋末到战国初。可墓室填土中出土的一件原始瓷碗，可早至西周晚到春秋初期，以最晚遗物断代的原则，D2 的年代大体应定在春秋晚到战国初期较妥。

D3 石室土墩墓内随葬遗物中以原始瓷盅式碗居多，对照以往的研究成果，其形态特征已属于盅式碗的较晚阶段。这种典型的盅式碗在其他地方石室土墩中也有较多出土，其器壁较高、器形比较规整和内壁有细密轮旋纹的特征，都与本省慈溪市彭东、东安石室土墩墓五、六期中的Ⅲ、Ⅳ式原始瓷盅式碗和长兴便山第五期石室土墩墓中的Ⅳ盅式碗特征一致[3]。因此，D3 的年代应在春秋晚期。

M1 出土的麻布纹小罐，曾见于河南固始县春秋末至战国初的勾敔夫人墓[4]、绍兴漓渚战国墓[5]，以及江西清江战国墓[6]。所见的原始瓷盅以及拍印有米字纹、麻布纹和回字加 X 形纹的印纹硬陶瓿、坛、罐，时代共性一致，它们从造型到纹饰特征，也都属于春秋末到战国初的遗物。因此，M1 的年代应该为春秋末到战国早期。

有关各墓详情可参看《上虞羊山墓地墓葬登记表》。

上虞羊山墓地墓葬登记表　　　　　　　　　　　单位：米

时代	墓号	方向	形　制	墓坑与墓室（或砖椁）长×宽-深	随　葬　遗　物		小计	备　注
					陶器	石、铜、铁器		
商末周初	D1M1	0°	土墩墓		残泥质黑陶瓮 1		1	D1长 12.3、宽 1.3、深 0.8
	D1M3	0°	浅坑土墩墓	2.12×1.50 -0.90~1.20	残泥质黑陶瓮 1、残泥质黑陶豆 3		4	
春秋中期	D1M2	0°	土墩墓		原始瓷碗 5、印纹硬陶瓿 2、印纹硬陶坛 1、印纹硬陶罐 1	石镞 1	10	
春秋晚期	D3	170°	石室土墩墓	墓室 7.4×1.34 -0.88（残）	原始瓷盅式碗 16、印纹硬陶瓿 3、印纹硬陶罐 3、夹砂粗陶罐 1、泥质陶罐 1	砺石 2	26	无墓道，墓室石墙与封门石无明显区别
春秋晚期到战国初期	D2	265°	石室土墩墓	墓室 4.2×1.12 -1.08（残）墓道 2.6×0.92 -0.7（残）	原始瓷碗（填土出）1、原始瓷盂（封土出）1	石镞（封土出）1	3	石护坎的范围东西长 9.46、南北宽 6.86 米，填土中出有盂、碗、石镞
战国初期	M1	90°	长方形竖穴土坑木椁墓	墓室 5.21×2.87 -1.6	印纹硬陶瓮 1、印纹硬陶坛 4、印纹硬陶罐 3、印纹硬陶麻布纹小罐 5、印纹硬陶麻布纹罐 1、原始瓷盅式碗 4、原始瓷盅 5、原始瓷碗 5、泥质陶盂 1、泥质陶瓿 1、泥质陶盆 1	砺石 6	37	墓坑开口于生土上，墓壁南高北低
西汉晚期稍早	M4	190°	长方形竖穴土坑木椁墓	墓坑 3.1×3.38 -1.94	硬陶瓿 2、硬陶弦纹罐 2、釉陶壶 1	铁釜 1	6	
西汉晚期	M2	180°	长方形竖穴土坑砖椁墓	墓坑 3.4×2.8 -3.2 砖椁 2.5×1.22 -0.7	硬陶盘口壶 2、硬陶弦纹罐 2、泥质陶灶 1、泥质陶瓿 1、泥质陶罐 1	石黛板 1、石研磨器 1、砺石 1、铁环首刀 1、剪轮五铢钱若干枚	12	填土中伴出原始瓷片
王莽时期或稍后	M3	180°	长方形竖穴土坑砖椁墓	墓坑 3.5×2.5 -2.64 砖椁 2.8×1.72 -1.6	硬陶瓿 2、硬陶锺 2、硬陶弦纹罐 2、泥质陶灶 1、泥质陶罐 1	砺石 1、石黛板 1、石研磨器 1、铜镜 1、铜环 1、铁剑 3、货布 1、大泉五十若干枚	18	

二、西汉～王莽时期墓葬

3 座（M2、M3、M4）。可分为长方形竖穴土坑木椁墓和长方形竖穴土坑砖椁墓两类。

（一）长方形竖穴土坑木椁墓

1 座。M4，由两个相并列而有打破关系的墓坑组成，墓底略有高差。可能是一座异穴合葬墓。位于 M3 之南约 10 米处。发掘前，墓坑范围地面上茅草丛生。这种现象成为我们发现这一墓葬的主要线索。墓坑开口于表土层下，几乎全部打入岩基内。填土为五花土。墓坑呈长方形，坑口微敞，四面坑壁整齐。坑口长 3.1、宽 3.38、深 1.8～1.94 米。方向 190°。两个墓坑东西并列，东侧墓坑坑底低于西侧墓坑 0.07 米。两墓坑南部坑壁并未在一条直线上而略有交错，东侧墓坑南端长于西侧墓坑约 0.06 米，东侧墓坑底宽 1.58 米，西侧墓坑底部宽 1.73 米。葬具和人骨均已朽烂。随葬遗物均在西墓坑，器物呈南北向排列，有瓿、壶和罐。东墓坑无随葬遗物（图一五）。

出土的随葬遗物有 6 件，介绍如下：

硬陶瓿　2 件。标本 M4:4，敛口，无颈，鼓肩，上腹部微鼓，下腹部斜向内收，平底。肩部设兽面耳一对，并饰有两组细弦纹。下腹为粗弦纹。口径 8、底径 11.4、高 19 厘米（图版三一，1；图一六，1）。

硬陶弦纹罐　2 件。标本 M4:2，敞口，矮弧颈，溜肩，鼓腹，平底。肩部设半环耳一对，耳饰羽状纹，通体饰弦纹。口径 11.6、底径 10.2、高 18.4 厘米（图版三一，2；图一六，2）。

釉陶壶　1 件。标本 M4:1，敞口，颈呈较短的喇叭形，垂腹，平底。肩设半环形耳一对。耳部饰羽状纹并贴横 S 纹，肩部饰水波纹，腹部饰弦纹。口径 12、底径 12.8、高 27.4 厘米（图一六，3）。

铁釜　1 件。标本 M4:6，溜肩，圆鼓腹，平底。口径 17、底径 9.5、高 17 厘米（图一六，4）。

（二）长方形竖穴土坑砖椁墓

2 座。分别为 M2 和 M3。现介绍如下：

1. M2

位于 D1 下坡山脊上，发现时墓上封土全无，但在地面上有约 20 平方米的范围内茅草生长尤为茂盛。M2 开口于表土层下，并打入基岩内。方向 180°。墓坑填土为夹有小石块的五花土。墓坑平面呈长方形，坑口微敞，长 3.4、宽 2.6～2.8、深 3.2 米，从墓口至墓底四壁缓缓内收，呈口大底小的形状，坑壁光滑平整。坑底设有两层生土二层

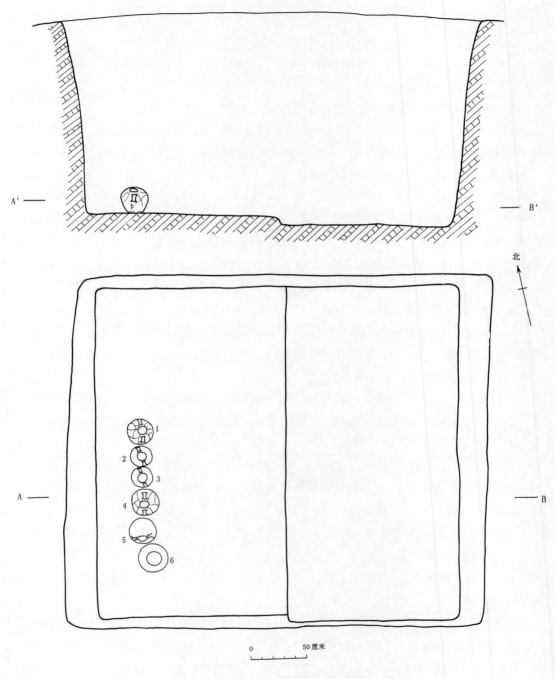

图一五　羊山 M4 平、剖面图

1. 釉陶壶　2、3. 硬陶弦纹罐　4、5. 硬陶瓿　6. 铁釜

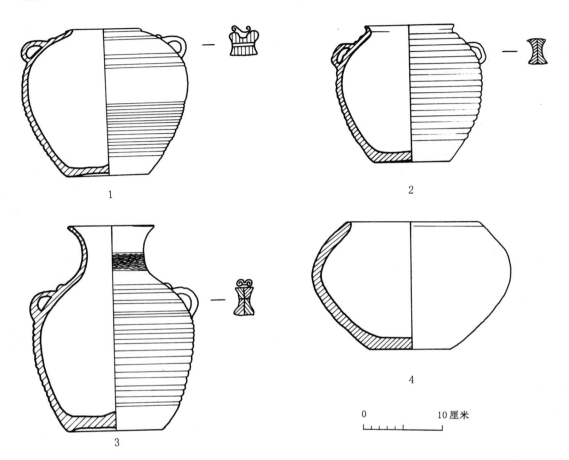

图一六　硬陶瓿和罐，釉陶壶，铁釜

1. 硬陶瓿 M4:4　2. 硬陶弦纹罐 M4:2　3. 釉陶壶 M4:1　4. 铁釜 M4:6

台，由下往上第一层二层台距坑底高 0.2～0.4 米，面宽 0.15～0.24 米。第二层二层台距墓底高 0.4～0.8 米，面宽 0.15～0.28 米。砖椁砌在第一层台面上，砖壁的实际高度仅为 0.18～0.3 米，其上口面与两侧的第二层生土台面齐平。很明显，砖椁的高度利用了第一层生土台面的壁面高度。连同生土台面的高度，椁室长 2.5、宽 1.22、高 0.7 米。墓底为基岩，无铺底砖。砖椁四壁的砌法是用双层纵向砖与单层横向砖上下交错平砌，共有三组，四壁转角处砖块互相交错咬合。砖的规格为长 28、宽 14、厚 4 厘米。清理时，由于填土挤压等方面的原因，砖壁局部有倒塌和移位现象。另外，在清理时，位于距坑口约深 0.5 米处之西北角的填土中，发现长方形断砖一块。

葬具和人骨均已腐朽无存。随葬遗物中，日常生活用的陶器均放于墓室南侧，泥质陶灶摆放于东南角，小件器物则放于北端。随葬遗物共 12 件，有硬陶器、泥质陶器、石器、铁器和五铢钱等（彩版一九，2；图一七）。

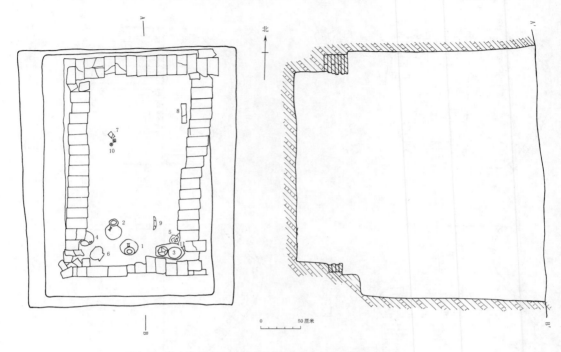

图一七　羊山 M2 平、剖面图

1、2.硬陶盘口壶　3.泥质陶灶　4、5.硬陶弦纹罐　6.泥质陶甑　7-1、2.石黛板和研磨器　8.砺石　9.环首铁刀　10.五铢钱　11.泥质陶罐

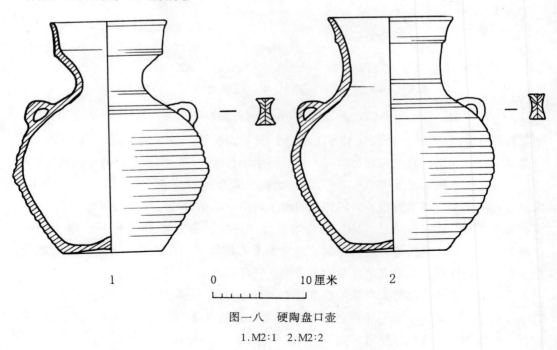

图一八　硬陶盘口壶

1.M2:1　2.M2:2

　　硬陶盘口壶　2件。标本 M2:1,盘口,弧颈较矮,圆鼓腹,平底,肩部有半环形耳一对。肩饰两组弦纹,腹部饰粗弦纹,耳上饰羽状纹。口径 14、底径 11.6、高 26.6厘米(图版三一,3;图一八,1)。标本 M2:2,深盘口,颈较弧,溜肩,圆鼓腹,平底。肩部饰两组弦纹,腹部饰粗弦纹,肩设半环耳一对,耳上饰羽状纹。口径 13.2、底径 10.5、高 26 厘米(图一八,2)。

　　硬陶弦纹罐　2件。标本 M2:4,直口,直颈,广肩,鼓腹,平底,口沿上有凹槽,肩设半环耳一对。耳上饰羽状纹,通体饰弦纹。口径 12.5、底径 10、高 14.8 厘米(图一九,1)。标本 M2:5,敞口,矮弧颈,广肩,鼓腹,平底,肩设半环耳一对。耳上饰羽状纹,通体饰弦纹。口径 11.8、底径 6.8、高 11.2 厘米(图一九,2)。

　　泥质陶罐　1件。标本 M2:11,破碎过甚,未修复。

　　泥质陶甑　1件。标本 M2:6,敞口,矮弧颈,腹部斜向内收,平底,底部有六个箅孔。腹部饰两组弦纹。口径 18、底径 9、高 9 厘米(图一九,3)。

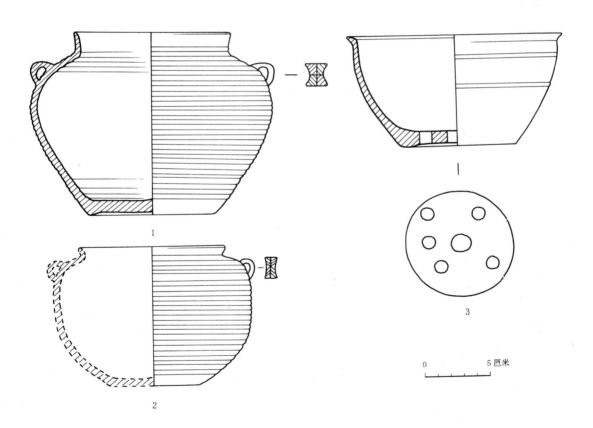

图一九　硬陶弦纹罐和泥质陶甑
1、2.硬陶弦纹罐 M2:4、M2:5　3.泥质陶甑 M2:6

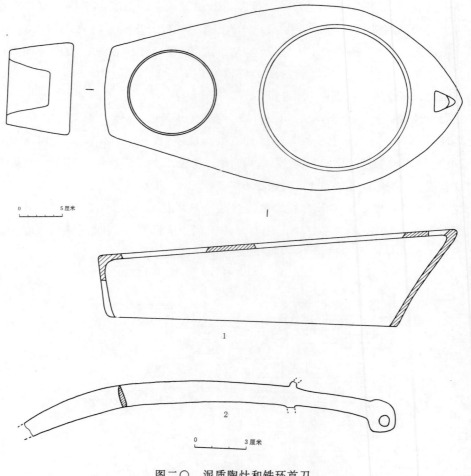

图二〇　泥质陶灶和铁环首刀

1. 泥质陶灶 M2:3　2. 铁环首刀 M2:9

泥质陶灶　1件。标本 M2:3，平面呈前宽后窄的船形，尖头，烟孔呈三角形状，灶门梯形。灶高 12 厘米（图二〇，1）。

石黛板和研磨器　1组。标本 M2:7-1、2，黛板残长 7、宽 5 厘米。研磨器完整，呈上圆下方形状。直径 3.3 厘米（图二一，1、2）。

铁环首刀　1件。标本 M2:9，刀首为环形。残长 23 厘米（图二〇，2）。

砺石　1件。标本 M2:8，狭长条形，断面呈长方形，形状规整，四面中部略凹，使用痕迹明显。长 26.5、宽 5.4~6、厚 5.8 厘米。

五铢钱　若干枚。标本 M2:10，剪轮五铢钱（图二一，3）。

2. M3

位于 M2 之南约 2 米左右，也是根据发掘前地面茅草极为茂盛的现象发现的。墓口

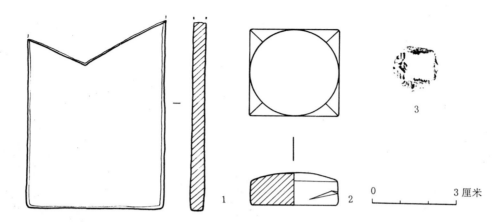

图二一　石黛板、研磨器和剪轮五铢钱

1.石黛板 M2:7-1　2.研磨器 M2:7-2　3.剪轮五铢钱 M2:10

开口于表土层下，直接打入岩基内，方向 180°。墓坑平面呈长方形，墓口微敞，土坑四壁光滑平整，整个墓室比较规整。坑口长 3.5、宽 2.5、深 2.64 米。砖壁直接从坑底砌起，显得高而规整。砖椁长 2.8、宽 1.72、高 1.6 米。砖椁的砌法为双层纵砖与单层横砖上下交错平砌，转角处相互咬合，有铺底砖。铺底砖为单层，采用人字形平铺法。紧挨东壁有两排东西向置棺砖，每排长 0.56 米，两排相距 1.16 米，北排距北壁 0.8 米，南排距南壁 0.72 米。每排置棺砖共两层，每层两块砖平叠而成，每排置棺砖高 0.08 米。砖椁用砖的规格为长 28、宽 14、厚 4 厘米。砖的纹样有单线与双线的米字纹、绳纹和复线菱形纹等（图版二九，2；图二二）。

随葬遗物共 17 件，其中日常生活用的陶器均放于墓室西侧，东北角出有硬陶弦纹罐，还有泥质陶罐和泥质明器类的灶，砺石、石黛板均摆放于西南角，铜规矩镜、铜环、铁刀和有"货布"字样铜钱置于墓室北端。另外，有一件铁剑和若干枚"大泉五十"铜钱均放于墓室中间。

硬陶瓿　2 件。标本 M3:2，敛口，宽斜唇，鼓肩，圆腹，平底，肩设半环形耳一对。耳上饰羽状纹，通体饰粗弦纹。口径 8.6、底径 12.2、高 18.8 厘米（图版三一，4；图二三，1）。

硬陶锺　2 件。标本 M3:4，盘口，长弧颈，圆鼓肩，高圈足，肩部设半环形耳一对。耳上饰羽状纹，肩部饰两组弦纹，两组弦纹之间饰一圈水波纹。口径 13.6、底径 13.6、高 30.8 厘米（图版三一，5；图二三，2）。

硬陶弦纹罐　2 件。标本 M3:10，敞口，弧颈，圆鼓腹，平底，肩设半环形耳一对。通体饰弦纹，耳上饰羽状纹。口径 12.8、底径 9.6、高 14 厘米（图二三，3）。标

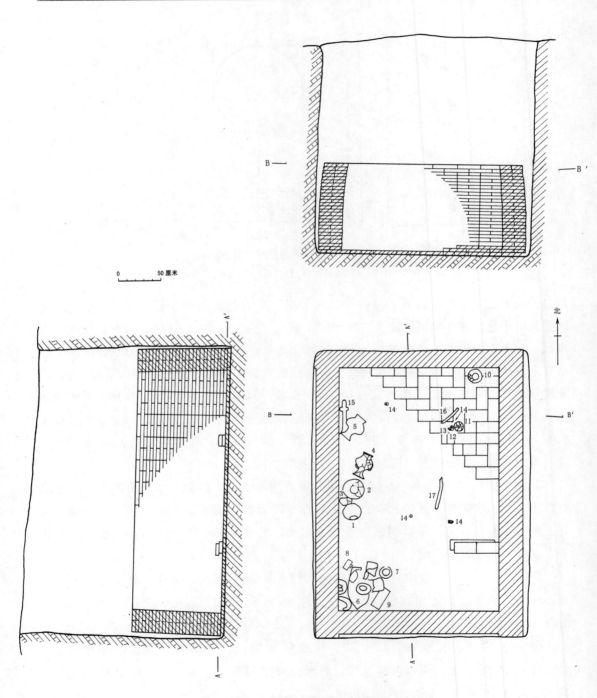

图二二　羊山 M3 平、剖面图

1、2.硬陶瓿　3、10.硬陶弦纹罐　4、5.硬陶锺　6.泥质陶灶　7.泥质陶罐　8-1、2.石黛板、研磨器　9.砺石　10.铜镜　12.铜环　13.货布　14.大泉五十　15~17.铁剑

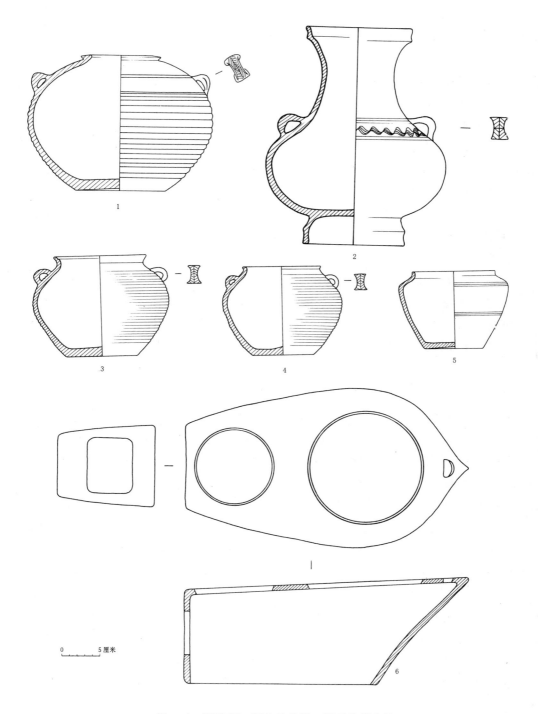

图二三　硬陶瓿、锺和弦纹罐，泥质陶罐和灶

1. 硬陶瓿 M3:2　2. 硬陶锺 M3:4　3、4. 硬陶弦纹罐 M3:10、M3:3　5. 泥质陶罐 M3:7　6. 泥质陶灶 M3:6

本 M3:3，口微敞，矮颈，鼓腹，平底，肩设半环形耳一对。耳上饰羽状纹，通体饰粗弦纹。口径 10.6、底径 8、高 12.4 厘米（图二三，4）。

泥质陶罐　1 件。标本 M3:7，直口，直颈，广肩，腹斜收，平底。肩和腹部各饰一组弦纹。口径 11.2、底径 8、高 10.8 厘米（图二三，5）。

泥质陶灶　1 件。标本 M3:6，平面呈前宽后窄的船形，尖头，双眼，烟孔呈半圆形，灶门方形。灶高 14 厘米（图版三一，6；图二三，6）。

铜镜　1 件。标本 M3:11，规矩镜，半球形纽，圆纽座，浮雕规矩纹。直径 11 厘米（图二四，1）。

铜环　1 件。标本 M3:12，圆条形环，有两处焊接痕迹。直径 3.4、厚 0.4 厘米（图二四，2）。

铁剑　3 件。标本 M3:15，两端皆残，断面呈菱形。残长 30 厘米（图二四，3）。

铁刀　1 件。标本 M3:17，残。

石黛板、研磨器　1 组。标本 M3:8-1、2，黛板呈扁长方形，形状极其规正，一面有明显的磨光使用痕迹。长 20.4、宽 5.4、厚 0.9 厘米。研磨器呈不规则的圆形。直径 3 厘米（图二四，4、5）。

砺石　1 件。标本 M3:9，长方形，中间呈凹形，有明显的使用痕迹。长 24、宽 9~10、厚 5 厘米。

铜钱　2 种。一种是"货布"，仅一枚，标本 M3:13，长 5.5 厘米（图二四，6）。另一种是"大泉五十"，有若干枚，如标本 M3:14，直径 2.7 厘米（图二四，7）。

（三）墓葬年代推断

M4 系长方形竖穴土坑木椁墓，随葬遗物的组合为硬陶瓿、釉陶壶、硬陶弦纹罐和铁釜，器形具有典型的西汉晚期特征，它与上虞凤凰山古墓群发掘报告中两汉第一期的器形和组合相仿[7]，略有不同的是，M4 出土的硬陶弦纹罐、釉陶壶和硬陶瓿的腹部，均比凤凰山第一期同类器物略显鼓一些。另外，M4 不见盘口壶。因此，虽然它们都属于西汉晚期的墓葬，但就器物形态比较，M4 在年代上可能要略早于凤凰山一期。

M2、M3 均系长方形竖穴土坑砖椁墓，从墓葬形制看，M2 应早于 M3。M2 所见土坑较 M3 深，其砖壁低矮，底不铺砖，砖椁还不完整，显然属于砖椁的起始形态。而 M3 土坑相对较浅，砖椁已显得高而规整，底也全部铺砖，显然已是比较成熟的砖椁形态。因此，从形态结构上比较，M3 要晚于 M2。M2 出土的剪轮五铢钱，属汉宣帝年间使用的货币，M3 出土的"货布"和"大泉五十"铜钱，是王莽时期使用的货币。因此，无论从墓葬形制，还是从出土的铜钱看，M2 都应该略早于王莽时期，而 M3 的年代可能在王莽时期或稍后。

有关各墓详情可参看《上虞羊山墓地墓葬登记表》。

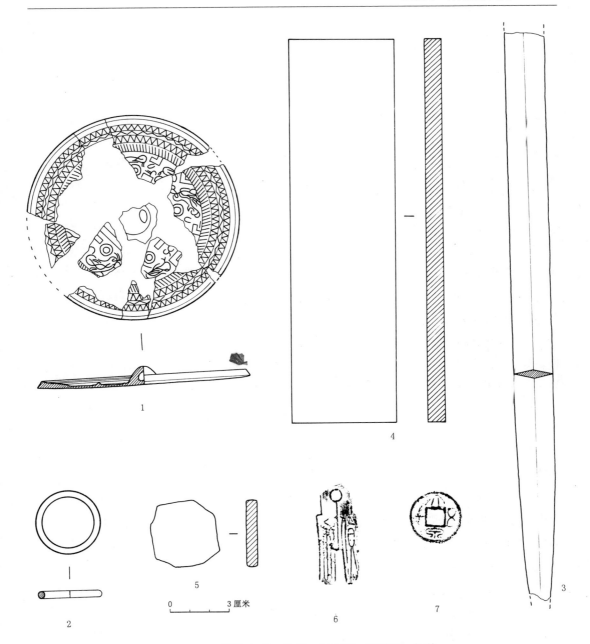

图二四　铜镜和环，铁剑，石黛板、研磨器，铜钱

1. 铜镜 M3∶11　2. 铜环 M3∶12　3. 铁剑 M3∶15　4. 石黛板 M3∶8-1　5. 石研磨器 M3∶8-2　6. 铜钱（货布）
M3∶13　7. 铜钱（大泉五十）M3∶14

四、结　语

　　羊山墓地多种不同类型墓葬发掘资料的获得，在考古学研究上具有多方面的重要意义和价值，特别是对于全面认识浙江地区古代墓葬的发展关系，提供了新的重要资料，也给予我们不少新的启示。

　　（一）羊山墓地多种类型墓葬的共存，再一次为石室土墩是墓葬性质的认定提供了新的具有说服力的实证。这次发掘的墓葬中有二座为石室土墩遗存，它与其他西周春秋土墩墓、战国土坑木椁墓、西汉长方形土坑木椁墓与长方形土坑砖椁墓共同分布于山顶，它们互相错杂，一起共存。这种共存关系可进一步证实石室土墩遗存属于墓葬性质的客观事实。八十年代曾经开展过关于江浙地区两周时期石室土墩遗存性质的大讨论，不少研究者曾认为石室土墩是"烽燧墩"、"古战堡"、"藏军洞"等一类的吴越时期军事设施遗存，其理由之一，就是认为这类遗存分布于山上而没有分布在山脚或平地。我们暂且不论浙江地区也有少量石室土墩分布于山脚与平地的客观实际，仅就羊山墓地这种分布状况，已可排除石室土墩是军事设施的可能性，而应该是一种墓葬。因为，尽管我们仍可以从石室土墩分布于山顶上的特点，来怀疑其作为墓葬的可能性，但不管我们的想象力何等的丰富，却是无法怀疑同时共存于山顶上的其他商末、西周、春秋、战国和西汉时期墓葬的墓葬属性。石室土墩墓与商周土墩墓和战国西汉土坑墓错杂分布在同一山顶，无疑表明它也应该是一种墓葬。因此，通过羊山墓地的发掘，则完全表明了石室土墩也应该是一种墓葬的形式。羊山墓地的发掘资料在石室土墩性质的确定方面具有重要意义。

　　（二）已知浙江地区土墩墓和石室土墩墓大部分分布于山顶上，表明在相当于商周时期的浙江地区，具有将墓葬建在山上的习俗，这种习俗可能与当时人们的意识形态和某种信仰有关。浙江以往的考古发掘中，在慈溪的杨梅山和余姚老虎山等地，均发现过有战国秦汉土坑木椁墓与土墩墓和石室土墩墓一样，也营建于山顶上的实例。它们往往都错杂共存，封土保存好的地方，在外形上它们与商周土墩墓和石室土墩墓无明显的区别。本次羊山墓地发掘又获得了这方面新的实例。发掘的四座土坑墓除一座为战国墓外，其余三座属西汉晚期和王莽时期的墓葬。这些考古发现表明了这样一个事实：尽管自战国中期越被楚灭以后，浙江地区曾先后为楚、秦、汉所统治，但直至汉代，浙江地区仍存在将墓葬营建于山顶上的习俗，很显然同中原及楚国埋葬习俗截然不同。这种现象说明了于越民族的埋葬习俗作为一种文化现象，有着顽强的延续性。

　　（三）发掘的一座无石室土墩墓具有一墩多墓的现象，而墩内的三座墓葬之埋葬方式又略有不同。D1M1 和 D1M3 这两座墓葬，虽从器物形态看都应该属于商末周初墓葬，但 M1 采用平地堆封掩埋的形式，而 M3 却挖有长方形浅土坑，这说明在同一时期内土墩墓的埋葬形式也是略有区别的。一般认为在土墩墓中，形式较早的是不挖墓坑的平地堆土掩埋形式，在此基础上，慢慢出现挖掘浅土坑形式，也就是说，平地掩埋和挖掘浅土坑掩埋这两种形式，有着早晚关系。但从羊山发掘资料看，这两种埋葬形式有可能是并存的。当然这并不排除两座墓葬还存在一定的早晚关系。

（四）D2 和 D3 两座石室土墩墓从年代上看，D3 属于春秋晚期，D2 属于春秋晚期到战国初期，但两座墓葬的方向、结构和规模存在很大程度的不同，可有一点是相同的，两座墓葬均没有发现一块盖顶石。在发掘中，无论墓葬填土中，还是墓室本身及周围，均没有发现一块盖顶石遗留，这可能并非是一种偶然的巧合。是否有其他因素的存在还值得思考。我认为有两种可能性，一种是石室墓原先本来就没有盖顶石，当时石室墓也有可能采用木板做盖顶，但均已腐朽。另一种可能是原来有盖顶石，但被后人破坏。一般认为第二种解释似乎比较合理，但是否有第一种可能存在呢？因为这次发掘仅两座石室土墩墓葬，很难下结论，但作为一种现象，可引起我们今后工作中进一步观察和思考。

（五）发现了目前已知较早的土坑砖椁墓资料，对于研究了解浙江地区砖椁墓最早产生的时间和其自身的发展演变关系，具有十分重要的意义。根据以往的认识，我省在古代将砖作为营建墓葬的材料，最早出现用砖砌椁，用木板盖顶形式的砖椁墓，是在东汉早期偏晚时期。这次羊山发掘的 M3 内出土"大泉五十"和"货布"等王莽时期铜钱，说明是王莽时期或稍后的墓葬。该墓内建有高而规整的砖椁，并以砖铺底，已属于比较典型的土坑砖椁墓形制。而与 M3 毗邻的 M2，从出土的器物和铜钱看，其时代应略早于 M3，在西汉晚期。这墓中也已建有砖椁，只是砖椁四壁利用生土二层台建成，实际的砖壁很低，而且底部还不铺砖，与 M3 高而规整和用砖铺底的情况相比，M2 的砖椁显得简单和原始得多，无疑是砖椁墓的初始形态。这两座砖椁墓的发现，不但说明浙江地区在西汉晚期就出现了砖椁墓，可使我们对浙江最早出现砖椁墓的时间认识，由原来的东汉早期提早到西汉晚期，而且也反映了砖椁墓本身也有一个从初步产生到逐步发展和完善的过程。这个过程主要表现为开始时仅在四周生土台面上用少量的几层砖砌成四壁，形成初步形态的砖椁，不但砖壁很低，而且底部不铺砖，显得比较简单。后来才逐渐砌高四壁，墓底也全部用砖铺砌，开始形成一个讲究而规整的砖椁形式。四面砖壁的不断增高和规整，以及坑底由不铺砖到铺砖，这是砖椁墓由初步产生到逐步完善的发展变化过程。

（六）羊山墓地的土墩墓、石室土墩墓、土坑木椁墓和土坑砖椁墓四种不同类型墓葬共存关系的发现，其意义还不仅在于对探讨石室土墩遗存的性质和浙江地区古代的埋葬习俗具有重要价值，而且也获得了认识不同类型墓葬之间的发展变化线索，对认识浙江地区古代不同时期墓葬形制的演变关系具有重要意义。此墓地所见的 D1~D3，均为西周、春秋时期的土墩墓或石室土墩墓，而 M1 则为战国时期的竖穴土坑木椁墓，表明了到战国时期，墓葬的形制开始产生了根本性的变化，原先平地掩埋的土墩墓和石室土墩墓形式，已被竖穴土坑木椁墓所取代。而 M2 和 M3 两座土坑砖椁墓的材料又表明，战国时期已存在的土坑木椁墓形式，到了西汉晚期又开始产生了新的变化，出现了砖椁形式，它与此前墓葬的区别在于墓室构筑材料上，开始用砖替代了原先的木材，由此从原来的木椁变为了砖椁，而土坑的形式则无变化。经高温烧制的砖较之有机质木材，更具有抗腐烂的性能。因此，用砖代木应该说是一场建墓材料上的革新和进步。毫无疑问，这种西汉晚期出现的土坑砖椁墓形式，既与战国和西汉早中期的土坑木椁墓有着紧密的关联，又是此后浅土坑砖室墓的过渡形态。改原先的木板盖顶为砖砌拱顶，将起券技术应用到砖椁上，把砖椁的一端改作墓门，即成为后来的砖室墓。已知材料表明，大约在东汉中期前后，浙江地区就出现了券顶砖室墓，并为后代一直沿用。因此，就羊山的发掘材料，似乎已让我们看到了浙江地区从商周到西汉、王莽时期的墓葬发展形式，是由平地掩埋的土墩墓和石室土墩墓→深土坑木椁墓→深土坑砖椁墓→浅土坑砖室墓这样一个基本过程，为我们全面认识浙江地区古代墓葬形制的发展变化，提供了新的重要资料。

整理执笔：彭云
器物照相：邵海琴、李永嘉
器物描图：徐竞颜、许慈波

注　释：

[1] 浙江省文物考古研究所：《浙江长兴县便山土墩墓发掘报告》，《浙江省文物考古研究所学刊》，1993 年。

[2] 浙江省文物考古所、江山县文管会：《江山县南区古遗址、古墓葬调查试掘》，《浙江省文物考古所学刊》，1981 年。

[3] 浙江省文物考古研究所：《慈溪市彭东、东安的土墩墓与土墩石室墓》，《浙江省文物考古研究所学刊》，1993 年。

[4] 固始侯古堆一号墓发掘组：《河南固始侯固堆一号墓发掘简报》，《文物》1981 年 1 期。

[5] 浙江省文物管理委员会：《绍兴漓渚的汉墓》，《考古学报》1957 年 1 期。

[6] 江西省博物馆、清江县博物馆：《江西清江战国墓清理简报》，《考古》1977 年 5 期。

[7] 浙江省文物考古研究所、上虞县文物管理所：《浙江上虞凤凰山古墓葬发掘报告》，《浙江省文物考古研究所学刊》，1993 年。

上虞牛头山古墓葬发掘

　　1992 年 4～7 月，配合杭甬高速公路建设，对上虞牛头山古墓葬群进行了发掘，共清理先秦土墩墓 2 座，汉至唐代墓葬 51 座，获得随葬遗物 279 件（未含铜钱数）。

　　牛头山位于上虞县（市）驿亭镇南，海拔 62.5 米，北侧有杭甬铁路通过（图一）。墓葬群分两区：A 区在牛头山的西南坡；B 区在西侧向凤凰山延伸的山脊部位（图二）。A 区以六朝墓为主，B 区以汉墓为主。现将主要收获报告如下。

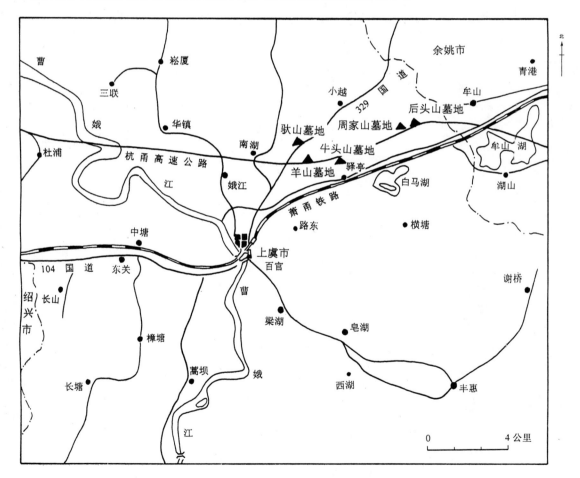

图一　上虞牛头山墓地位置图

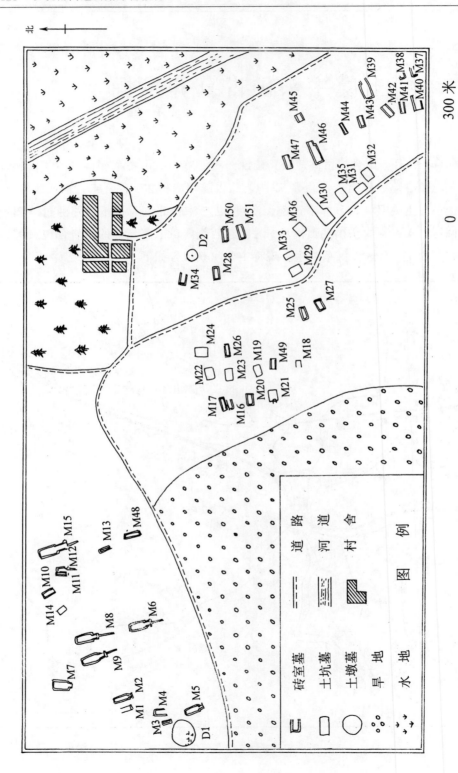

图二　上虞牛头山墓地墓葬分布图

一、先秦土墩墓

2座。均残毁。详情参见《上虞牛头山墓葬登记表》。

（一）D1

封土被破坏，在相对集中的范围之内，清理出六组器物，基本呈平面分布，编号D1M1～D1M6。随葬遗物51件，各组数量2～28件不等，器类有原始瓷盂、碗、罐、盅、器盖等，还有砺石和陶纺轮等。

D1M1，随葬遗物3件。标本D1M1:1，原始瓷盂，敛口，折腹，矮圈足。上腹饰篦点纹，内壁上部有旋纹。口径7.2、高4.2厘米（图三，1）。标本D1M1:2，泥质陶纺轮，算珠形。直径3.2、厚1.6厘米（图三，2）。标本D1M1:3，泥质陶纺轮，算珠形。直径3.3、厚2.5厘米（图三，3）。

D1M2，随葬遗物10件。标本D1M2:2，原始瓷碗，斜腹内收，圈足内凹。口径8、

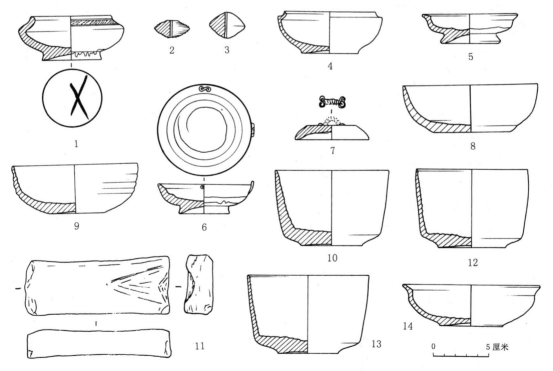

图三　原始瓷盂、碗、器盖和盅，陶纺轮，砺石

1. 原始瓷盂 D1M1:1　　2、3. 泥质陶纺轮 D1M1:2、D1M1:3　　4～6、8、9、14. 原始瓷碗 D1M2:2、D1M2:3、D1M2:4、D1M3:2、D1M3:4、D1M5:1　　7. 原始瓷器盖 D1M2:9　　10、12、13. 原始瓷盅 D1M3:3、D1M4:1、D1M4:2　　11. 砺石 D1M3:1

高4、底径5.2厘米（图三，4）。标本D1M2：3，原始瓷碗，三角唇，敞口，斜沿，浅腹，矮圈足，内底旋圈明显，口沿堆贴S纹。口径8、高2.8厘米（图三，5）。标本D1M2：4，原始瓷碗，敞口，浅腹，矮圈足，口沿内外侧对贴不对称S纹，内底刻画一道不规则蜗圈，其边侧为旋纹。口径8、高2.8厘米（图三，6）。标本D1M2：9，原始瓷器盖，平顶，敞口，圆唇。纽残，剩两S形贴纹。口径6.9、高1.4厘米（图三，7）。

D1M3，随葬遗物4件。标本D1M3：2，原始瓷碗，尖圆唇，敞口，圆腹平底。口径12.2、高4.6厘米（图三，8）。标本D1M3：4，原始瓷碗，敞口，直腹，底内收，平底。上腹内外壁均施旋纹，内底饰圆形填线波纹。口径11.2、高4.6厘米（图三，9）。标本D1M3：3，原始瓷盅，未施釉，敞口，直腹内收，平底。内腹壁有旋圈纹。口径9.8、高7.2厘米（图三，10）。标本D1M3：1，砺石，长条形，磨面微凹，一端留两道凹槽。长13、宽约5、厚2.4厘米（图三，11）。

D1M4，随葬遗物2件。标本D1M4：1，原始瓷盅，尖唇，口微敞，直壁，底部内收，平底略凹。腹内壁施旋纹。口径10、高7.3厘米（图三，12）。标本D1M4：2，原始瓷盅，尖唇，口微敞，直壁，底部内收，平底略凹。腹内壁施旋纹。口径10、高7.4厘米（图三，13）。

D1M5，随葬遗物4件。标本D1M5：1，原始瓷碗，敞口，浅折腹，平底有割痕，内底施密集旋纹。口径12.6、高4厘米（图三，14）。

D1M6，随葬遗物28件。标本D1M6：1，原始瓷碗，敞口，口沿外折，矮圈足，上腹微凹处有旋纹，器底有两戳点。口径9.2、高3.8厘米（图四，1）。标本D1M6：10，原始瓷碗，敞口，浅弧腹，凹弧底。口沿处贴有三S纹。口径8、高2.2厘米（图四，2）。标本D1M6：27，原始瓷碗，敞口，浅腹，矮圈足。口沿内侧贴S纹，底部刻有符号。口径9、高3厘米（图四，3）。标本D1M6：7，原始瓷碗，敛口，扁腹，底微凹，刻有线条。口沿外侧凹曲处饰S纹两组（4个），中间绹纹相连。口径5.2、高3厘米（图四，4）。标本D1M6：5，原始瓷碗，折敛口，腹壁较直，及底内收，大平底。肩部堆饰两组（4个）S形纹。口径5.2、高7厘米（图四，5）。标本D1M6：20，原始瓷碗，子口，浅弧腹，贴S纹，矮圈足，足底刻有符号。口径8、高3.4厘米（图四，6）。标本D1M6：11，原始瓷碗，子口，口外侧堆贴等距三S纹，斜腹内收，矮圈足，口径8、高3.3厘米（图四，7）。标本D1M6：28，原始瓷碗，敛口，斜腹内收，平底，内底腹施旋圈纹，口径10、高4.2厘米（图四，8）。标本D1M6：3，原始瓷罐，折敛口，腹壁较直，及底内收，平底。肩部堆饰两组（4个）S形纹。口径5.2、高7厘米（图四，9）。标本D1M6：13，原始瓷罐，侈口，鼓腹，平底。沿部饰弦纹，肩部贴绹索纽，并饰波浪与弦纹。口径16、腹径28.8、高9.6厘米（图四，10）。标本D1M6：18，原始瓷罐，敛口，三角唇，垂腹，平底微凹。上腹饰波浪纹，并有两对称贯耳，器内有

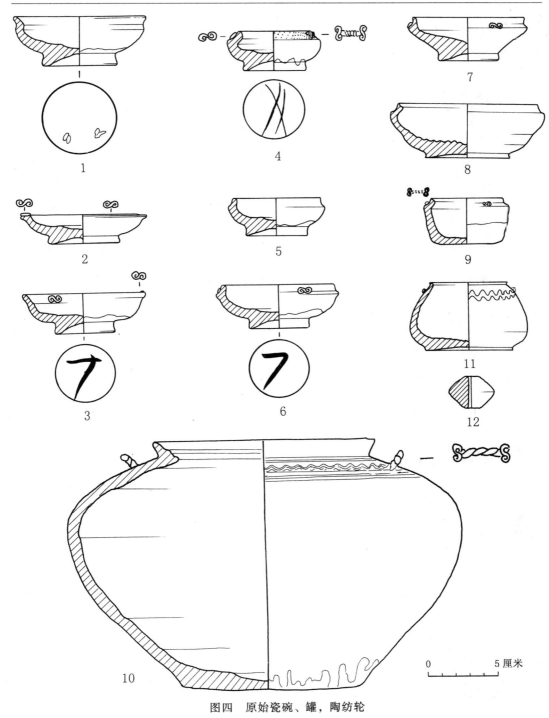

图四　原始瓷碗、罐，陶纺轮

1～8. 原始瓷碗 D1M6：1、D1M6：10、D1M6：27、D1M6：7、D1M6：5、D1M6：20、D1M6：11、D1M6：28
9、10、11. 原始瓷罐 D1M6：3、D1M6：13、D1M6：18   12. 陶纺轮 D1M6：4

旋圈纹。口径 5.6、高 5.2 厘米（图四，11）。标本 D1M6：4，陶纺轮，算珠形。大径 3.4、厚 2.4 厘米（图四，12）。

图五　牛头山 D2 平面图
1. 原始瓷碗　2、5. 硬陶罐
3、4. 原始瓷盅　6、7 陶纺
轮　8. 砺石

（二）D2

封土被破坏。仅见一组器物（图五）。

随葬遗物共 8 件。标本 D2：2，硬陶罐，敛口，鼓腹内收，底微凹。饰麻布纹。口径 8.3、高 7.2 厘米（图六，1）。标本 D2：5，硬陶罐，敛口，鼓腹内收，平底略凹，周身饰麻布纹。口径 8、高 6.8 厘米（图六，2）。标本 D2：1，原始瓷碗，敞口。弧腹内壁有旋纹。口径 11、高 4.4 厘米（图六，3）。标本 D2：3，原始瓷盅，敞口直腹内收，平底。内壁有旋纹。口径 7.2、高 6 厘米（图六，4）。标本 D2：6，陶纺轮，算珠形。大径 3.8、厚 2.8、孔径 0.4 厘米（图六，5）。标本 D2：8，小砺石，方条形，磨面较平。长 3、宽 1、厚 1 厘米（图六，6）。

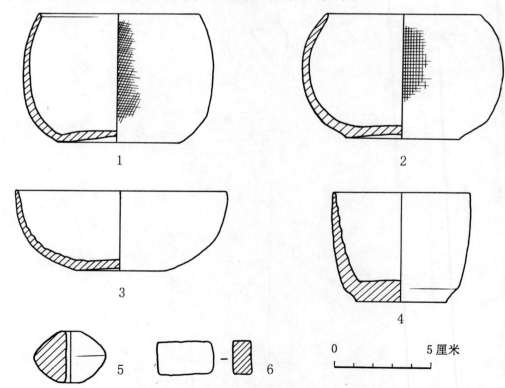

图六　硬陶罐，原始瓷碗、盅，陶纺轮，砺石
1、2. 硬陶罐 D2：2、D2：5　3. 原始瓷碗 D2：1　4. 原始瓷盅 D2：3　5. 陶纺轮 D2：6　6. 小砺石 D2：8

二、汉　墓

39座。除M7、M20分布在A区外，余均在B区。土坑墓、土坑木椁墓和土坑砖椁墓保存较好，券顶砖室墓均遭破坏（盗掘）。出土遗物189（铜钱数未计入）件，可分陶、铜、铁和石四大类。陶器数量最多，分釉陶、硬陶和泥质陶三种。硬陶胎色分灰褐色和红色两种，后者陶质略显松软，泥质陶呈灰色，无复原器。釉陶器胎质坚硬，釉色一般呈豆青，施釉方法均可归入淋施法，表现形式为从上到下可俯视部位施釉（包括内底），其他部位则不见釉，交界处釉呈散点状，釉质滋润晶莹，部分未烧透者则呈干瘪灰衣状，这种现象与上虞凤凰山墓地相同[1]。随葬遗物种类有陶瓿、罐、壶、罍、灶、锺及铜镜、盆、甑、鼎、五铢钱、铁剑等。现按墓葬形制分类介绍。

详情参见《上虞牛头山墓葬登记表》。

（一）竖穴土坑墓

14座（M14、M18、M19、M21、M22、M23、M24、M29、M30、M31、M32、M33、M35、M36）。土坑平面均作长方形。M21有砖砌封门，M30有排水沟，较特殊。规模较大者当初恐有木椁。葬具均腐烂未见。随葬遗物摆放位置以边厢为主，少数在头厢，多被压碎。

1. 墓葬举例

M19，长3.26、宽约2、深1.70米。墓向250°。南部遭破坏，残深0.16米。墓底有横向两条宽约7~10厘米的枕木沟。随葬遗物多见于边厢位置，纵向摆放，有釉陶盘口壶2、硬陶瓿2、硬陶弦纹罐4、泥质陶罐1、铜钱若干（图七）。

M21，长3.40、宽2.90、深2.90米。墓向290°。墓坑前设有甬道，甬道内侧有砖砌封门，封门宽1.05、高0.90米。随葬遗物放置较分散，主要在头厢位置。墓底多处见有板灰痕迹，部分还盖于随葬遗物之上。随葬遗物有硬陶弦纹罐2、硬陶罍1、泥质陶灶1、铜镜3、铁釜1、铜盆1、铜甑1、残铜镞1、铁剑1和铜钱若干（图八）。

M23，长3.70、宽2.20、深1.30米。墓向265°。墓底有一层灰色淤泥，当为棺椁腐烂痕迹。随葬遗物置于头厢，横向排列，铜镜、铁剑、石黛板在棺内，铜钱多处放置。随葬遗物有硬陶弦纹罐4、硬陶罍2、釉陶壶3、釉陶瓿式罐1、泥质陶釜1、铜镜2、铜盆1、铁剑3、铁釜1、石黛板1。铜镜与石黛板的底部有细布纹及朽木残迹，墓底还散见几处红漆皮（彩版二〇，1；图九）。

M36，长3.50、宽2.60、深1.34米。墓向50°。墓坑两壁平直，东壁上部因山石坚硬开凿不整齐，墓底中部用粗沙垫高5厘米。陶制随葬遗物置于西侧边厢一列，铜器、石黛板置于头部位置，见有硬陶罍2、硬陶弦纹罐2、釉陶瓿1、釉陶壶2、铜镜1、

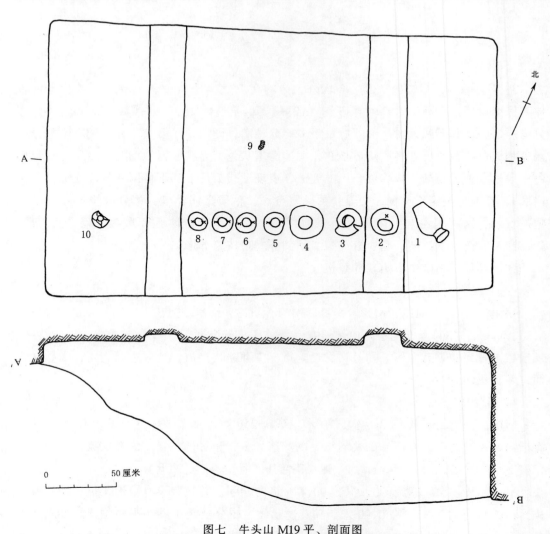

图七　牛头山 M19 平、剖面图

1、2. 釉陶壶　3、4. 釉陶瓿　5~8. 硬陶弦纹罐　9. "五铢"铜钱　10. 泥质陶罐

铜盘 1、铜瓿 1、铜鼎 1、铁剑 1、石黛板 1、铜钱若干（图一〇）。

2. 随葬遗物

162 件。复原 55 件。

（1）陶　器

釉陶瓿　15 件，复原 15 件。均为小敛口，三角唇，球腹，平底。铺首模印人面纹，铺首上端一般上翘。肩部有几组弦纹，下腹多有旋纹。标本 M19:3，口径 8、高 24 厘米（图一一，1）。标本 M19:4，口径 8、高 24 厘米（图一一，2）。标本 M30:7，腹部无旋纹。口径 8、高 32.8 厘米（图一一，3）。标本 M30:29，口径 7.2、高 22.4 厘米

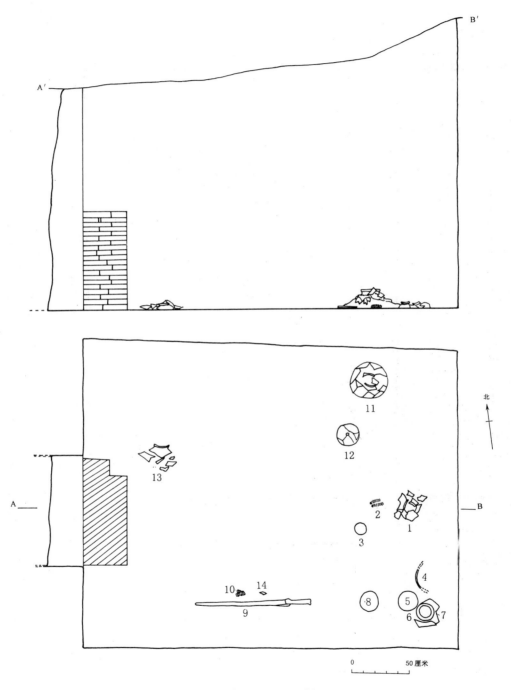

图八　牛头山 M21 平、剖面图

1、13.硬陶弦纹罐　2、10.“五铢”铜钱　3、8、12.铜镜　4.铁釜　5.铜甑　6.铜甑　7.泥质陶灶　9.
铁剑　11.硬陶罍　14.铜镞（锈残）

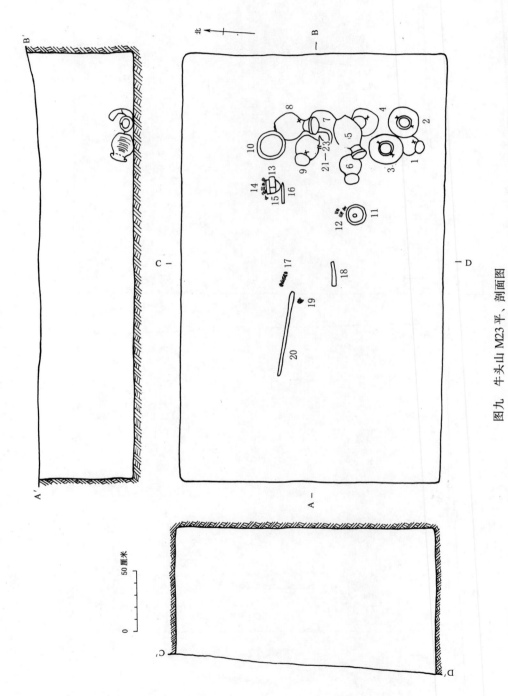

图九　牛头山 M23 平、剖面图

1. 釉陶弦纹罐　2~4、9. 硬陶弦纹罐　5、6、8. 釉陶壶　7、23. 釉陶罍　10. 铜盆　11、15. 铜镜　12、14、17、19. "五铢" 铜钱
13. 石黛板　16、18、20. 铁剑　21. 铁釜　22. 硬陶罍

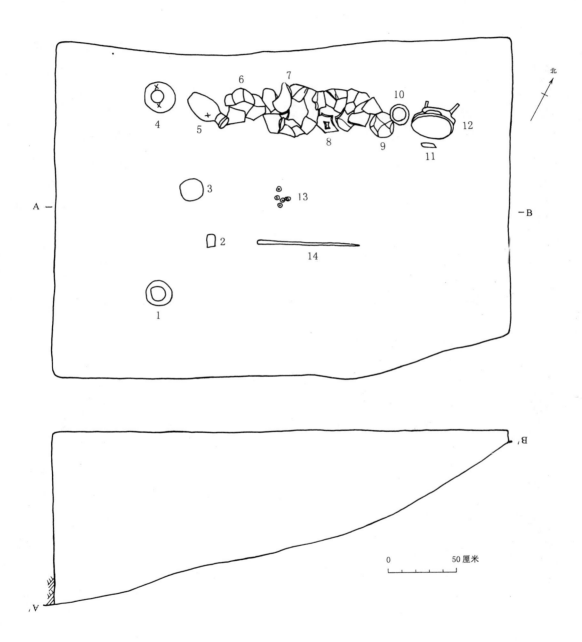

图一〇 牛头山 M36 平、剖面图

1. 铜盘 2. 石黛板 3. 铜镜 4、5. 釉陶壶 6. 釉陶瓿 7、8. 硬陶罍 9、10. 硬陶弦纹罐 11. 铜甑
12. 铜鼎 13. "五铢"铜钱 14. 铁剑

（图一一，4）。标本 M30:8，口径 8、高 22.6 厘米（图一一，5）。标本 M35:5，腹部无旋纹。口径 7.8、高 28.4 厘米（图一一，6）。标本 M22:6，口径 7.2、高 24.6 厘米（图一一，7）。标本 M36:6，铺首上端平，口径 9、高 4 厘米（图一一，8）。

釉陶壶　31 件，复原 24 件。束颈，鼓腹，平底或矮圈足。颈部均饰水波纹，肩颈部饰有弦纹，肩部安有两个对称桥形纽，纽上印叶脉纹。分喇叭口壶和盘口壶两类。

喇叭口壶　复原 12 件。标本 M19:2，口径 12、高 32.8 厘米（图一二，1）。标本 M30:10，口部饰波浪纹，腹部无旋纹。口径 16、高 44.4 厘米（图一二，2）。标本 M35:1，口部饰波浪纹，腹部无旋纹。口径 16、高 42 厘米（图一二，3）。标本 M30:5，口径 11.6、高 23.2 厘米（图版三二，1；图一二，4）。标本 M35:6，口径 13.2、高 30.8 厘米（图一二，5）。标本 M30:25，平底微凹。口径 13.5、高 32.4 厘米（图一二，6）。标本 M30:11，口部饰波浪纹。矮圈足。口径 14.5、高 34.6 厘米（图一二，7）。标本 M35:2，

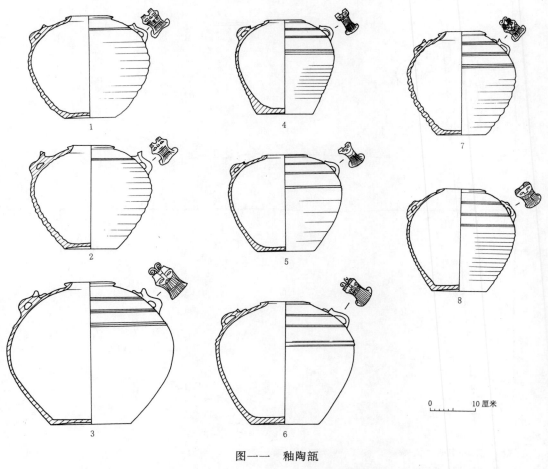

图一一　釉陶瓿

1. M19:3　2. M19:4　3. M30:7　4. M30:29　5. M30:8　6. M35:5　7. M22:6　8. M36:6

平底。肩部刻划简形鸟纹两周，腹部无弦纹。口径 16、高 42 厘米（图一二，8）。

　　盘口壶　复原 12 件。标本 M30：26，口径 12.6、高 37.6 厘米（图一三，1）。标本 M23：6，口径 13、高 34.8 厘米（图一三，2）。标本 M35：8，口部饰波浪纹。口径 11.2、高 36 厘米（图一三，3）。标本 M31：10，口径 10.4、高 25.7 厘米（图版三二，

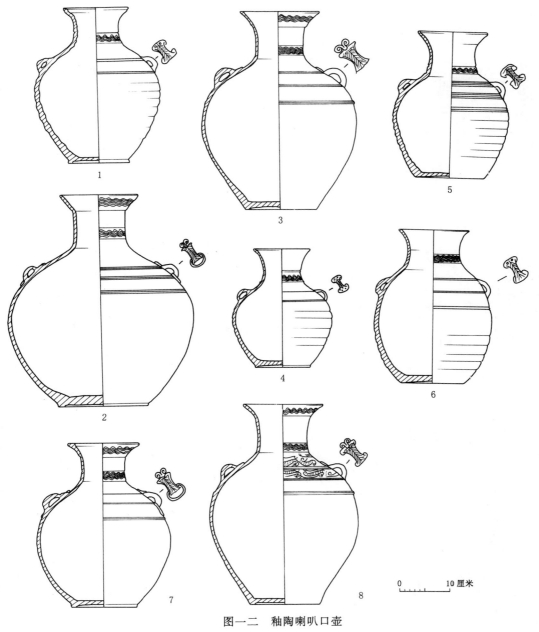

图一二　釉陶喇叭口壶

1. M19：2　2. M30：10　3. M35：1　4. M30：5　5. M35：6　6. M30：25　7. M30：11　8. M35：2

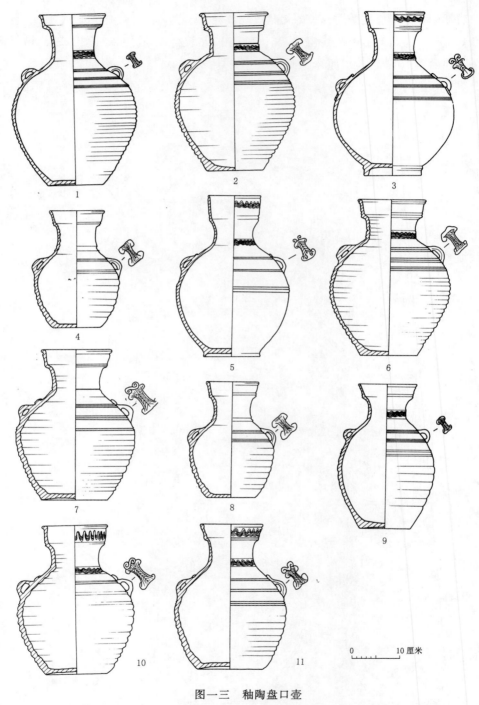

图一三 釉陶盘口壶

1. M30:26　2. M23:6　3. M35:8　4. M31:10　5. M30:22　6. M23:8　7. M32:5　8. M31:9　9. M36:5
10. M32:6　11. M31:1

2；图一三，4）。标本 M30：22，口部饰波浪纹，腹部无旋纹。口径 11.6、高 35.8 厘米（图一三，5）。标本 M23：8，器腹内壁有旋棱。口径 14.8、高 34.4 厘米（图一三，6）。标本 M32：5，器腹内壁有旋棱。口径 1.8、高 33.1 厘米（图一三，7）。标本 M31：9，口径 10.2、高 25.4 厘米（图一三，8）。标本 M36：5，口径 12、高 32 厘米（图一三，9）。标本 M32：6，口部饰波浪纹，器内壁有旋纹。平底微凹，纽上部另贴 S 纹。口径 13、高 32.8 厘米（图一三，10）。标本 M31：1，口部饰波浪纹。平底微凹，纽上部贴 S 纹。口径 12.4、高 31.5 厘米（图一三，11）。

　　罐　45 件　复原 28 件。分瓿式罐和弦纹罐两种形式。

　　瓿式罐　4 件。均为硬陶。特征近似瓿，惟人面铺首变为叶脉纹，一般为青灰胎硬陶。标本 M23：2，口径 9.6、高 27.2 厘米（图版三二，3；图一四，1）。标本 M31：2，口

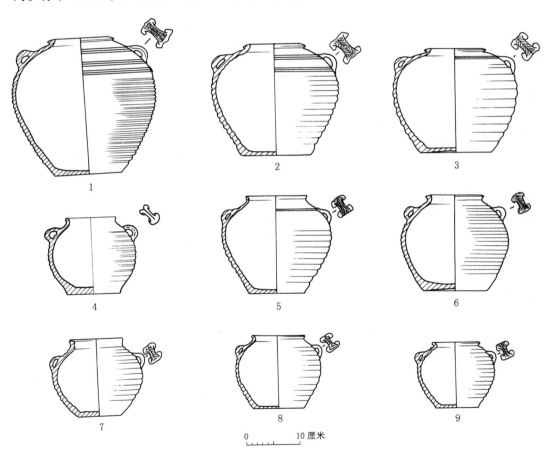

图一四　釉陶瓿式罐、弦纹罐，硬陶弦纹罐

1. 硬陶瓿式罐 M23：2　2. 硬陶瓿式罐 M31：2　3. 硬陶瓿式罐 M33：6　4. 釉陶弦纹罐 M30：34　5. 硬陶弦纹罐 M23：9　6. 硬陶弦纹罐 M35：7　7. 硬陶弦纹罐 M19：6　8. 硬陶弦纹罐 M18：1　9. 硬陶弦纹罐 M31：8

径 9.6、高 22.4 厘米（图一四，2）。标本 M33:6，口径 9.2、高 20.8 厘米（图一四，3）。

弦纹罐　41 件。胎色多为红，亦有青灰色，直口或侈口，折沿或卷沿，双耳印叶脉纹，腹身遍施旋纹。又可分为釉陶弦纹罐和硬陶弦纹罐两类。

釉陶弦纹罐　2 件。标本 M30:34，胎表呈黑色，肩部略施青釉。口径 9.4、高 14.8 厘米（图一四，4）。

硬陶弦纹罐　39 件。标本 M23:9，口径 10.8、高 20 厘米（图一四，5）。标本 M35:7，胎表呈酱红色，口径 11.8、高 19 厘米（图一四，6）。标本 M19:6，口径 8、高 15.2 厘米（图一四，7）。标本 M18:1，口径 9.6、高 14.8 厘米（图一四，8）。标本 M31:8，口径 9.2、高 12.8 厘米（图一四，9）。标本 M32:9，口径 12、高 19 厘米（图一五，1）。标本 M23:1，口径 12、高 17 厘米（图一五，2）。标本 M36:10，口径

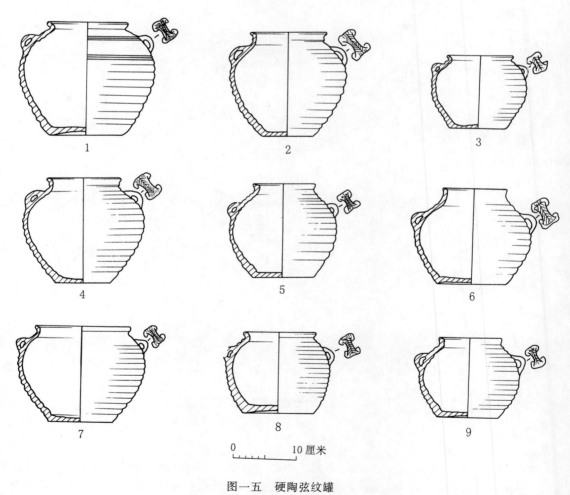

图一五　硬陶弦纹罐

1. M32:9　2. M23:1　3. M36:10　4. M23:4　5. M22:5　6. M19:5　7. M30:18　8. M29:4　9. M19:8

10.4、高 12.4 厘米（图一五，3）。标本 M23:4，口径 12、高 17.6 厘米（图一五，4）。标本 M22:5，口径 8、高 15.6 厘米（图一五，5）。标本 M19:5，口径 8.8、高 16 厘米（图一五，6）。标本 M30:18，口径 13.6、高 16 厘米（图一五，7）。标本 M29:4，口径 10.5、高 13.6 厘米（图一五，8）。标本 M19:8，口径 8、高 13.2 厘米（图一五，9）。

　　硬陶罍　18 件。侈口，折沿，少量敛口，鼓腹，平底，饰梳状纹，一般为硬陶，亦有青灰色。标本 M29:10，红胎硬陶。口径 16.4、高 28.8 厘米（图一六，1）。标本

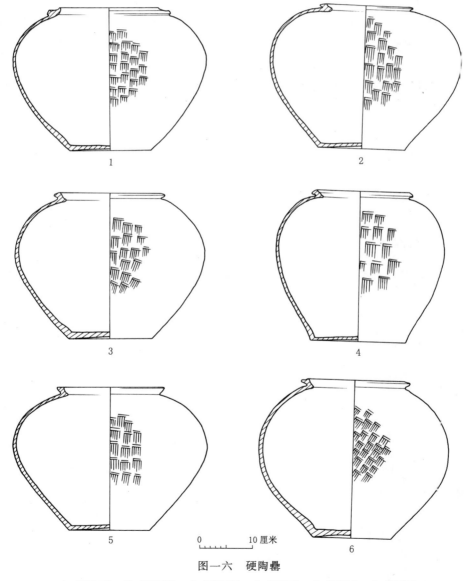

0　　　　10 厘米

图一六　硬陶罍

1. M29:10　2. M32:10　3. M30:13　4. M35:9　5. M30:3　6. M30:2

M32:10，腹身均施青釉。口径 16.8、高 29 厘米（图一六，2）。标本 M30:13，口径 19.6、高 29.2 厘米（图一六，3）。标本 M35:9，口径 19.6、高 30.4 厘米（图一六，4）。标本 M30:3，口径 20.8、高 28.4 厘米（图一六，5）。标本 M30:2，口径 19.2、高 31.4 厘米（图一六，6）。

（2）铜　器

16 件。7 复原。

甑　2 件。标本 M36:11，敞口，折沿，深弧腹，平底，矮圈足，底镂菱格状箅孔，腹部安对称兽形纽，纽挂铜环。口径 26.4、高 13.8 厘米（图一七，1）。标本 M21:5，敞口，折沿，平底。口径 23、口径 9.8 厘米（图版三二，4、5）。

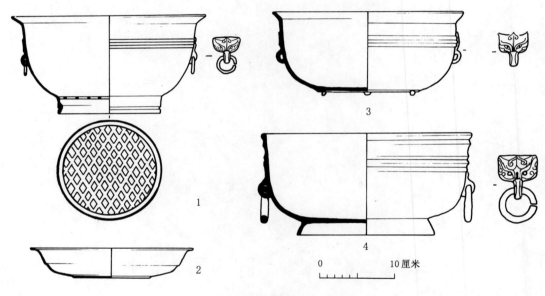

图一七　铜甑、盘、盆和簋
1. 甑 M36:11　2. 盘 M36:1　3. 盆 M23:10　4. 簋 M24:5

盘　1 件。标本 M36:1，翻沿，浅腹略有折棱，平底。口径 20、高 4.4 厘米（图一七，2）。

盆　3 件。标本 M23:10，敞口，折沿，深弧腹，平底，底部支三乳丁状足，腹部安两对衬兽面纹纽，并饰弦纹。口径 24.4、高 11.6 厘米（图版三二，6；图一七，3）。

簋　1 件。标本 M24:5，直口，深弧腹，平底，矮圈足。上腹饰弦纹，安两对称铺首纽，垂挂铜环。口径 28、高 14.8 厘米（图一七，4）。

铜镜　8 件。

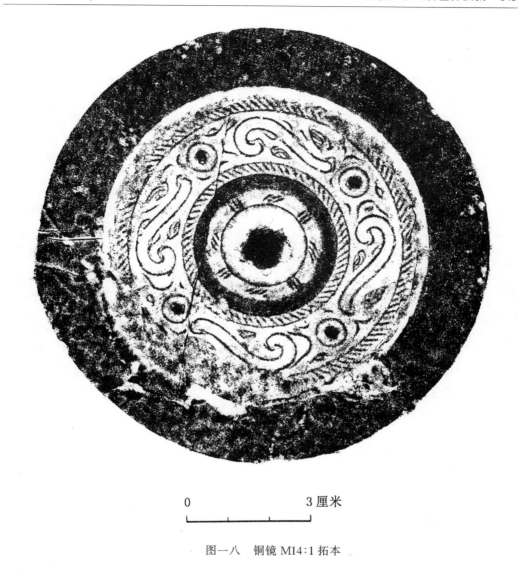

0 　　　　　　　3厘米

图一八　铜镜 M14:1 拓本

　　完整或较完整者三件，另四件拼复。标本 M14:1，半球纽，圆座主区饰四乳四虺，素面宽缘。直径 11.6 厘米（图一八）。标本 M21:3，半球纽，柿蒂纹座，方形纽区饰乳丁及十二地支，主区饰四神规矩纹，外圈有铭文："尚方作镜真大巧上有仙人不知老浮游天下遨四海□□□□□□□"。边缘饰流云纹。直径 18.2 厘米（图一九）。标本 M21:8，半球纽，柿蒂纹座，方形纽区饰乳丁纹及十二地支铭、规矩纹、四神，外圈有铭文："□□□□□□□上有仙人不知老渴饮玉泉饥食枣四海寿如金石□"。外缘饰三圈锯齿纹间波折纹。直径 18.2 厘米（图二〇）。标本 M21:12，半球纽，方形纽区饰乳丁及十二地支铭，主区规矩纹中饰四神，外有"□□□□□□□□□□□□□□□□□

0   3厘米

图一九　铜镜 M21∶3 拓本

□□□□国保□□□□□□□□□"铭文，外缘饰锯齿纹及流云纹各一周。直径 17 厘米（图二一）。标本 M23∶11，半圆纽，乳丁纹圆纽座，主区七乳丁间饰四神（不清），外圈铭："□□治佳真大好左龙右□辟除□□□□□不知老□□□□□□□寿如金石为国保"。外缘饰流云纹及锯齿纹。残碎，直径约 19.5 厘米（图二二）。标本 M23∶15，半球纽，圆形纽区主区图案作环带排列，上、下、左、右四方各饰一乳丁，间饰青龙、白虎、朱雀、玄武四神，外缘饰双线波折纹。直径 11.3 厘米（图版三三，1；图二三）。标本 M32∶2，半球纽，柿蒂纹座，方形纽区，规矩中有四神，外缘饰锯齿纹、卷云纹各一周。直径 13.4 厘米（图二四）。

另有铜镞一件，残甚。

铜钱　均为五铢钱。数量较多，成串随葬，中孔可隐见纤维贯线，锈蚀甚。标本

0　　　　　　3厘米

图二〇　铜镜 M21:8 拓本

M21:2，直径 2.6、孔径 1 厘米（图二五，1）。

（3）铁　器

铁剑　7 件。标本 M21:9，剑把锈蚀，剑身没入鞘中。剑鞘保存较好，长 65 厘米，两端涂黑漆，有织物裹扎，中部涂红漆，似有暗纹。柄残长约 10 厘米（图二五，2）。

（4）玉、石器

石黛板　2 块。标本 M36:2，扁薄，长方形，较平整。长 10.4、宽 5.5 厘米（图二五，3）。

石砚　1 块。标本 M31:10，圆盘形，磨面略凹，直径 19、厚 4.5 厘米。出土时上放一研磨器，为一棱角圆滑的自然石块，接触面磨成一个微微凸弧的平面，长 6、宽 5、

0 _____ 3厘米

图二一　铜镜 M21:12 拓本

高 2.4 厘米（图版三三，2）。

　　玉珠　1 颗。标本 M47:3，管状，酱红色，中间大，两端小。大径 1.2、小径 0.8、长 5 厘米（图二五，4）。

　　（二）砖椁墓

　　6 座（M3、M16、M26、M27、M28、M45）。保存较好的有 M16、M26、M28 三座。

　　1. 墓葬举例

　　M16，砖椁长 2.92、宽 1.46、高 0.80 米。墓向 260°。四壁平整，错缝平砌，底砖单层，纵横向交错铺设。随葬遗物有硬陶锺 1、硬陶弦纹罐 2、铜镜 1、铁剑 2、铜钱若

0　　　　　　3厘米

图二二　铜镜 M23：11 拓本

干（图二六）。

　　M28，砖椁长4、宽1.80、高2.50米。土坑深3.50米。墓向80°。砖墙错缝平砌，底砖以T字格铺设，近底处发现较多的红漆皮。随葬遗物置于南侧一列，均被压碎，土坑东壁上部有一凹窝。随葬遗物有泥质陶井1、泥质陶灶1、泥质陶釜1、泥质陶甑1、泥质小陶罐1、硬陶弦纹罐2、硬陶瓿式罐1、硬陶罍1、硬陶锺1、铜镜1、铁鼎1（图二七）。

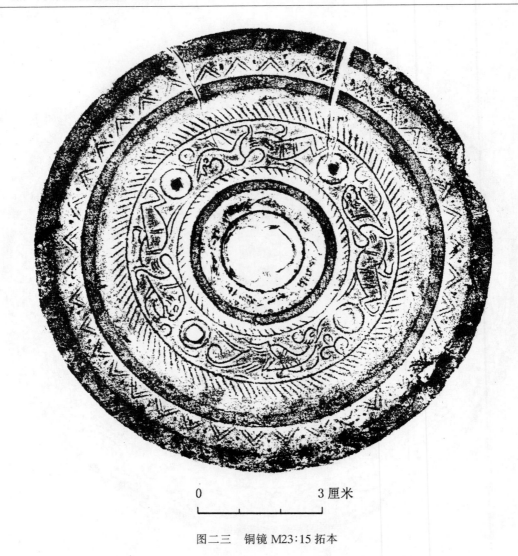

0   3厘米

图二三　铜镜 M23∶15 拓本

2. 随葬遗物

26 件（组）。复原 11 件。

罐　10 件。分瓿式罐和弦纹罐两种。

瓿式罐　2 件。敛口，三角唇，鼓腹，平底。特征近似瓿，叶脉纹纽。分釉陶和硬陶两类。

釉陶瓿式罐　1 件。标本 M26∶6，上腹施青釉。口径 12.6、高 23.6 厘米（图版三三，3；图二八，1）。

硬陶瓿式罐　1 件。标本 M28∶9，口径 9.2、高 24.4 厘米（图二八，2）。

硬陶弦纹罐　8 件。安对称叶脉纹纽，腹身施旋纹。器形均呈直口，广肩，鼓腹，

0　　　　　　　　　　3厘米

图二四　铜镜 M32:2 拓本

平底。胎表一般呈红色。标本 M28:2，口径 12.4、高 17.6 厘米（图二八，3）。标本
M28:13，口径 15.7、高 19.2 厘米（图二八，4）。标本 M28:12，口径 14.8、高 15.6
厘米（图二八，5）。标本 M26:3，口径 12、高 16.4 厘米（图二八，6）。

　　硬陶锺　3件。标本 M16:3，盘口，长颈，腹较扁，矮圈足。肩部有两对称叶脉纹
纽，肩部及下腹饰弦纹。灰胎，釉衣干瘪，未烧透。口径 12.8、高 32.8 厘米（图二
八，7）。标本 M26:1，盘口，束颈较高，扁腹，圈足较高。胎表偏灰，肩部施釉而未
烧透，呈干瘪状。口径 13.4、高 30 厘米（图二八，8）。标本 M28:11，特征同上，肩
颈部施釉。口径 15.2、高 34.6 厘米（图版三三，4；图二八，9）。

　　铜镜　2件。标本 M28:1，半球纽，主区图案呈环带状分布，四乳间饰简型四雀，

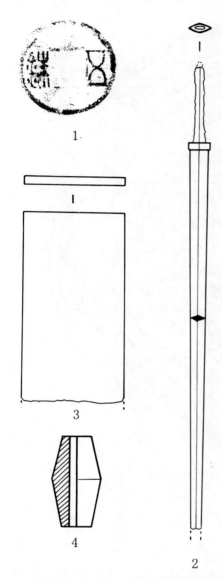

图二五　铜钱，铁剑，石黛板，玉珠

1."五铢"铜钱 M21：2　　2.铁剑 M21：9

3.石黛板 M36：2　　4.玉珠 M47：3（1、4

为 1/1，2 为 1/6，3 为 1/4）

外缘饰锯齿纹。直径 8 厘米（图二九）。

（三）券顶砖室墓

19 座。依次为 M7、M10、M17、M20、M25、M34、M37、M38、M39、M40、M41、M42、M43、M44、M46、M47、M49、M50、M51。均被盗掘，以空墓为多。所留的随葬遗物仅剩锈蚀的铁剑与破碎的零星陶片。墓葬形制主要表现在甬道与封门的位置变化。可分作三型。

A 型　1 座。M7，平面呈凸字形，甬道居中。墓向 182°，墓室长 5.70、宽 2.70、残高 2.30 米；甬道长 0.9、宽 1.70、残高 0.88 米。墓室中后部散放釉陶罍残片，饰有梳状纹和分区方格纹（图三○、三一）。前室散见硬陶罍片、铜环首、铜带钩、五铢钱、"大布黄千"铜钱。墓室错缝叠砌，底铺 T 字格双层砖，上部起券。

B 型　6 座（M17、M39、M40、M46、M47、M51）。平面呈刀形，甬道偏于一侧，有偏左、偏右之分。M46，甬道偏左，墓室长 4.80、宽 2.70、高 3.48 米；甬道长 0.90、宽 1.70、高 0.88 米。墓向 63°。墓壁砌成四横一竖，券顶部分顺势平砌，用陶片夹塞起券，墓室券顶砖中有数块模印龙凤纹砖（图三三）。甬道券顶为双重券，墓室底部未见铺砖，但后室比前室高约 0.15 米。甬道铺 T 字格底砖，单层。此墓已被盗空（图三二）。M50，甬道偏右。墓室长 3.33、宽 1.22 米；甬道长 0.70、宽 0.90、残高 1.06 米。墓向 80°。券顶残，墓壁错缝平砌，墓底双横双竖单层铺砖。此墓已被盗，随葬遗物仅见剑 1，置于墓室左侧（图三四）。

C 型　9 座（M10、M20、M25、M34、M37、M41、M42、M43、M44）。无甬道。长方形砖室。封门位置分居中、居左、居右三类。M41，封门居中，墓室长 3.30、宽

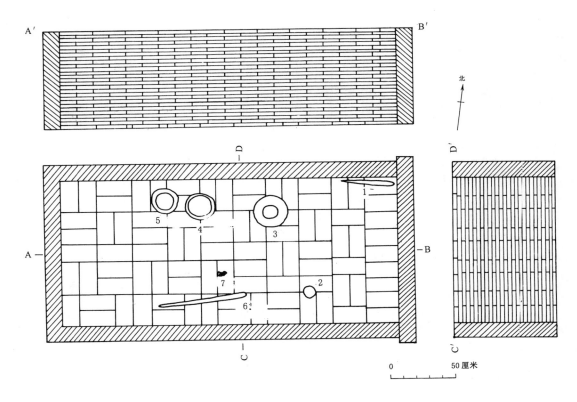

图二六　牛头山 M16 平、剖面图

1、6.铁剑　2.铜镜　3.釉陶锺　4、5.硬陶弦纹罐　7.铜钱

1.32、残高 0.76 米。墓向 80°。墓壁错缝平砌，券顶残。墓已被盗，未见随葬遗物（图三五）。M10，封门居左。墓室长 3.30、宽 1.40、残高 1.15 米。墓向 150°。墓已被盗26空（图三六）。

另有 M38、M49 残甚，无法分型。

随葬遗物完整者很少，略作介绍。

釉陶罍　3件。标本 M7：1，直口，隆肩，收腹。肩部饰水波纹一周，腹饰方格纹。口径 25.2、高 40、底径 22.8 厘米（图三七，1）。

铜带钩　1件。标本 M7：5，已锈蚀。长 4.1、高 2 厘米（图三七，2）。

鎏金铜环首　1件。标本 M7：6，铜质，鎏金。环宽 5.6、通长 6.8 厘米（图版三三，5；图三七，3）。

石研磨器　1件。标本 M49：1，方柱体，扁矮，上端有一圆形凸面。边长 3.8、高 1.4 厘米（图三七，4）。

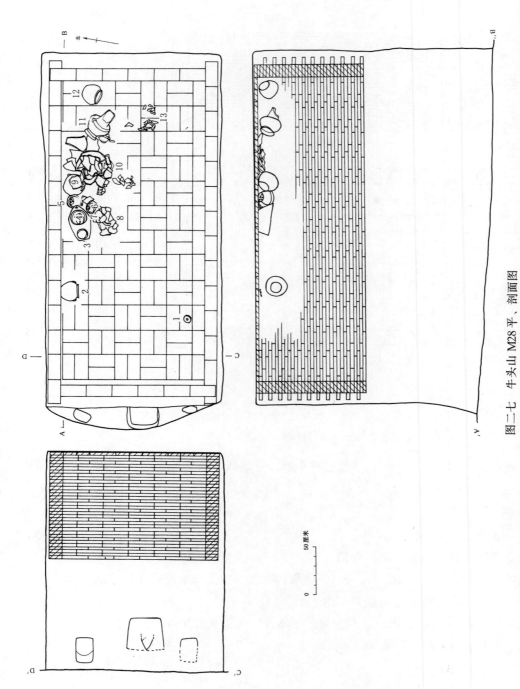

图二七　牛头山 M28 平、剖面图

1. 铜镜　2、12、13. 硬陶弦纹罐　3. 泥质陶灶　4. 泥质陶釜　5. 泥质陶甑　6. 泥质陶井　7. 泥质陶小罐　8. 铁鼎
9. 硬陶瓿式罐　10. 硬陶罍　11. 釉陶甬

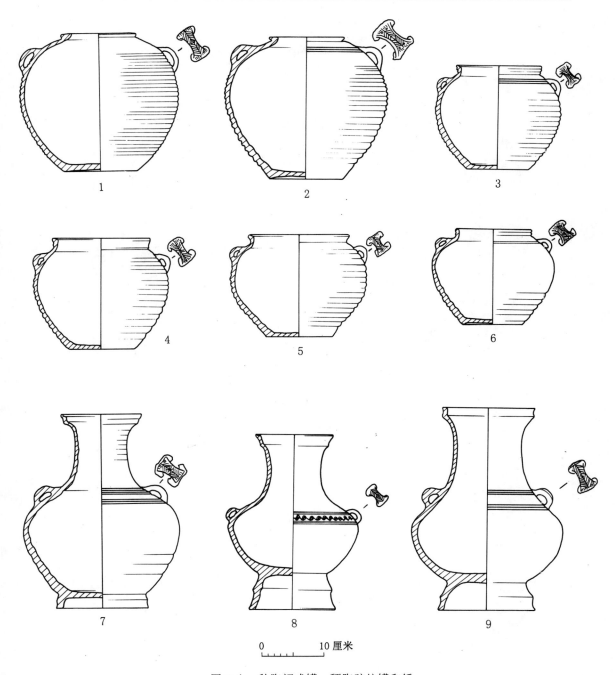

图二八　釉陶瓿式罐，硬陶弦纹罐和锺

1. 釉陶瓿式罐 M26：6　　2. 硬陶瓿式罐 M28：9　　3. 硬陶弦纹罐 M28：2　　4. 硬陶弦纹罐 M28：13　　5. 硬陶弦纹罐 M28：12　　6. 硬陶弦纹罐 M26：3　　7. 釉陶锺 M16：3　　8. 釉陶锺 M26：1　　9. 釉陶锺 M28：11

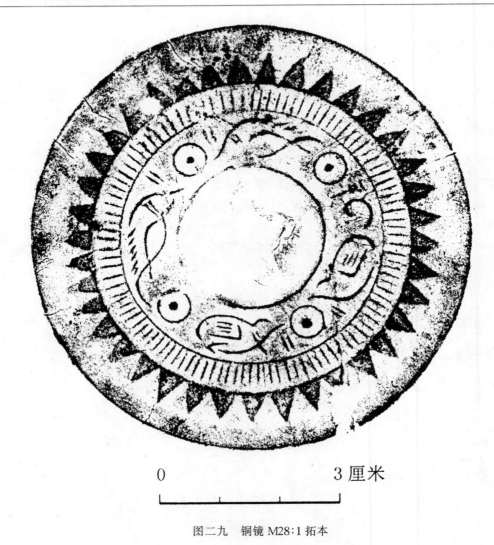

0   3厘米

图二九　铜镜 M28:1 拓本

2

0   3厘米

图三〇　M7 釉陶罍残片纹样拓本

1. 方格纹　2. 梳状纹

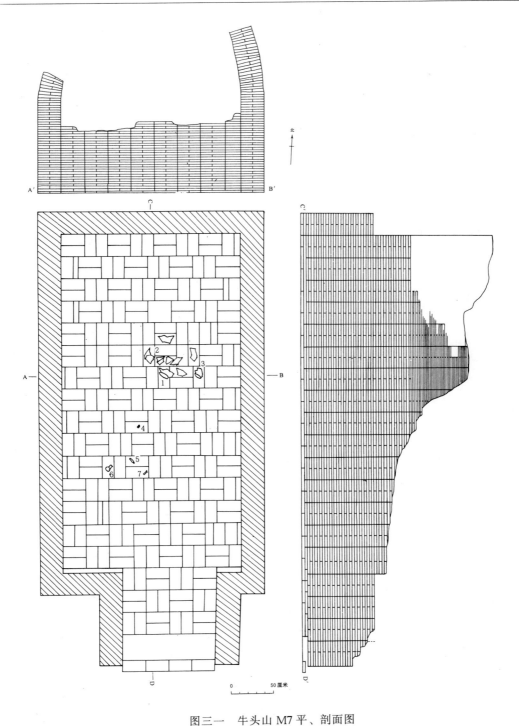

图三一　牛头山 M7 平、剖面图

1～3.釉陶罍　4.“五铢”铜钱　5.铜带钩　6.鎏金铜环首　7.“大布黄千”铜钱

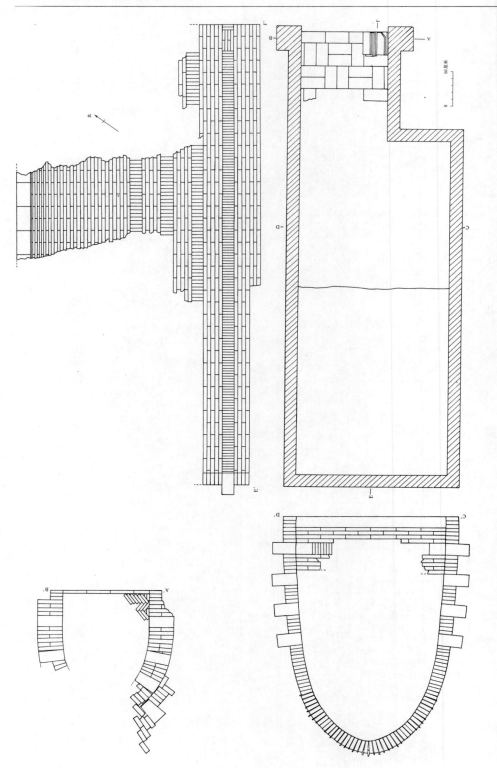

图三二 牛头山 M46 平、剖面图

1

2

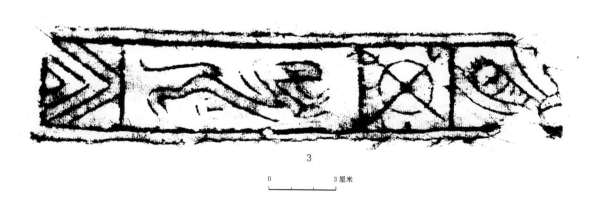

3

0　　　　　　3厘米

图三三　M46"龙凤"纹砖拓本
1. 凤　2. 龙　3. 龙

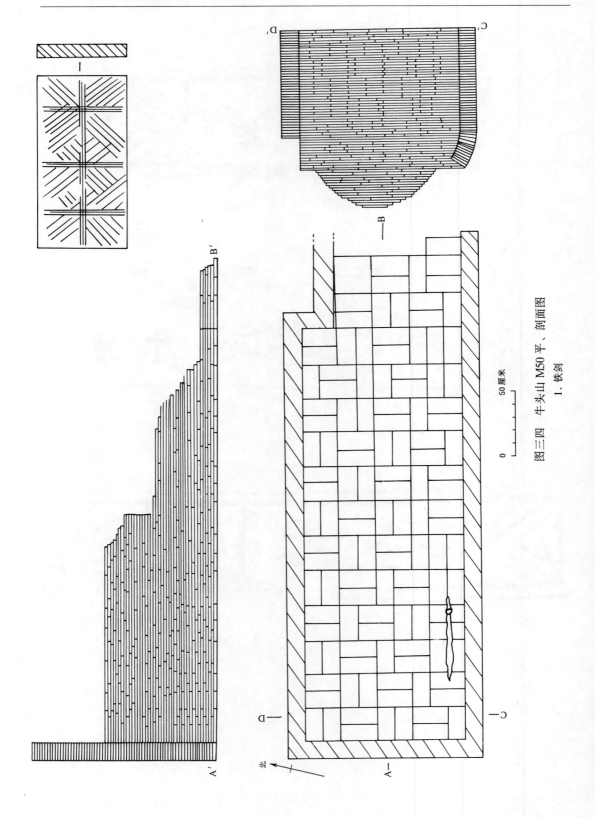

图三四　牛头山 M50 平、剖面图

1. 铁剑

0　　　50 厘米

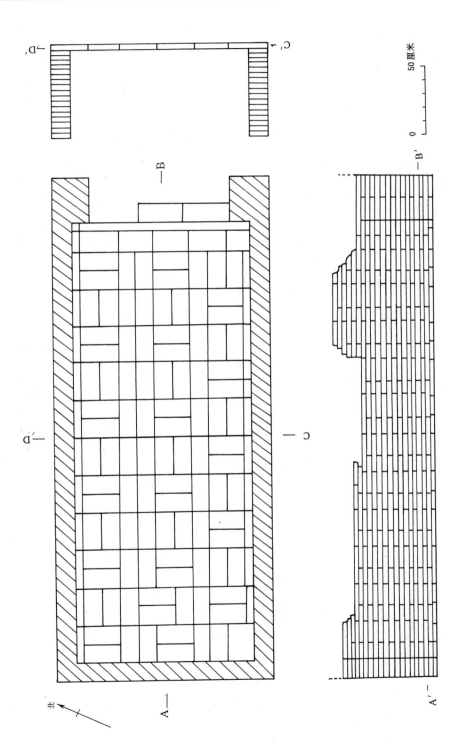

图三五　牛头山 M41 平、剖面图

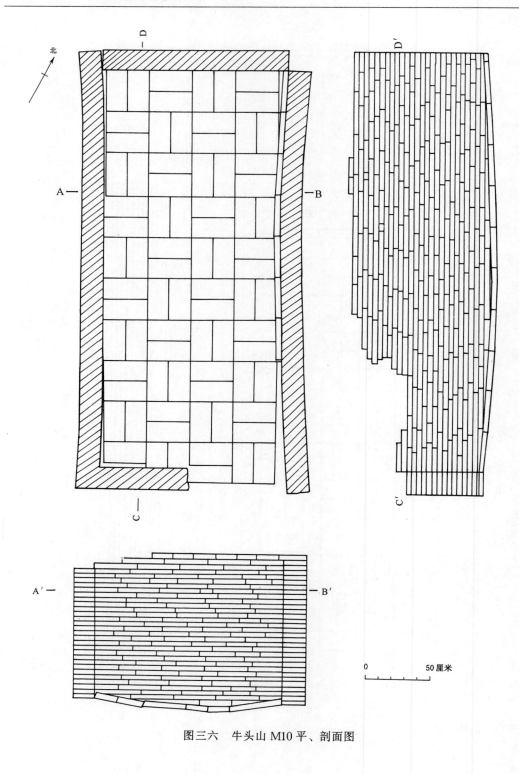

图三六 牛头山 M10 平、剖面图

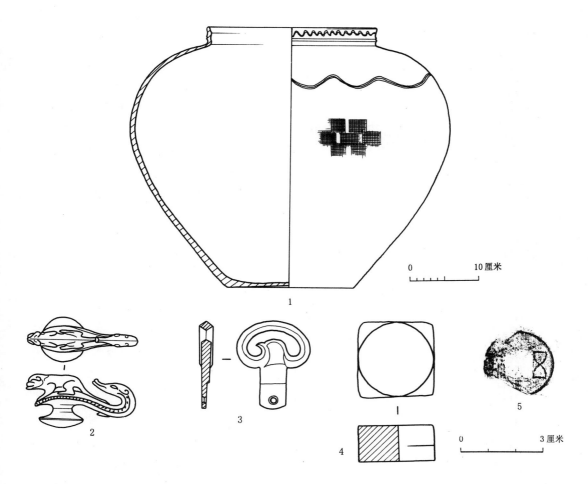

图三七　釉陶罍，铜带钩、"五铢"钱、鎏金铜环首，石研磨器

1. 釉陶罍 M7：1　2. 铜带钩 M7：5　3. 鎏金铜环首 M7：6　4. 石研磨器 M49：1　5. "五铢"铜钱 M25：1

　　铜钱　残剩不多，散乱。标本 M25：1，五铢钱。直径 2.6、孔径 1.1 厘米（图三七，5）。M7 中还见一件残"大布黄千"钱。

三、六朝墓

　　11 座。依次为 M1、M2、M4、M5、M6、M8、M9、M12、M13、M15、M48。均为砖室结构，平面分长方形与船形（侧壁外弧）两种，后者一般有甬道，甬道结构有所区别。这批墓葬均已被盗（各墓葬室内遗物多被扰动而破碎，且多数出于填土中，在发掘时无法记录于墓葬平面图中。不过，一些墓葬出土的青瓷碎片经修复后，都很有价

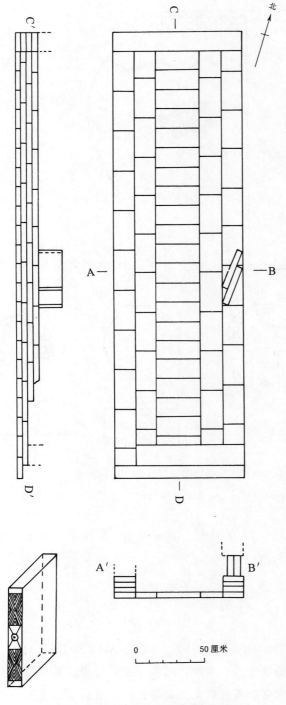

图三八 牛头山 M13 平、剖面图

值，而这些器物的编号是修复后编的）。参见《上虞牛头山墓葬登记表》。

（一）墓葬举例

M13，平面呈长方形。砖室长 3.40、宽 0.76、残高 0.35 米。墓向 160°。墓壁由四层错缝平砌砖与侧向竖砖间叠而成，底砖一层，中部横向平铺，两侧纵向平铺。随葬遗物残存一件青瓷碗，以及"大泉五百"等残碎铜钱（图三八）。

M6，船形墓室，带甬道。墓室长 4.40、最宽 2、残高 2 米。甬道长 1.60、最宽 0.92、残高 0.60 米。墓向 165°。墓室设有砖砌排水沟，从甬道底下通往室外。墓壁砌法一般为四顺一丁，墓室顶部用楔形砖从四角弧收起券，甬道亦起券，均残。墓底砖为单层错缝平铺，墓室后壁有桃形壁龛。墓已被盗，随葬遗物残存青瓷熏炉 1、青瓷碗 3、青瓷小尊 1、青瓷盘口壶 1、陶质凭几构件 1（彩版二〇，2；图三九）。

M9，船形墓室，甬道分两段。墓室长 4.40、最宽 2.25 米，甬道总长 2、前段宽 1 米、后段宽 1.20 米。

0   50厘米

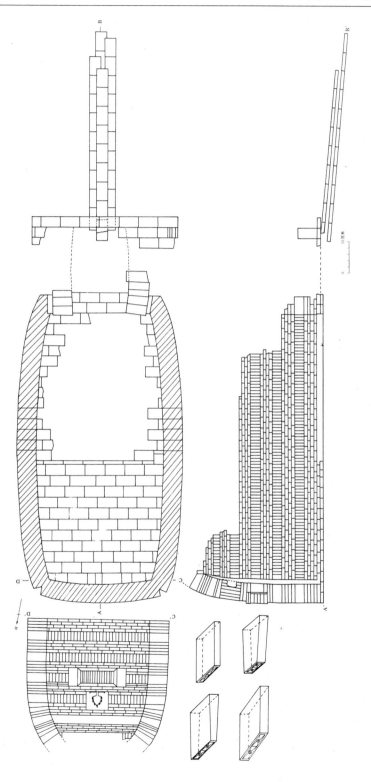

图三九　牛头山 M6 平、剖面图

墓向 160°。墓室设有纵向砖砌排水沟，由甬道底通向室外。墓墙为四顺一丁砌法，底砖为单层错缝平铺，后墙有壁龛。墓已被盗，随葬遗物残存青瓷魁 1、青瓷碗 7、青瓷鸡首壶 1、青瓷托盘 3、青瓷槅 1、青瓷井 2、青瓷盘口壶 1、滑石猪 2、滑石蚕 1（彩版二一，1、2）。

M15，船形墓室，甬道分三段。墓室长 4.80、最宽 2.50、残高 2.80 米，甬道总长 3.32、前段宽 1.70、中段宽 1.06、后段宽 2.40 米。墓向 160°。墓室有纵向排水沟，从甬道底通向室外。墓壁一般为四顺一丁砌法，四角起券，墓底砖有三层，下层人字形平铺，中层为楔形砖侧向错叠，上层席纹状平铺，中、上两层仅见于后室，当为安放棺床之处。后壁有壁龛，龛外圈有光焰状刻线。墓已被盗，随葬遗物有青瓷托盘 3、青瓷匙 1、青瓷耳杯 2、青瓷盘口壶 1、青瓷碗 1、陶俑 1、陶凭几构件 1、滑石猪 3（图版三四，1、2；图四〇）。M15 各种砖块可参看图四一。

（二）随葬遗物

因墓葬均被盗，完整器极少，仅少量可复原。生活器皿多为青瓷，器类有碗、井、尊、壶、盒、盘、魁和熏炉等。另外还有一些陶制器具和滑石饰件。

青瓷碗　11 件。敞口，深弧腹，假圈足。标本 M9:10，口部有弦纹，腹部浮雕莲花纹。口径 12.8、高 7.2 厘米（图四二，1）。标本 M13:1，腹壁较直。口径 7.5、高 3.8 厘米（图四二，2）。标本 M6:7，口微敞，深腹，口沿外侧有几道弦纹。口径 15.6、高 8.6 厘米（图四二，3）。标本 M6:3，口稍直，上腹微鼓。口径 9.8、高 5.7 厘米（图四二，4）。

青瓷井　3 件。均为直口，折肩，直腹，平底。肩部有两两对称的四个方角桥形纽，间有弦纹、波浪纹。标本 M9:9，口径 6.4、高 12 厘米（图版三五，1；图四二，5）。

青瓷小尊　1 件。标本 M6:2，敞口，高颈，鼓腹，矮圈足，足底面弧凹。口沿有数点酱褐彩斑，颈部饰弦纹，肩部安两对称桥形纽，间有四贴饰。口径 5.6、高 7.2 厘米（彩版二二，1；图版三五，2；图四二，6）。

青瓷鸡首壶　1 件。标本 M9:3，盘口，束颈较高，鼓腹平底，上腹有莲瓣浅浮雕。口径 6.4、高 18.5 厘米（图版三五，3；图四二，7）。

青瓷盘口壶　2 件。标本 M9:2，盘口，束颈较高，隆肩鼓腹，平底微凹。肩部安对称双纽。口径 14、高 29 厘米（图版三五，4；图四三，1）。

青瓷槅　1 件。标本 M9:7，圆形，子母口，浅直腹，平底内凹，俯视呈两同心圆，外圈分十格。口径 15.2、高 3.4 厘米（图四三，2）。

青瓷托盘　5 件。均为敞口，浅直腹，平底略凹。标本 M9:6，口径 16、高 2 厘米（图四三，3）。标本 M15:1，内底有刻画莲花纹。口径 13.6、高 2.3 厘米（图四三，4）。

青瓷耳杯　2 件。标本 M15:5，俯视为两端上翘的椭圆形，两侧安对称舌形伴扳，

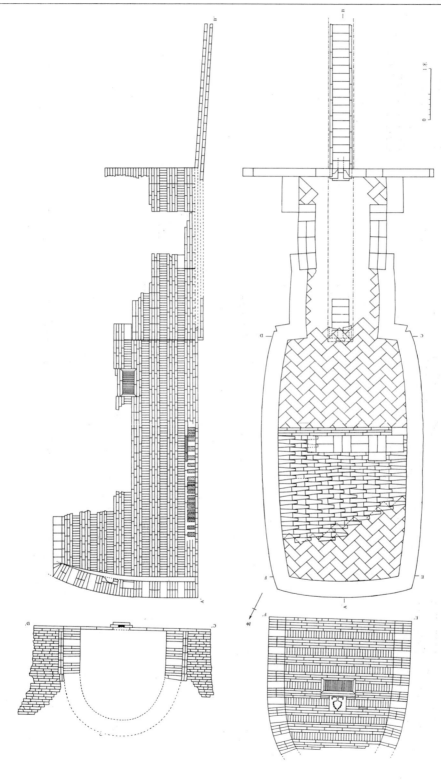

图四〇　牛头山 M15 平、剖面图

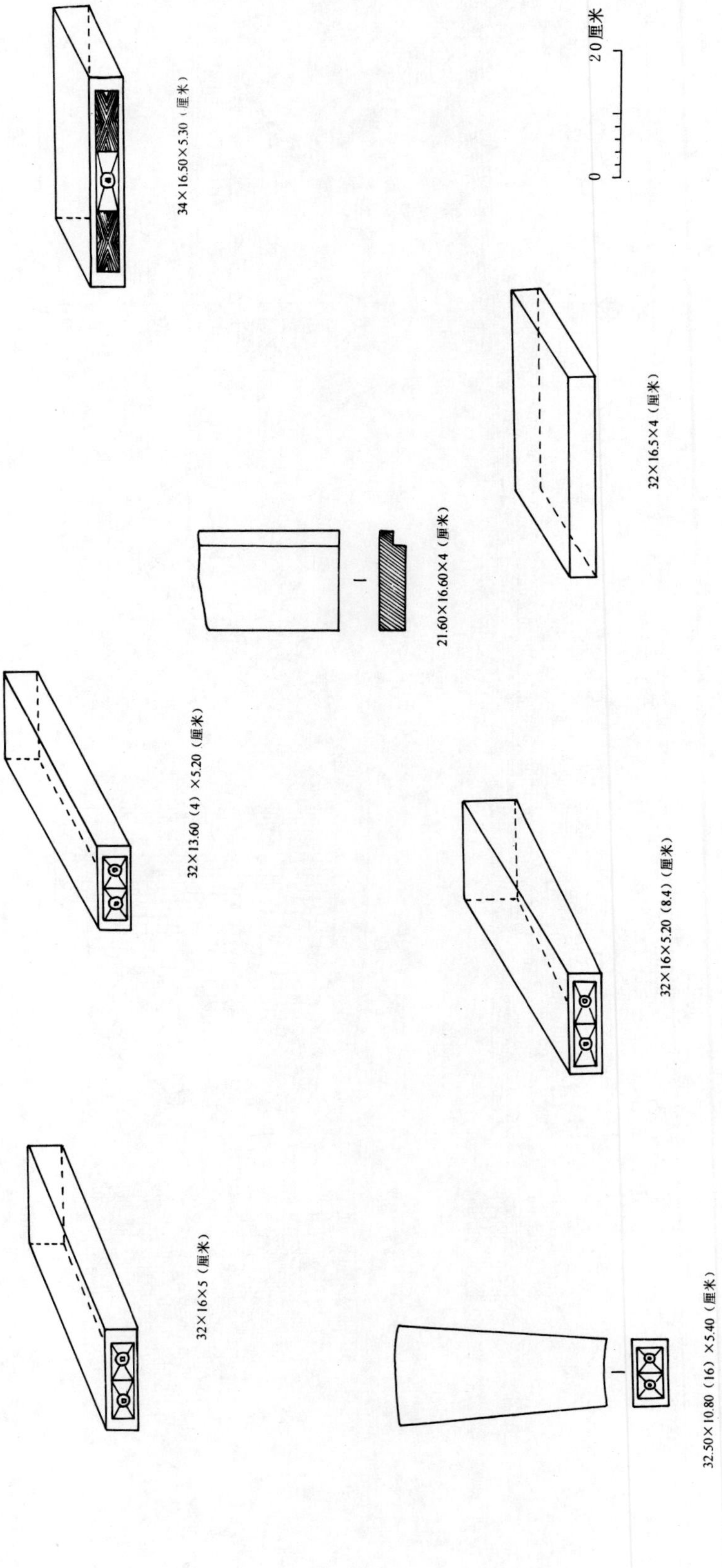

34×16.50×5.30（厘米）

0　　　　　　20厘米

32×16.5×4（厘米）

21.60×16.60×4（厘米）

32×13.60（4）×5.20（厘米）

32×16×5.20（8.4）（厘米）

32×16×5（厘米）

32.50×10.80（16）×5.40（厘米）

图四一　M15 墓砖的几种形式

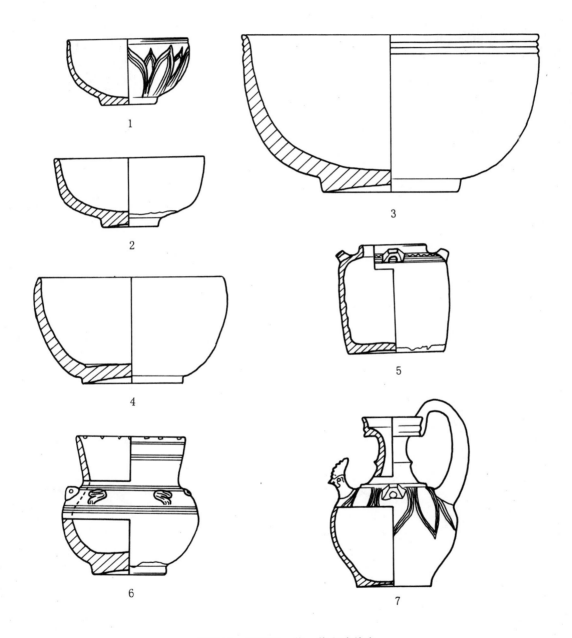

图四二　青瓷碗、井、尊和鸡首壶

1～4. 碗 M9:10、M13:1、M6:7、M6:3　5. 井 M9:9　6. 小尊 M6:2　7. 鸡首壶 M9:3（2～4、6 为 1/2，1、5、7 为 1/4）

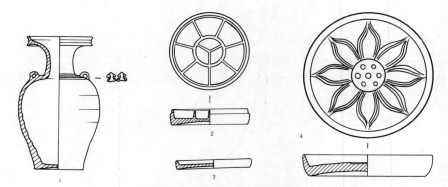

图四三　青瓷盘口壶、桶和托盘

1. 盘口壶 M9:2　2. 桶 M9:7　3、4. 托盘 M9:6、M15:1（4 为 1/4，1、2、3 为 1/8）

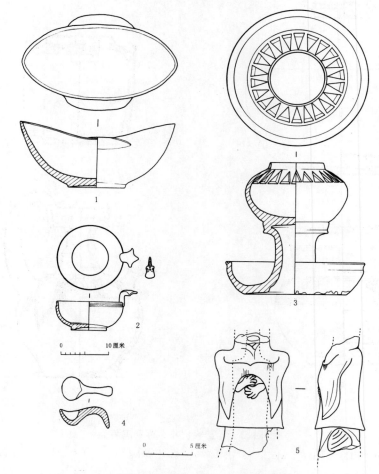

图四四　青瓷耳杯、魁、匙、熏炉，陶俑

1. 青瓷耳杯 M15:5　2. 青瓷魁 M9:17　3. 青瓷熏炉 M6:1　4. 青瓷匙 M15:4　5. 陶俑 M15:6

矮圈足内凹。长径16、短径8、高7.2厘米（图四四，1）。

青瓷魁 1件。标本M9：17，敞口，口沿外侧有一弦纹槽，安柄，弧腹内收，圈足。口径13.6、高9厘米（图四四，2）。

青瓷熏炉 1件。标本M6：1，青瓷。底盘呈碗形，炉身直沿，敛口，球腹，上腹镂一圈三角形透孔。口径5.6、通高14.4厘米（彩版二二，2；图版三六，1；图四四，3）。

青瓷匙 1件。标本M15：4，带柄，勺部呈长舌形。深1、通长5.5厘米（图四四，4）。

陶俑 1件。标本M15：6，烧制硬实，雕塑结合，暗红色，头足残，中空，着装。残高13.2、肩宽8厘米（图版三六，2；图四四，5）。

硬陶凭几构件 2件。标本M15：13，完整，屈膝腿脚形，足部刻出分趾。通高约20厘米（图版三六，3；图四五，1）。标本M6：5，硬质红陶，残，截面圆形，整体呈弧曲状，一端残，侧面有圆—长方形—圆—长方形—圆的组合槽孔。截面直径3.2、残长20.6厘米（图四五，2）。

滑石猪 5件。标本M9：20，猪形饰，长4、高1.8厘米（图四五，3）。标本M9：22，简形猪饰。长5.8、宽1.1厘米（图四五，4）。

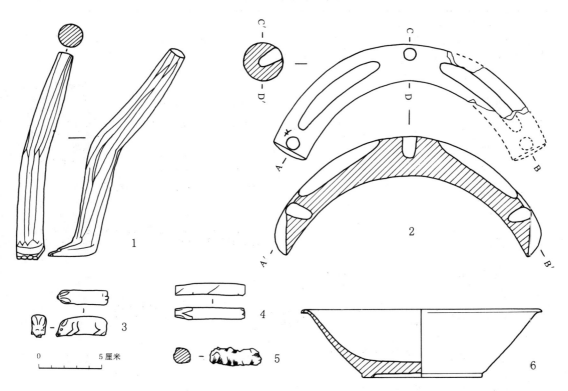

图四五 陶凭几构件，滑石猪、蚕，青瓷碗

1、2. 陶凭几构件 M15：13、M6：5 3、4. 滑石猪 M9：20、M9：22 5. 滑石蚕 M9：21 6. 青瓷碗 M11：1

0   1厘米

图四六　铜钱 M8:1 拓本

滑石蚕　1件。标本 M9:21，长 4.2、宽 1.5 厘米（图四五，5）。

铜钱　零星发现，M13 中能辨认的有"大泉五百"钱。M8 出一方孔似带柄的残圜钱，模印"□□"两字，字迹不清的□字侧沿残缺（带柄?）。直径 2.8、孔径 0.9 厘米（图四六）。

四、唐墓

1座。M11，残。墓室长 2.80、宽 0.75、残高 0.50 米。墓向 182°。砖室墓，砌砖较乱，平叠、侧叠混成，底砖亦铺设混乱。墓室呈不规则长方形。随葬青瓷碗一件。标本 M11:1，敞口，坦沿，浅腹，矮圈足。口径 18、高 5.6 厘米（图四五，6）。

以上墓葬可参见《上虞牛头山墓葬登记表》。

上虞牛头山墓葬登记表　　　　单位：米

时代	墓号		墓向	形制	尺　寸 长×宽－深（高）		随葬遗物	备注
					墓室	甬道		
先秦	D1	M1	不清	圜丘状	残径约 5.7 米	无	原始瓷盂1、陶纺轮2	地表不见隆起，封土被破坏殆尽。器物根据位置和器形特征区分为六组，但显然是不完整的
		M2					原始瓷碗8、原始瓷器盖2	
		M3					原始瓷碗2、原始瓷盅1、砺石1	
		M4					原始瓷盅2	
		M5					原始瓷碗3、原始瓷盂1	
		M6					原始瓷碗23、原始瓷罐4、陶纺轮1	
	D2		不清	圜丘状	残径约3米	无	原始瓷碗1、原始瓷盅2、硬陶罐2、陶纺轮2、砺石1	地表不见隆起，封土被破坏殆尽，为残墓
两汉	M3		160°	砖椁?	2.70×1.24 -0.36	无	铁刀1	残，盗
	M7		182°	A 型券顶砖室	5.70×2.70 -2.30	0.90×1.70 -0.88	釉陶鼎3、铜带钩1、鎏金环首刀1、"大布黄千"1、五铢钱若干残，被盗	
	M10		150°	C 型券顶砖室，左偏门	3.30×1.40 -1.15	无	硬陶弦纹罐片	残，盗空
	M14		140°	竖穴土坑	2.70×1.50 -0.95	无	硬陶弦纹罐1、铜镜1	

时代	墓号	墓向	形制	尺　寸 长×宽-深（高）		随葬遗物	备　注
				墓室	甬道		
两 汉	M16	260°	砖椁	2.92×1.46 -0.80	无	铁剑2、铜镜1、硬陶锺1、硬陶弦纹罐2、五铢钱若干	
	M17	260°	B型券顶砖室	3.95×1.30 -0.70	0.60×1.20		残，空墓
	M18	265°	竖穴土坑	1.90×1.60 -0.46	无	硬陶弦纹罐3、铁剑1	西端被晚期墓破坏
	M19	250°	竖穴土坑	3.26×2 -1.70	无	釉陶盘口壶2、釉陶瓿2、硬陶弦纹罐4、泥陶罐1、铜钱若干	南部被晚期墓打破
	M20	265°	C型券顶砖室	3.54×2.16	无	釉陶盘口壶1、泥质陶灶1、铁釜1、小陶瓿1、硬陶弦纹罐1、釉陶瓿1	
	M21	290°	竖穴土坑，带甬道、封门	3.40×2.90 -2.90	宽1.05×? -2	硬陶弦纹罐2、铜镜3、铁釜1、泥质陶灶1、铜盆1、铜甑1、铁剑1、硬陶罍1、残铜镞1、铜钱若干	
	M22	260°	竖穴土坑	3.40×2.58 -1.80	无	釉陶壶1、硬陶罍3、硬陶弦纹罐3、铁釜1、泥质陶罐1、釉陶瓿3、铜钱若干	
	M23	265°	竖穴土坑	3.70×2.20 -1.30	无	硬陶弦纹罐4、硬陶罍2、釉陶壶3、硬陶瓿式罐1、铁釜1、铜盆1、铜镜2、铁剑3、泥质陶釜1、石黛板1、铜钱若干	
	M24	180°	竖穴土坑	3.60×2.80 -1.50	无	硬陶弦纹罐2、釉陶瓿2、硬陶罍1、铜篡1、泥质陶灶1、铁釜1、泥质陶罐1、铜钱若干	
	M25	250°	C型券顶砖室，中门	3.60×1.60 -1.20	无	硬陶弦纹罐2、灶1、铜钱若干	残，被盗
	M26	270°	砖椁墓	2.8×0.98 -1	无	硬陶锺1、硬陶弦纹罐4、釉陶瓿式罐1	
	M27	240°	砖椁墓	3.12×1.92 -0.56	无	弦纹罐残片	残，被盗
	M28	80°	砖椁墓	4×1.8 -2.50	无	铜镜1、硬陶弦纹罐2、硬陶瓿式罐1、泥质陶灶1、泥质陶釜1、泥质陶甑1、泥质陶井1、泥质陶小罐1、铁鼎1、硬陶锺1、硬陶罍1	
	M29	370°	竖穴土坑	3.37×2.6 -2	无	硬陶罍1、釉陶壶2、珠饰1、硬陶弦纹罐1、泥质陶灶1、泥质陶罐2	
	M30	55°	竖穴土坑	3.6×3.2 -2.9	无	硬陶弦纹罐12、釉陶瓿5、釉陶壶10、铁剑1、釉陶弦纹罐2、硬陶罍4	东北侧有排水沟一条，宽2.8、长5.4米，由石砌涵洞及筒瓦构成

时代	墓号	墓向	形制	尺寸 长×宽-深（高）		随葬遗物	备注
				墓室	甬道		
	M31	317°	竖穴土坑	3.9×2.8 -1.08	无	釉陶壶4、硬陶瓿式罐2、硬陶弦纹罐1、石砚1	
	M32	50°	竖穴土坑	3.6×2.1 -2.06	无	釉陶壶2、硬陶弦纹罐1、泥质陶罐1、铜镜1、泥质陶瓿1、泥质陶灶1、铁釜1、硬陶罍1	
	M33	334°	竖穴土坑	2.9×1.6 -0.8	无	泥质陶灶1、泥质陶罐3、泥质陶釜1、硬陶弦纹罐2、硬陶瓿式罐1、硬陶罍1	
	M34	98°	C型券顶砖室	3.40×1.98 -1.10	无		残，盗空
	M35	55°	竖穴土坑	3.90×2.90 -1.90	无	釉陶壶5、硬陶弦纹罐1、釉陶瓿2、硬陶罍2、铁釜2、泥质陶瓿1、泥质陶小罐1	
	M36	50°	竖穴土坑	3.50×2.60 -1.34	无	铜盘1、石黛板1、铜镜1、釉陶壶2、硬陶罍2、硬陶弦纹罐2、釉陶瓿1、铜瓿1、铜鼎1、铁剑1、铜钱若干	
两	M37	70°	C型券顶砖室	2.80×1.26 -1.08	无	铁剑1	残，被盗
	M38	65°	券顶砖室	2.94×1.28 -1	无		残，盗空
	M39	65°	B型砖室券顶	4.46×2 -0.58	1.50×1.18 -0.26		残，盗空
	M40	75°	B型券顶砖室	3.80×1.86 -2.08	0.46×1.2 -0.40	铁剑1、铜钱若干	残，盗空
	M41	80°	C型券顶专室	3.30×1.32 -0.76	无		残，盗空
汉	M42	70°	C型券顶砖室	3.78×1.76 -2	无		残，盗空
	M43	70°	C型券顶砖室	3.28×1.30 -0.90	无	铁剑2	残，被盗
	M44	58°	C型券顶砖室	3.54×1.20 -0.60	无		残，盗空
	M45	63°	砖椁墓	2.53×1.92 -1	无	弦纹罐残片	残，被盗
	M46	63°	B型券顶砖室	4.80×2.70 -3.48	0.90×1.70 -0.88		残，被盗
	M47	70°	B型券顶砖室			铜镜残片	残，被盗
	M49	270°	券顶砖室	3.30×1.2 -1.16		研磨器1	残，被盗
	M50	80°	B型券顶砖室	3.33×1.22 -1.40	0.70×0.90 -1.06	铁剑1	残，被盗
	M51	72°	B型券顶砖室	3.50×1.07 -1.20	0.70×1.1 -0.80	铁剑2	残，被盗

时代	墓号	墓向	形制	尺　寸 长×宽－深（高） 墓室	甬道	随葬遗物	备　注
六 朝	M1	165°	船形	2.70×1.55 －0.38	残		残，盗空
	M2	165°	船形	4.30×1.62 －0.55	1.10×1.20 －0.40		残，盗空
	M4	165°	船形	2.30×2.20 －0.28	残		残，盗空
	M5	162°	船形	4.50×2.50 －0.34	残		残，盗空
	M6	165°	船形	4.40×2 －2	1.60×0.92 －0.60	青瓷熏炉 1、青瓷小尊 1、青瓷碗 3、青瓷盘口壶 1、陶凭几构件 1	残，被盗。墓室埋设排水沟过甬道向前通往室外
	M8	168°	船形	5×2.50 －0.60	残	铜钱 1	残，盗空
	M9	160°	船形	4.40×2.25 －2.10	2×1.20 －2	青瓷魁 1、青瓷碗 7、青瓷鸡首壶 1、青瓷盘口壶 1、青瓷托盘 3、青瓷樽 1、青瓷井 2、壶 1、滑石猪 2、滑石蚕 1	残，被盗。墓室埋设排水沟过甬道向前通往室外
	M12	177°	船形	2.5×1.30 －0.28	残		残，盗空
	M13	160°	砖室	3.40×0.76 －0.35	无	"大泉五百"铜钱、青瓷碗 1	残
	M15	160°	船室	4.80×2.50 －2.80	3.32×2.4 －1.20	青瓷托盘 3、滑石猪 3、青瓷匙 1、青瓷耳杯 1、陶俑 1、青瓷盘口壶 1、青瓷碗 1、残陶凭几构件 1	被盗。墓室埋设排水沟过甬道向前通往室外
	M48	148°	船型	4.80×2 －0.52	残		残，被盗
唐	M11	182°	砖室	2.8×0.75 －0.38	无	碗 1	残

※　这批墓葬因被盗严重，尤其是砖室墓保存程度不一，尺寸仅供参考。

五、年　代　判　断

（一）土墩墓

D1、D2 是流行于江浙一带先秦土墩墓的一种形式，平地封筑成圜丘状，D1 出土器物分六组，属"一墩多墓"现象。由于破坏严重，结构形式无从讨论，在年代上可分三期。

一期　包括 D1M1、D1M2、D1M6，时代相当于西周晚期。矮圈足的原始瓷盂、碗，S 纹贴饰，器物底部的刻划符号，均有较典型的时代特征。相近的材料有淳安左口

M3[2]，长兴石室土墩墓第二期[3]。

二期　D1M5，原始瓷内底出现繁密的轮制旋纹，外底切割平整，时代相当于春秋早期。

三期　包括 D1M2、D1M4、D2，时代相当于春秋末至战国，原始瓷盅式碗为典型器。D2 出现麻布纹陶罐，时代最晚。

（二）汉　墓

器物保存完整或较完整的集中在土坑墓与砖椁墓里。根据已有材料，汉墓的墓葬形式本身具备一定的时代特征。相对的发展过程为土坑（木椁）墓—砖椁墓—券顶砖室墓。长江下游地区以前发现的最早有明确纪年的券顶砖室墓为章帝建初六年[4]。M7 出土"大布黄千"铜钱，其墓葬形式为券顶砖室墓，因此，浙江一带出现券顶砖室墓的时间可能提早到新莽年间。M20 随葬一件釉陶瓿，证明瓿这一在西汉墓中大量存在的器形至少沿用至券顶砖室墓的早期阶段。瓿这一西汉墓中大量存在的器形，到东汉早期墓中已变得接近于罐，到东汉中期已很少见。需要指出的是，M7、M20 两座券顶砖室墓的位置在墓葬群 A 区，而大部分券顶砖室墓位于 B 区的西南侧，这种相对独立的位置也反映 M7、M20 有别于 B 区券顶砖室墓的年代。B 区券顶砖室墓的凸型形制依然存在，但以刀形与长方形为多，这中间肯定存在时间延续，但由于多数为空墓，缺乏随葬遗物的具体验证。M46 砌有龙凤画像砖，年代当在东汉中期以后。从墓砖砌法看，砖券墓均为平起错缝砌法，凤凰山第五期开始流行四顺一丁、三顺一丁砌法[5]，时代在东汉末年，因此，牛头山 B 区券顶砖室墓的年代当为东汉晚期。

M28 为典型的深坑砖椁墓，这种墓一般在两汉之际已出现。M28、M26 等砖椁墓中硬陶锺的形态为扁腹高圈足，又与硬陶弦纹罐共存，时代可定为东汉早期。

釉陶瓿、硬陶罍多见于土坑墓。硬陶罍的纹样均为梳状纹，不见席纹，这一时代特征归为西汉末年。土坑墓中未随葬瓿的 M21、M23、M29、M32、M33 几座，其中 M21 凿有墓道，并有砖砌封门，有向砖室墓的过渡倾向，这几座墓的年代要更晚些。

在器物演变上，硬陶瓿式罐应该是瓿的发展形态，所不同的只是铺首演变为叶脉纹耳。釉陶壶出土较多，喇叭口或盘口，圈足或平底都有，但这几种形态普遍存在着共存关系，参考凤凰山盘口壶由矮圈足向平底的变化规则，那么，未见圈足壶的 M23、M31、M32 等墓可能相对较晚。硬陶弦纹罐出土数量最多，但形制特征未显示规律性变化。

综合墓地分布、墓葬形制、随葬遗物的分布及变化等因素，结合浙江地区与长江下游地区汉墓的分期结果，牛头山汉墓可分三期。

一期　流行土坑墓，以 M30、M25、M19、M35、M36 为代表，随葬遗物组合以釉陶瓿、硬陶罍和硬陶罐为主。时代在西汉晚期晚段。

二期　与一期衔接，继续流行土坑墓，并见砖椁墓与券顶砖室墓，时代在东汉早中期，以 M16、M21、M7、M20、M26、M28、M31、M32、M33 为代表。

三期　流行券顶砖室墓，包括 B 区所有砖券墓，时代在东汉晚期。

（三）六朝墓

在墓葬形制上，只有 M13 为长方形砖室墓，并出"大泉五百"铜钱，似可定为三国吴墓，但墓葬形制十分特殊，不排除遗物从别处扰入的可能性。

多数墓葬为带甬道的船形砖室墓，破坏程度不一，M6、M9、M15 三座存留若干随葬遗物。这三座墓葬的甬道形制有所不同，但从诸项特征分析，这一区别应从墓葬规格或墓主人的身份级别上考虑为妥，不存在年代上的早晚关系。这几座墓随葬的青瓷碗的纹样均为浅浮雕的莲花纹，风格比较一致，青瓷盘口壶、鸡首壶形态瘦高，另外，M9 出土的青瓷井，均有较明确的时代特征。上述几座墓的年代可定在东晋至南朝早中期。

（四）唐墓

只有一座（M11）。随葬的青瓷碗特征与凤凰山 M176 出土的青瓷碗相近[6]，年代当在唐末。

发掘人员：徐秀林、吴祥锦、孙国平、田正标、
张克西、张海真、蒋乐平（领队）
器物绘图：徐竞颜、陈华、张克西、许慈波
器物照相：邵海琴、李永嘉
执　　笔：蒋乐平

注　释：

[1] 浙江省文物考古研究所、上虞县文物管理所：《浙江上虞凤凰山古墓葬发掘简报》，《浙江省文物考古研究所学刊》1993 年。

[2] 浙江省文物考古研究所：《浙江淳安左口土墩墓》，《文物》1987 年 5 期。

[3] 浙江省文物考古研究所：《浙江长兴县卞山石室土墩墓发掘报告》，《浙江省文物考古研究所学刊》1993 年。

[4] 新安江考古工作队：《浙江淳安古墓发掘》，《考古》1959 年 9 期。

[5] 同 [1]。

[6] 同 [1]。

上虞周家山古墓葬发掘

一、概 况

上虞地处浙东盆地低山区。周家山坐落在五驿镇东南约 5 公里，海拔 44.5 米，相对高度约 30 米。山的平面基本呈圆形，面积约 2 万平方米。周家山南接马慢桥村，西北距黄袍岙村约 500 米，东与后头山墓地仅隔一条小河，西、北两面系农田（图一）。

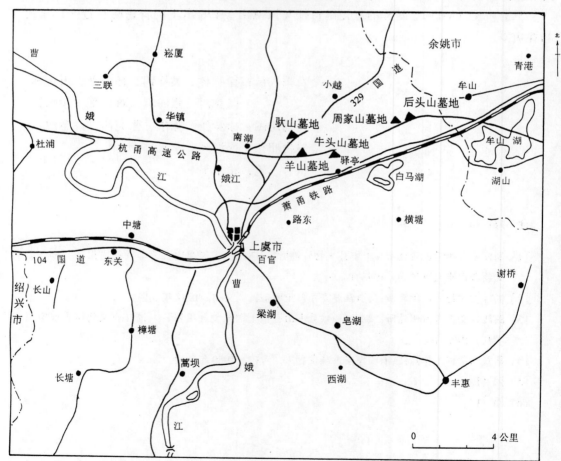

图一　上虞周家山古墓葬位置图

发掘前周家山地表散布有少量的古墓砖和古瓷片。

墓葬主要分布在周家山北麓，部分位于东西两侧，所处相对高度在 5～20 米之间（图二）。1992 年 5～9 月，我们对该地区进行了科学的考古发掘，共清理各类古墓葬 75 座，编号〈92〉·上·周 M1～M75。

二、墓葬形制与出土遗物

在所发掘的墓葬中，根据其性质、类型、结构和随葬遗物的组合、种类、质地等的不同，大致可分成四类：

（一）甲类墓　3 座。

1. 形　制

三座墓中，二座位于东侧，一座居于北部，所处相对高度约为 5 米。墓之走向均与山的等高线平行。墓向在 100°～335°之间。封土均已不存，墓室为长方形竖穴浅土坑结构，长 3.15～3.7、宽 0.74～1.6、高 0.3～0.53 米。墓的四周较为规整，填土呈红灰色，质地略松。底面较平整。

2. 墓葬举例

M42，平面呈长条形，长 3.15、宽 0.74、高 0.4 米。墓向 330°。随葬遗物主要堆集于北端，仅一件置于南端，组合为原始瓷钵，印纹陶坛、罐，泥质陶瓮、罐（图三）。

M5，平面呈长方形，长 3.6、宽 1.6、高 0.53 米。墓向 100°。随葬遗物分列于墓室两侧，组合为原始瓷杯，印纹陶坛、罐、杯，泥质陶鼎（图四）。

3. 出土遗物

40 件。计有：

（1）印纹陶　17 件。均采用泥条盘筑法制成，内壁留有盘筑痕迹和为加固而挤压的指窝痕。器形有：

坛　4 件。深斜腹，平底。外壁拍印麻布纹。按口、肩的不同分为二式：

Ⅰ式　1 件。翻口沿，溜肩。标本 M42:16，高 26、口径 19.2、底径 14 厘米（图五，1）。

Ⅱ式　3 件。侈口，高领，广肩。标本 M40:6，高 32.4、口径 16.8、底径 16.6 厘米（图五，2）。

罐　10 件。平底。通体拍印米格纹。按口、腹的不同分为三式：

Ⅰ式　3 件。直口，圆肩，鼓腹。标本 M42:7，高 14、口径 12、底径 9.6 厘米（图五，3）。

Ⅱ式　5 件。其中二件个体较小。侈口，圆肩，斜腹。标本 M5:12，高 12.5、口

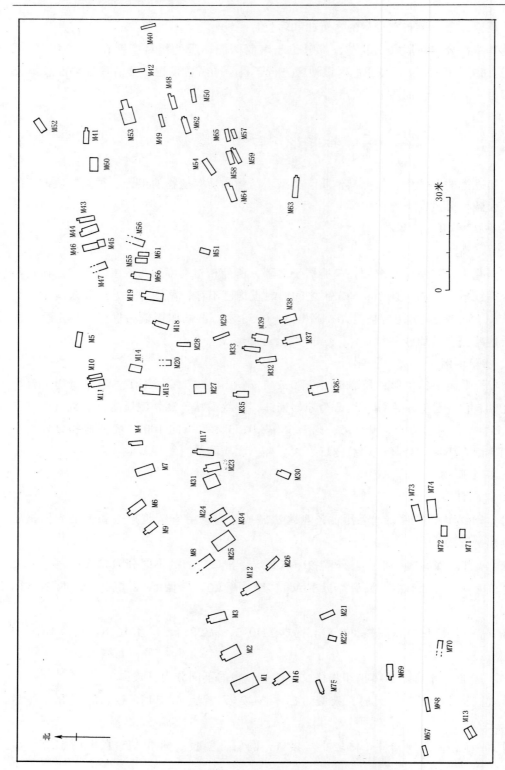

图二　上虞周家山古墓葬分布图

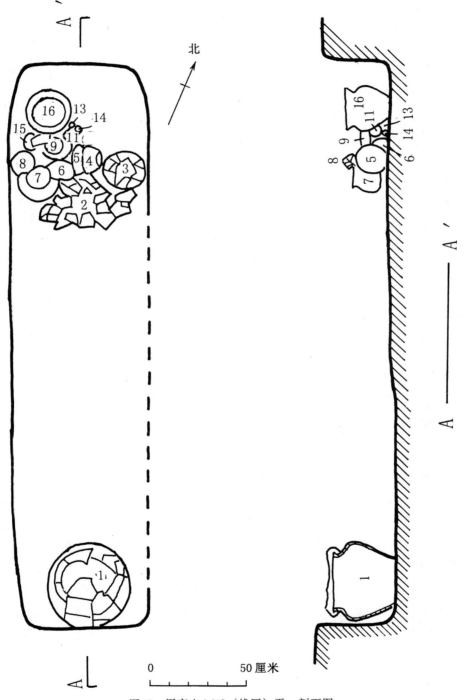

图三　周家山 M42（战国）平、剖面图

1. 泥质陶瓮　2、5、7. 印纹陶罐　3、8. 泥质陶器　4、6、9、10、12～15. 原始瓷钵　11. 原始瓷盅　16. 印纹陶坛（12 置于 9 内，10 置于 5 内）

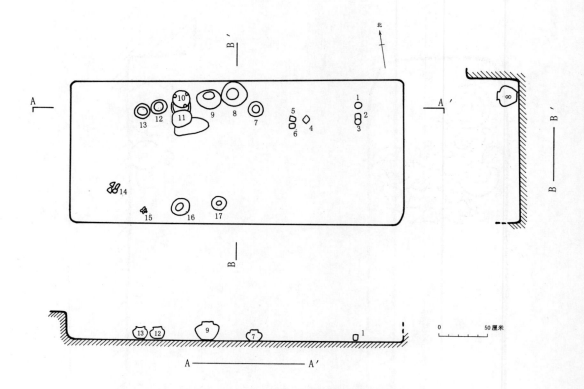

图四　周家山 M5（战国）平、剖面图

1～3.印纹陶杯　4～6.原始瓷杯　7～9、12、13.印纹陶罐　10、11.泥质陶鼎　14、15.陶片　16.印纹陶坛
17.原始瓷三足罐

径 10、腹径 16.8、底径 8.4 厘米（图五，4）。

　　Ⅲ式　2件。斜肩，腹略弧折。标本 M40:3，高 10、口径 10、底径 7.6 厘米（图
五，5）。

　　杯　3件。口微敛，弧腹，大平底。标本 M5:3，高 7、口径 7.6、腹径 18、底径
6.8 厘米（图五，6）。

　　（2）原始瓷　14件。釉层均较薄，多内外施釉，个别器物的外壁釉不到底，釉迹
线十分明显。釉色偏黄或显绿，个别呈绿褐色，釉面光泽暗淡。器物的烧成温度较高，
胎釉结合较好，胎质坚硬而呈浅灰色。在碗钵类产品内壁普遍留釉轮制的螺旋痕迹。器
形有：

　　三足罐　1件。标本 M5:17，敛口，垂腹，平底下附三个小乳足。肩部附有铺首
耳。高 13.6、口径 8、底径 14.8 厘米（彩版二三，1；图版三七，1；图六，1）。

　　钵　8件。口微敛，腹上部略弧，下部斜收，平底。口下部饰一周条纹带。标本

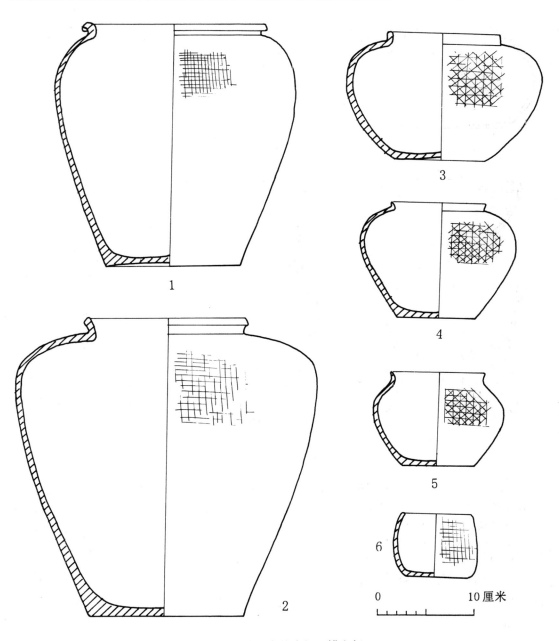

图五　战国印纹陶坛、罐和杯

1.Ⅰ式坛 M42:16　2.Ⅱ式坛 M40:6　3.Ⅰ式罐 M42:7　4.Ⅱ式罐 M5:12　5.Ⅲ式罐 M40:3　6.杯 M5:3

M42:12，高 6.2、口径 9、底径 5 厘米（图版三七，2；图六，2）。标本 M42:6，素面。高 5.2、口径 11.6、底径 5.2 厘米（图六，3）。

碗　1件。标本 M42:9，敞口，斜弧腹，平底。高 8.4、口径 14.2、底径 9.2 厘米

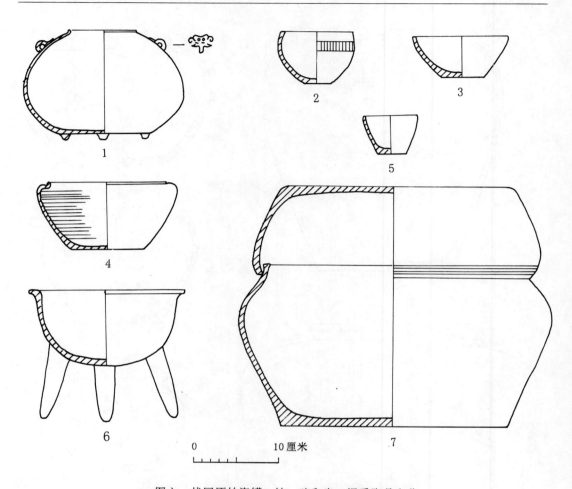

图六　战国原始瓷罐、钵、碗和盅，泥质陶鼎和瓮

1.原始瓷三足罐 M5:17　2.原始瓷钵 M42:12　3.原始瓷钵 M42:6　4.原始瓷碗 M42:9　5.原始瓷盅 M 42:11

6.泥质陶鼎 M5:10　7.泥质陶瓮 M42:1

（图六，4）。

盅　1件。直口，筒腹，假圈足。标本 M42:11，高 4.8、口径 6.5、底径 3.6 厘米（图六，5）。

杯　3件。残甚。

（3）泥质陶　9件。多严重残碎，器形有：

鼎　4件。翻沿口，弧腹，圜底下附有三个圆柱状足。标本 M5:10，高 16.6、口径 18.8 厘米（图六，6）。

瓮　1件。标本 M42:1，带覆盆式盖。侈口，斜肩，折腹，平底。通高 30、口径 32、底径 26.8 厘米（图六，7）。

另有四件器形不明。

以上甲类墓可参看表一。

表　一　　　　　　　　　　　　　　　　甲类墓登记表

墓号	墓向	形　制	随　葬　遗　物		
			印　纹　陶	原　始　瓷	泥　质　陶
M42	330°	长条形浅土坑墓	Ⅰ坛1、Ⅰ罐3、	钵8、盅1	瓮1、残器2
M5	100°	长方形浅土坑墓	Ⅱ坛1、Ⅱ罐5、杯3	三足罐1、杯3	鼎2、残器2
M40	310°	长方形浅土坑墓	Ⅱ坛2、Ⅲ罐2	碗1	鼎2

（二）乙类墓　17座。

1．形　制

乙类墓主要分布于东北部，个别位于西侧，所处相对高度在8～15米之间。墓向均向山脚处，方向为63°～360°。墓葬类型丰富，计有：

竖穴土坑木椁墓　2座。封土已破坏。平面形状有长方形和凸字形两种。墓坑均筑于生土内，填土呈淡红色，结构松散。墓壁和底面规整，墓底四周留有"熟土二层台"，即木椁和墓壁间的填土，此部分的填土因经过夯打，故结构较紧密，而中间的填土随着葬具的腐朽倒塌下落，清理时两者有明显的区别。

竖穴深土坑砖椁墓　8座。平面均呈长方形。砖椁长2.71～4.22、宽1.42～2.16、高0.8～1.4米。均筑于土坑内，四壁多呈封闭状，转角处两壁墓砖呈犬齿状咬合。砌筑方法为平起错缝，其中最上一排砖向外移出3～5厘米，使椁顶呈母口状，以便加盖木质椁板。砖椁外壁多与土坑壁紧贴，部分留有10厘米左右的空隙，后者往往有4～8块不等的"咬土砖"，即在平起错缝的纵向砖层中，隔一定距离和高度置一块横向砖，砖的一半伸出椁壁外侧，通过土坑与椁壁的填土，起到咬合和加固作用。墓底均铺底砖，并呈两横两竖排列，其中的M60两侧椁壁与底砖间相隔5厘米，形成排水的凹槽。此类墓砖均有浅浅的绳纹。

券顶砖室墓　7座。券顶均已倒塌，墓室多遭到不同程度的破坏。其中的M46被M45（丙类墓）所打破。墓的平面形状有两种，其中长方形7座。长3.3～3.56、宽1.48～2.01、残高0.9～1.08米。墓室封门仅个别有保存，结构为曲折形，墓底采用平起错缝的砌法，底砖形式以两横两竖为主，个别采用顺缝平铺。有两座墓的底部设有排水沟，一座自墓室中部通向墓外，沟的横断面呈三角形。另一座自墓室后端通向墓外，断面呈方形。刀形墓有两座。由甬道和墓室两部分组成，甬道位于墓室前端一侧。墓壁的结构一座为平起错缝，一座为五顺一丁。铺底砖形式为两横两竖。券顶砖室墓的用砖规格有大小两种，大者为34×15×4厘米，小者为26×7×4厘米。砖面模印对称的两组叶脉纹或钱纹和曲折纹的组合纹饰，砖侧为各种简单的几何纹。

2. 墓葬举例

M53，竖穴深土坑木椁墓，平面呈凸字形，由墓道和墓室两部分组成，总长 4.8 米。墓道平面呈长方形，前端已破坏，残长 1.55、前宽 1.64、后宽 1.9 米，底部略倾斜。墓室平面呈长方形，长 3.24、宽 2.96、高 2.86 米。墓向 68°。自墓室前部起，设有一条通向墓外的排水沟，残长 2.6、宽 0.54、深 0.3 米。水沟的筑法为：在挖出的生土沟两侧立一排石块，沟上再覆土。随葬遗物置于墓室一侧，组合为硬陶瓿式罐 2、弦纹罐 1、罍 2，泥质陶灶 1、釜 1、甑 1、井 1、铜镜 2、带钩 1、五铢钱 3、铁刀 2（图七）。

M31，竖穴深土坑砖椁墓。长 2.8、宽 2.16、高 0.92 米。墓向 336°。随葬遗物主要集中于西南隅，组合为炽釉壶 2、硬陶瓿式罐 1、弦纹罐 2，泥质陶灶 1、铜镜 2、五铢钱 1，铁剑 1、刀 1，漆器痕迹 1（图八）。

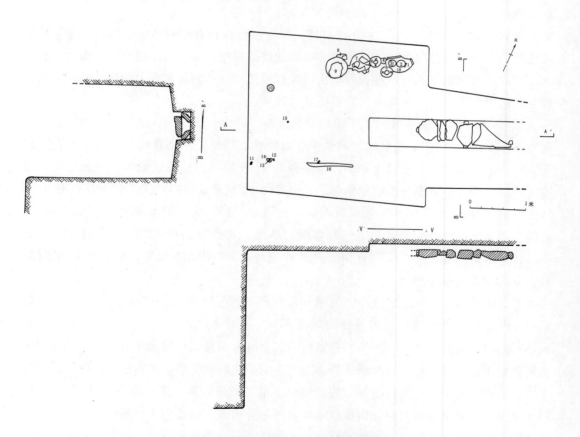

图七　周家山 M53（东汉）平、剖面图

1. 泥质陶灶　2. 泥质陶甑　3. 泥质陶釜　4. 泥质陶井　5、6. 硬陶瓿式罐　7、9. 硬陶罍　8. 硬陶弦纹罐　10、14. 铜镜　11、13、15. 铜五铢钱　12. 铜带钩　16、17. 铁刀　18. 铁釜

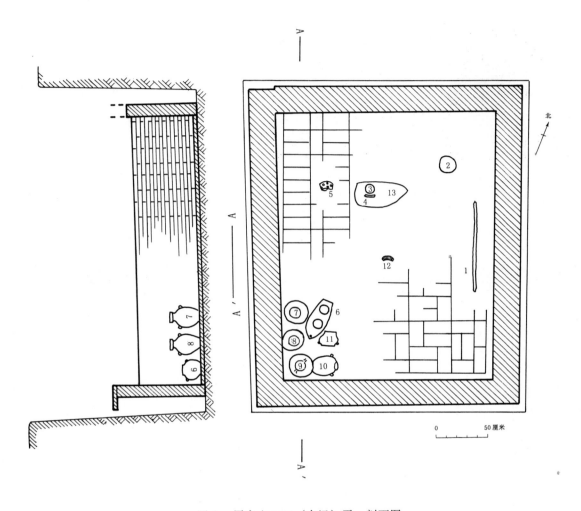

图八　周家山 M31（东汉）平、剖面图

1.铁剑　2、3.铜镜　4.铁刀　5.陶片　6.泥质陶灶　7、8.炽釉盘口壶　9.硬陶瓿式罐　10、11.硬陶弦纹罐　12.铜五铢钱　13.漆痕

M21，长方形券顶砖室墓。长 3.44、宽 2.01、残高 1.16 米。墓向 335°。封门位于墓室前壁中部，宽 0.8、高 0.76 米，结构为曲折形。随葬遗物置于一侧，组合为炽釉锺 1，硬陶弦纹罐 2，泥质陶灶 1、甑 1，铁釜 2，石黛板 1（图九）。

M27，竖穴深土坑木椁墓。长 3、宽 2.92、高 1.8 米。墓向 355°。随葬器物置于一侧，组合为炽釉盘口壶 2，硬陶瓿式罐 2、弦纹罐 1，泥质陶甑 1，铜釜 1，铁支架 1（图一〇）。

M50，长方形券顶砖室墓。长 3.3、宽 1.48、残高 1.08 米。墓向 63°。封门结构为

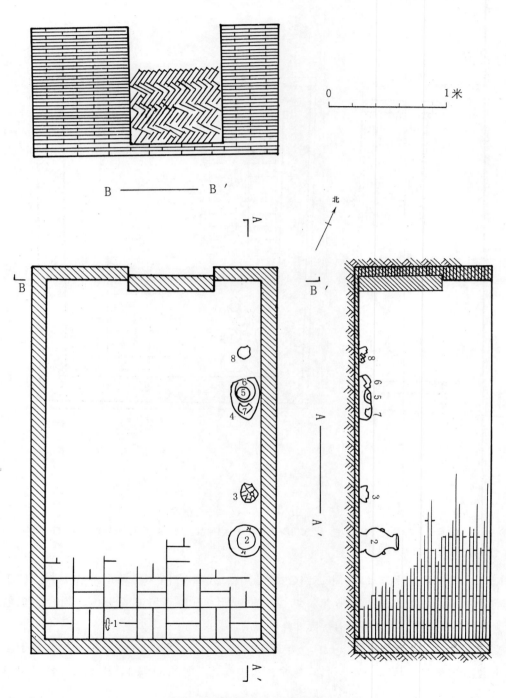

图九 周家山 M21（东汉）平、剖面图

1. 石黛板 2. 炽釉锤 3、8. 硬陶弦纹罐 4. 泥质陶灶 5. 泥质陶甑 6、7. 铁釜

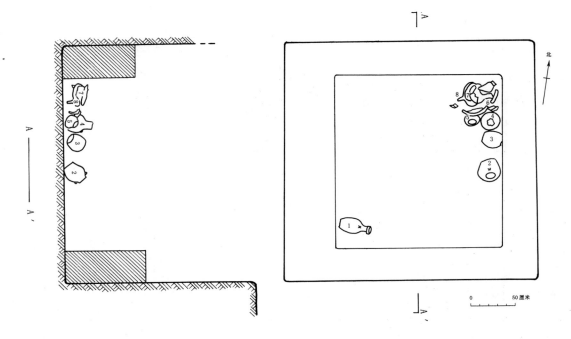

图一〇　周家山 M27（东汉）平、剖面图

1、4.炽釉盘口壶　2、3.硬陶瓿式罐　5.硬陶弦纹罐　6.泥质陶甑　7.铜釜　8.铁支架

平起错缝。随葬遗物置于一隅，有硬陶弦纹罐 3 和铜五铢钱 1（图一一）。

M64，刀形券顶砖室墓，由甬道和墓室组成，总长 5.98 米。甬道和墓室均呈长方形，前者长 1.34、宽 1.45、残高 0.5 米。后者长 4.56、宽 2.16、残高 0.92 米。墓向 73°。墓壁采用五排平砖隔一排侧砖的方法砌成，即五顺一丁。底砖形式为两横两竖。随葬遗物置于甬道内，有青瓷泡菜罐 1，泥质陶灶 1（图一二）。

3. 出土遗物　90 件。计有：

（1）炽釉器　10 件。此类器物的质地较难界定，是原始瓷发展过渡阶段类型，故有"原始瓷"和"高温釉陶"之说。器物的施釉方法较特殊，着釉部位为内口、内底中心、外壁至腹最大径处，而颈及下腹均无釉。胎质坚硬但结构并不致密，且杂有较多的石英颗粒，胎色深灰，露胎多呈暗红色或土黄色。器形有：

盘口壶　5 件。盘口，短颈，平底。颈下端刻划水波纹，肩部贴两组细泥条式的弦纹，耳面刻划叶脉纹。按腹部的不同可分为二式：

Ⅰ式　1 件。标本 M31:8，颈较粗，圆鼓腹。高 30.8、口径 13.6、腹径 26.4、底径 12.4 厘米（图一三，1）。

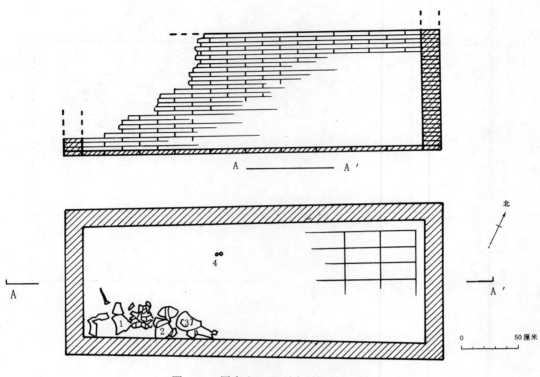

图一一   周家山 M50（东汉）平、剖面图

1～3.硬陶弦纹罐   4.铜五铢钱

Ⅱ式   4件。颈略细，弧腹。标本 M27:4，高 34.8、口径 12.8、腹径 23.2、底径 12 厘米（图一三，2）。

锺   5件。浅盘口，长颈，高圈足中部起脊，足端外撇。肩部饰两道弦纹，耳面刻划对角叶脉纹。按肩部的不同分为三式：

Ⅰ式   3件。细长颈，弧腹。圈足上饰水波纹。标本 M60:6，高 34.2、口径 14.2、腹径 23.2、底径 15.8 厘米（图一三，3）。

Ⅱ式   1件。标本 M21:2，粗长颈，鼓腹。口沿处划一组水波纹。高 36、口径 16、腹径 30.8、底径 18.4 厘米（图一三，4）。

Ⅲ式   1件。标本 M65:4，扁鼓腹。高 32、口径 14.4、腹径 27.2、底径 17.6 厘米（图一三，5）。

（2）青瓷器   2件。器形有：

泡菜罐   1件。标本 M64:1，套口，鼓腹，平底。耳面刻划相背的叶脉纹，口以下

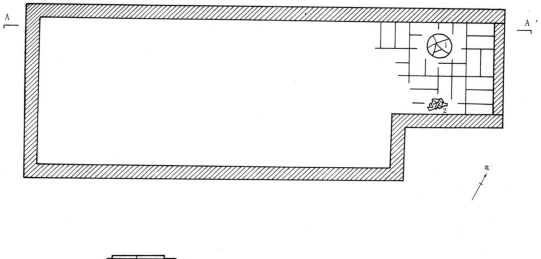

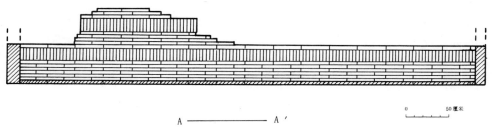

图一二　周家山 M64（东汉）平、剖面图
1. 青瓷泡菜罐　2. 泥质陶灶

为密集的弦纹。釉仅及肩部，色泛黄。高 19.2、口径 9.6、腹径 22.8、底径 11.2 厘米（图一三，6）。

　　水罐　1件。敞口，鼓腹，假圈足。纽形耳，肩部划一道弦纹。通体施酱色釉。标本 M48:6，高 8、口径 7.2、腹径 10、底径 5.6 厘米（图版三七，3；图一三，7）。

　　（3）釉陶　3件。器物的烧成温度较低，胎釉结合较差，釉层普遍脱落，内胎均呈砖红色。釉色以青绿为主，个别呈绿褐色。器形有：

　　簋　1件。标本 M14:2，直口，斜弧腹，假圈足。高 7.8、口径 17、底径 9.2 厘米（图一三，8）。

　　火盆　1件。标本 M48:3，直口，浅斜腹，平底下附有三个扁平足。腹部划两道弦纹。高 5.2、口径 20.6 厘米（图一三，9）。

　　镳斗　1件。标本 M48:1，敞口，直腹，浅圜底下附三足。腹部附一柄。柄和足面

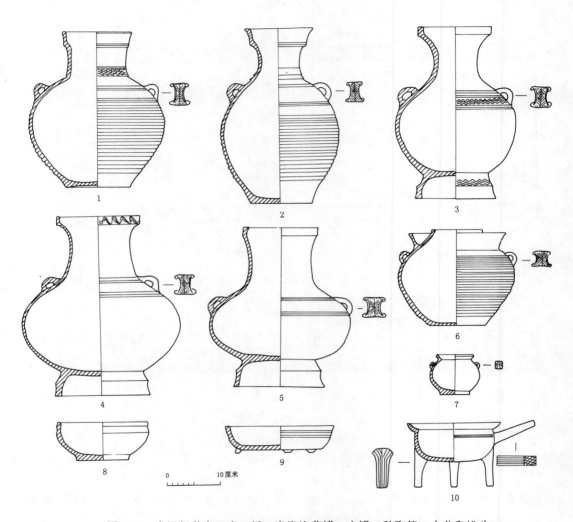

图一三　东汉炽釉盘口壶、锺，青瓷泡菜罐、水罐，釉陶簋、火盆和镳斗

1.Ⅰ式炽釉盘口壶 M31:8　2.Ⅱ式炽釉盘口壶 M27:4　3.Ⅰ式炽釉锺 M60:6　4.Ⅱ式炽釉锺 M21:2　5.Ⅲ式炽釉锺 M65:4　6.青瓷泡菜罐 M64:1　7.青瓷水罐 M48:6　8.釉陶簋 M14:2　9.釉陶火盆 M48:3　10.釉陶镳斗 M48:1

均饰弦纹，柄端饰网格纹。高 12.8、口径 17.6 厘米（图一三，10）。

（4）硬陶　30 件。无釉，胎质较硬，露胎多呈灰色，部分呈砖红色。器形有：

瓿式罐　11 件。小敛口，宽平唇，平底。肩部饰三组细泥条状的凸弦纹，腹部为密集的弦纹，双耳面刻划对角叶脉纹。按腹部不同分为二式：

Ⅰ式　8 件。器形矮胖，鼓腹。标本 M53:5，高 18.8、口径 12.8、腹径 24、底径 12.8 厘米（图一四，1）。

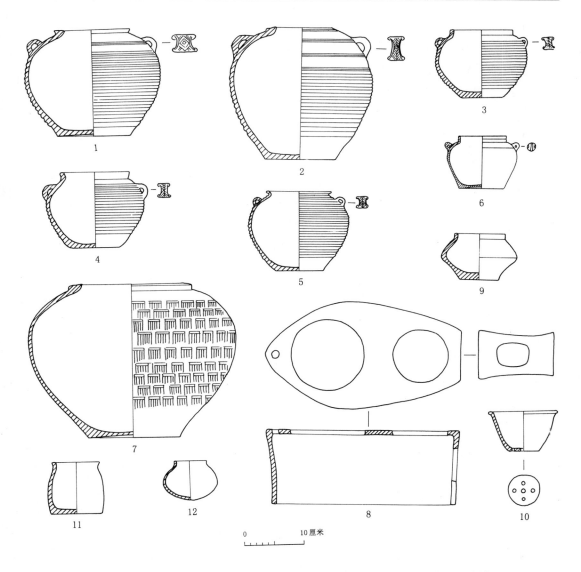

图一四　东汉硬陶瓿式罐、弦纹罐和罍，泥质陶灶、釜、甑、水井和水罐

1. Ⅰ式硬陶瓿式罐 M53∶5　2. Ⅱ式硬陶瓿式罐 M27∶3　3. Ⅰ式硬陶弦纹罐 M51∶1　4. Ⅱ式硬陶弦纹罐 M31∶11　5. Ⅲ式硬陶弦纹罐 M27∶5　6. Ⅳ式硬陶弦纹罐 M48∶7　7. 硬陶罍 M65∶3　8. 泥质陶灶 M48∶9-1　9. 泥质陶釜 M48∶9-2　10. 泥质陶甑 M48∶9-4　11. 泥质陶水井 M48∶8　12. 泥质陶水罐 M48∶9-3

　　Ⅱ式　3件。器形较高，弧腹。标本 M27∶3，高 23.6、口径 12、腹径 24.4、底径 12厘米（图版三七，4；图一四，2）。

　　弦纹罐　15件。平底。双面饰叶脉纹。按口、腹及弦纹的不同，可分为四式：

　　Ⅰ式　2件。直口，鼓腹。通体饰密集的弦纹。标本 M51∶1，高 12、口径 10.8、腹径 15.6、底径 7.2 厘米（图版三七，5；图一四，3）。

Ⅱ式　5 件。侈口，鼓腹。通体弦纹。标本 M31:11，高 13.2、口径 12、腹径 16.8、底径 8.8 厘米（图一四，4）。

Ⅲ式　6 件。翻沿口，弧腹。通体弦纹。标本 M27:5，高 14、口径 11.2、腹径 17、底径 8.6 厘米（图一四，5）。

Ⅳ式　2 件。束口，纽形耳，弧腹。肩部划一道弦纹。标本 M48:7，高 9.3、口径 8、腹径 12、底径 8 厘米（图一四，6）。

罍　4 件。敛口宽沿，鼓腹，平底内凹。通体拍印梳状纹。器均用泥条盘筑制成，内壁多留有抵压拍印压力的窝痕。标本 M65:3，高 27.6、口径 16.8、腹径 36、底径 16 厘米（图一四，7）。

（5）泥质陶　16 件。质地疏松，均呈灰黑色，器形有：

灶　7 件。均为双眼灶，平面呈前宽后窄的船形，灶端设一烟孔，灶门略显椭圆。标本 M48:9-1，高 13.2、长 33.6 厘米（图一四，8）。

釜　2 件。直口，折腹，平底。标本 M48:9-2，高 8.2、口径 8.8、腹径 12.8、底径 6.8 厘米（图一四，9）。

甑　3 件。侈口宽沿，斜腹，平底，底面呈梅花状分布五个箅眼。标本 M48:9-4，高 7、口径 12、底径 5.6 厘米（图一四，10）。

水井　2 件。侈口，筒腹，平底。标本 M48:8，高 9、口径 8、底径 8.2 厘米（图一四，11）。

水罐　2 件。直口，鼓腹，浅圈底。标本 M48:9-3，高 7.2、口径 6、腹径 10 厘米（图一四，12）。

（6）铜器　17 件（组），器形有：

带钩　1 件。标本 M53:12，朽甚。

饰件　1 件。标本 M53:14，朽甚。

镜　10 件。分四神规矩镜和四乳镜两种。

四神规矩镜　6 件。柿蒂纹纽座，座外方框。方框四边中部各向外伸出一"T"形符号，并与"L"符号相对，"T"形符号两侧各饰一颗乳丁。方框的四角又与"V"形符号相对，并将镜的内区分为四方八等份，青龙、白虎、朱雀、玄武各据一等份，另四等份为鸟、兽。有三件外区环绕一圈铭文带，铭文为"尚方作镜真大好，上有仙人不知老"，但有漏字现象。边缘为内外双重三角锯齿纹，中间再饰以水波纹。标本 M65:5，方框内排有十二支铭。直径 17.6 厘米（图一五）。标本 M60:10，方座内饰短条纹。直径 15.8 厘米（图一六）。标本 M31:3，内区饰双鸟。直径 10.5 厘米（图一七）。

另有四件四乳镜因严重破碎而不能复原。

0   3 厘米

图一五 东汉铜四神规矩镜 M65:5

釜 1件。标本 M27:7,敞口,鼓腹,圜底。高 19.2、口径 22 厘米(图一八,1)。

五铢钱 4件(组)。

(7)其他 12件。器形有:

铁釜 1件。标本 M53:18,敛口,折腹,圜底。

铁剑 1件。标本 M31:1,朽甚,无法复原。

铁刀 6件。一件较长,五件短小。标本 M34:2,残长 50 厘米(图一八,2)。

铁支架 1件。

玛瑙坠 1件。标本 M22:1,器形粗短,腰部内束,中心用对钻法钻孔。红色,半

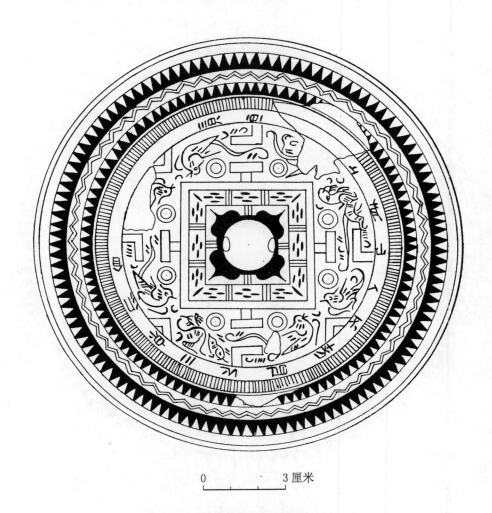

0   3厘米

图一六　东汉铜四神规矩镜 M60：10

透明。高 2.2 厘米（图版三七，6；图一八，3）。

　　玻璃坠　1 件。标本 M14：1，器形瘦长，束腰，底面中心内弧，坠心用单面钻钻孔。天蓝色，透明。高 3 厘米。此件玻璃坠应属舶来品（图一八，4）。

　　石黛板　1 件。标本 M21：1，扁平长方形，表面细腻，光滑。长 23.6、宽 6、厚 0.6 厘米。

　　以上乙类墓可参看表二。

表　二　　　　　　　　　　　　　　乙类墓登记表

分期	年代	墓号	墓向	形　制	随　葬　遗　物					
					炽釉器		硬　陶			其　他
					盘口壶	钟	瓿式罐	弦纹罐	罍	其　他
一期	东汉早期	M53	68°	凸字形土坑木椁墓			Ⅰ2	Ⅰ1	2	泥质陶灶1、釜1、甑1、井1，铜规矩镜2、带钩1、五铢钱3、铁刀2、釜1
		M51	360°	长方形砖椁墓	Ⅰ1		Ⅰ2	Ⅰ1		
		M60	282°	长方形砖椁墓			Ⅰ2	Ⅰ2	Ⅱ1	泥质陶灶1、井1，铜规矩镜1、四乳镜1，铁刀1
		M34	340°	长方形砖椁墓				Ⅰ1	Ⅱ1	铁刀1
		M31	336°	长方形砖椁墓	Ⅰ1、Ⅱ1			Ⅰ1	Ⅱ2	泥质陶灶1，铜规矩镜2、五铢钱1，铁剑1、刀1，漆器痕迹1
		M71	228°	长方形砖椁墓				Ⅱ1	1	泥质陶灶1
二期	东汉中期前后	M27	355°	方形土坑木椁墓	Ⅱ2		Ⅱ2		Ⅲ1	泥质陶甑1，铜釜1，铁支架1
		M22	250°	长方形砖椁墓						玛瑙坠1
		M21	335°	长方形砖椁墓			Ⅱ1		Ⅲ2	泥质陶灶1、甑1，铁釜2，石黛板1
		M65	71°	长方形砖椁墓	Ⅱ1	Ⅲ1	Ⅱ1		1	铜规矩镜1、四乳镜1，铁刀1
		M50	63°	长方形砖室墓					Ⅲ3	五铢钱1
		M46	355°	长方形砖室墓						铜四乳镜1
		M64	73°	刀形砖室墓						青瓷泡菜罐1，泥质陶灶1
		M14	352°	长方形砖室墓					Ⅳ1	釉陶簋1，玻璃坠1
		M48	73°	刀形砖室墓					Ⅳ1	青瓷水罐1，釉陶火盆1、镳斗1，泥质陶灶1、釜1、甑1、水罐2，铜四乳镜1
		M57	78°	长方形砖室墓						
		M72	70°	长方形砖室墓						

（三）丙类墓　53座。

1. 形　制

丙类墓是数量最多的一类，主要分布在北部和西北部，少量位于东部。所处相对高

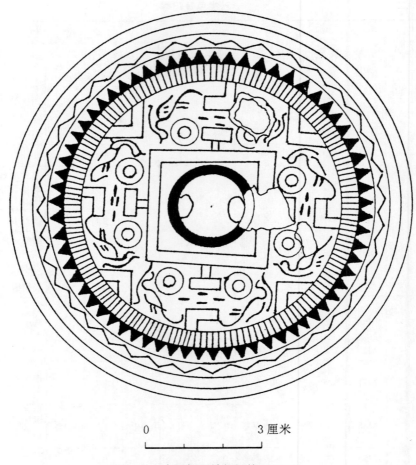

0　　　　　　　3 厘米

图一七　东汉铜四神规矩镜 M31：3

度在 5～20 米。墓向均朝开阔处，方向为 5°～360°。墓葬形制除七座不明者外，其余均为券顶砖室墓。墓的用砖有三种：一种为长方形，规格为 31×15×5 厘米左右，主要用于砌筑墓壁，其余两种一为刀形，长 30、宽 16、背厚 5、前厚 3 厘米。另一为斧形，长 15、上宽 15、宽 13 厘米，均用于砌筑券顶。各类砖均模印各种几何纹，前两种见于侧面，后一种见于端面。其中的 M15 砖侧有"永兴二年七月三日寿、田氏造"的纪年文。M73 砖侧有"天监十年王尚之墓"和"大迟"、"中迟"、"小迟"、"大史"、"中史"、"小史"、"中岐"等文字。此外，该类墓中的 M45 打破乙类墓中的 M46。墓葬普遍遭到盗扰，有十八座墓内随葬遗物荡然无存。根据基的平面形状可分为：

长方形墓　5 座。长 3.14～4.88、宽 0.7～2.4、残高 0.86～1.44 米。墓壁皆采用四层平砖加一层侧砖的方法筑成。

凸字形墓　29 座。均由甬道和墓室两部分组成，总长 4.52～6.4 米。甬道平面均

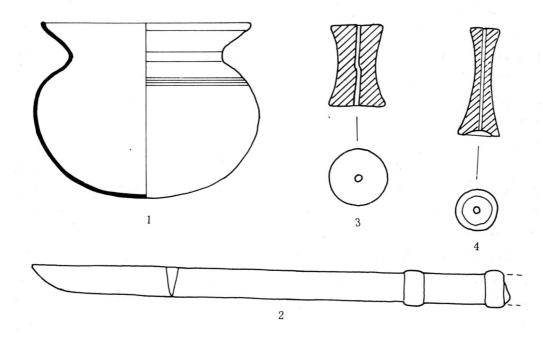

图一八　东汉铜釜，铁刀，玛瑙坠，玻璃坠

1. 铜釜 M27:7　2. 铁刀 M34:2　3. 玛瑙坠 M22:1　4. 玻璃坠 M14:1（3、4 为 1/1，1、2 为 1/4）

呈长方形，长 0.95～1.66、宽 0.84～1.78 米，起券高度 0.8～1 米。券顶普遍倒塌，从个别墓的残留部位可知，券高 1.9～2 米，且均低于墓室券顶。甬道壁的砌筑结构与墓室相同，铺底砖普遍与墓室一致，个别不同。墓室平面有长方形和船形两种，以前者居多，长 3.64～4.24、宽 1.52～2.72 米。券顶亦普遍倒塌，起券高度 0.6～0.8 米，从个别墓的残留券顶可知，券高 1.92～2.28 米。墓壁砌筑方法以丁顺结构为主，少部分为平起错缝，个别墓的后壁设有长方形或桃形的小壁龛。铺底砖形式较多，有两横两竖、人字形、平铺错缝等。同时，部分墓的底部设有排水沟。沟多从墓的后壁起，一直通向墓外。其中一座有完整的蓄水、排水系统。此外，个别墓室分前后室，其后室均高于前室 0.05～0.10 米。另有个别墓的后部还设有结构不同的棺床。

刀形墓　6 座。甬道均位于墓室前方一侧，总长 4.88～5.28 米。甬道和墓室平面均呈长方形，前者长 1.15～1.22、宽 1.03～0.12 米，后者长 3.73～4.06、宽 1.74～1.82 米。此类墓的起券高度、墓壁结构、铺底砖形式、排水沟的构筑方式均与凸字形墓基本相同。

船形墓　6 座。长 3.14～3.56、宽 0.76～0.86 米。墓壁外弧，砌筑方法均为丁顺结构，起券高度在 0.8 米左右，底砖形式以平铺错缝为主。个别墓后壁设有小壁龛。

2．墓葬举例

M2，凸字形。总长 5.5 米。甬道长 1.5、宽 1.38、残高 0.88 米。墓室呈长方形，长 3.95、宽 1.78、残高 1.6 米。墓向 335°。起券高度 0.8 米，顶已倒塌。封门结构为平起错缝。甬道和墓室的砌筑结构不一致，甬道为三顺一丁，墓室系五顺一丁。铺底砖均采用横排错缝的形式。自墓室后壁至封门处，有一条长 5.5、宽 0.22、高 0.7 米的排水沟。随葬遗物散布各处，器形有青瓷盘口壶 1、罐 2、残罐 5、火盆 1、镳斗 1、勺 1、谷仓 2、水罐 1、灶 1，铜五铢钱若干、货泉若干（图一九）。

M8，凸字形，长 4.88、宽 2.4、残高 1.44 米。墓向 330°。墓壁采用四顺一丁的砌法，起券高度为 1.22 米，顶已倒塌。墓内分前后室。前室进深 1.2、后室进深 3.68 米。后室高出前室 0.2 米。铺底砖采用横排错缝形式。底砖下设排水沟，沟自墓室后壁起通向墓外，总长 5.3 米。随葬遗物仅存青瓷碗 1，滑石猪 2（图二〇）。

M1，凸字形，总长 6.12 米。墓向 26°。封门置于甬道外侧，高 2.14、宽 2.4 米，结构为平起错缝。甬道长 1.3、宽 1.4、高 1.58 米。自底向上 0.78 米内收成券，其中甬道口部分为双重券，重券的进深为 0.36、高 0.38 米。券顶采用五块刀形砖间隔一块斧形砖方式构筑。墓室平面呈船形，墓壁外弧，且有前后室之分，总长 4.82、后端宽 2.1、中间宽 2.28、残高 2.28 米。起券高度为 1.1 米，券顶已倒塌，从残存部位观之，应高于甬道顶。同时，为增加牢度，券顶缝内嵌以较多的陶瓷残片。墓壁均采用五顺一丁结构。铺底砖前后室略异，前室为单层，进深 1.5 米，后室为双层。同时，后室底部设置蓄水系统，该系统的面积与后室相等，筑法为：用砖交错侧立于生土面上，各砖间前后间隔 7、左右相距 5 厘米，使之形成大量的空隙，最后在上面平铺底砖而成。同时，在前后室的交接处，设有一条三米长的水沟，将蓄水系统中的水沟排向墓外。随葬遗物散布整个墓室，器形有青瓷钵 3、碗 3、盘 1、火盆 1、熏罐 1、罐 1、水盂 1、耳杯 3、鸡舍 1、狗圈 1、灶 1、釜 2、甑 1，铜五铢钱若干，银戒指 1（图二一）。

M3，凸字形，总长 5.5 米。墓向 340°。封门呈四顺一丁结构，封于甬道口内侧。甬道长 1.25、宽 1、高 1.3 米。起券高度为 0.76 米，券顶采用四块刀形砖间隔一块斧形砖的形式构成。其中甬道为重券，上端高出 0.34 米。墓室平面呈船形，长 4.25、后端宽 2、中间宽 2.25、残高 1.9 米，且有前后室之分，前室进深 0.74、后室 3.15 米，并高于前室 0.15 米。墓壁均采用四顺一丁结构。在后壁中部设有一个高 15、宽 12、进深 10 厘米的壁龛，龛上部呈弧形。铺底砖形式不同，甬道和前后室呈人字形，后室为横排错缝。排水沟有二条，一条为横向，位于距后壁 0.4 米处，长度与墓宽相同，宽 0.06 米。另一条呈纵向，一端与横向水沟的中部相通，一端通向墓外。随葬遗物散布后室两侧，器形有青瓷卮 1、灯盏 1、水盂 1（图二二）。

M26，刀形，总长 5.28 米。墓向 334°。封门采用四顺一丁结构，封于甬道内侧。

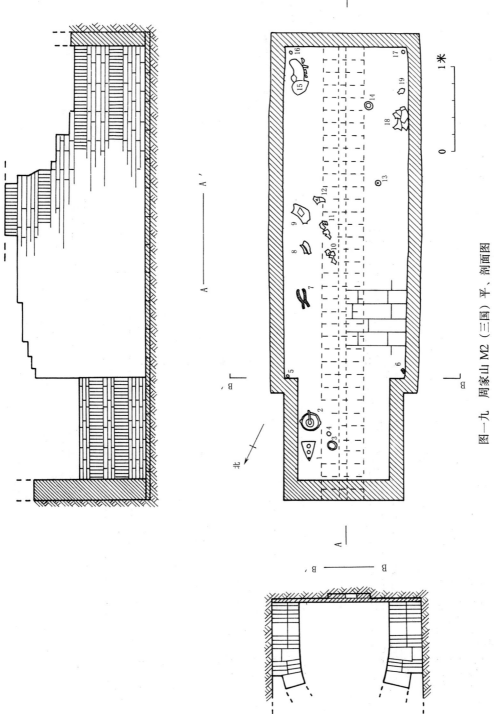

图一九 周家山 M2（三国）平、剖面图

1. 青瓷灶 2-1. 青瓷勺 2-2. 青瓷镜斗 2-3. 青瓷火盆 3、14. 青瓷罐 4. 青瓷水盂 5～7、13、17. 铜五
铢钱 16. 铜货泉钱 8～12. 瓷罐残片 15. 青瓷盘口壶 18、19. 青瓷合仓

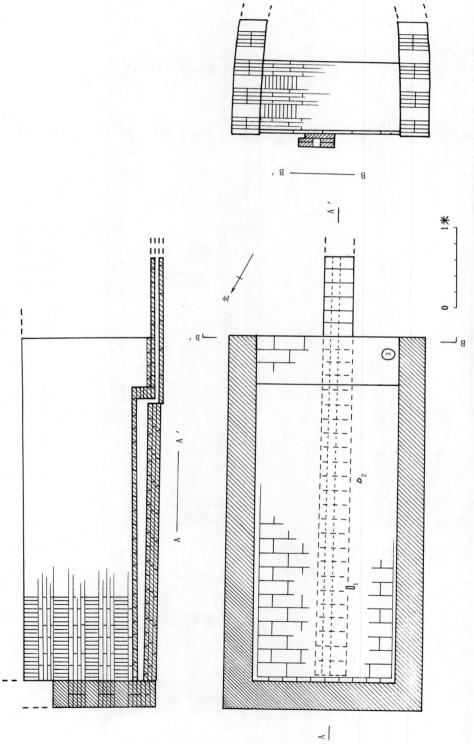

图二〇　周家山 M8（西晋）平、剖面图

1、2. 滑石猪　3. 青瓷碗

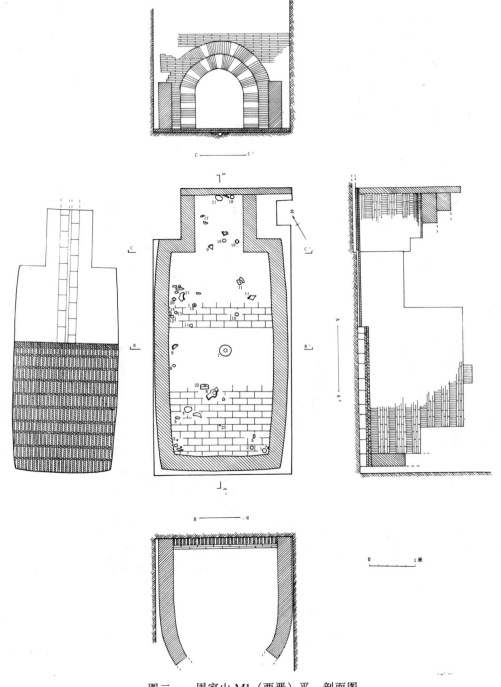

图二一　周家山 M1（西晋）平、剖面图

1. 青瓷狗圈　2. 青瓷甑　3. 铜五铢钱　4. 青瓷熏罐　5. 青瓷水盂　6、21. 青瓷罐　7. 青瓷盘　8、10. 青瓷釜
9. 青瓷火盆　11. 青瓷灶　12、13、15. 青瓷钵　16～18. 青瓷碗　14、19、20. 青瓷耳杯　22. 青瓷鸡舍
23. 银戒指

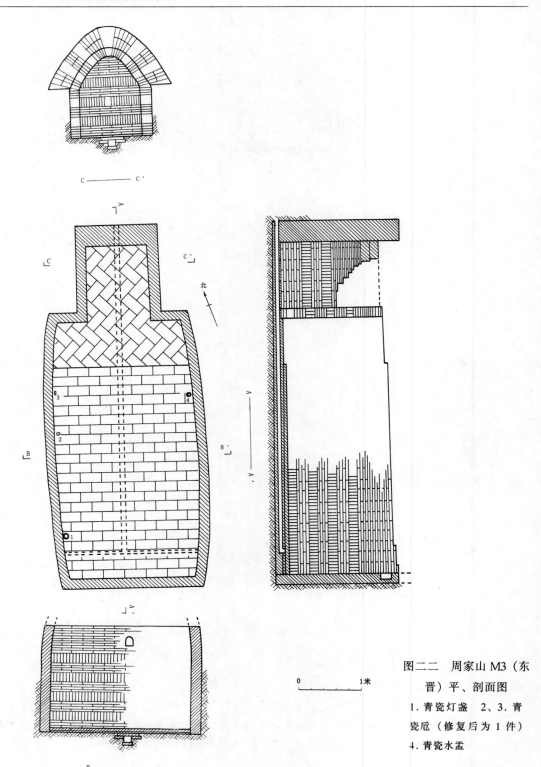

图二二　周家山 M3（东晋）平、剖面图

1. 青瓷灯盏　2、3. 青瓷盅（修复后为 1 件）

4. 青瓷水盂

甬道长 1.22、宽 1.12、残高 0.8 米。起券高度为 0.7 米。墓室平面呈船形，长 4.06、后端宽 1.44、中间宽 1.82、残高 1.56 米。起券高度为 1.04 米。墓壁均采用四顺一丁结构，其中后端中部设有并列的两个长方形壁龛，高 16、宽 10、进深 10 厘米。铺底砖均为两横两竖。底部设排水沟，自后壁起通向墓外。随葬遗物仅存青瓷碗 1（图二三）。

M55，船形，长 3.8、两端宽 0.74、中间宽 0.86、高 0.92 米。墓向 360°。封门以平起错缝的形式，封于墓口外侧，宽 1.4、残高 0.32 米。墓壁采用四顺一丁结构，后壁设有高 8、宽 8、进深 6 厘米的弧顶壁龛。起券高度为 0.64 米，券顶用刀形砖错缝砌成。铺底砖为横排错缝。墓室后部设有长 2.4、宽 0.66、高 0.55 米的棺床，结构为两横两竖。随葬遗物见于前端，器形有青瓷罐 1、盘口壶 1、碗 2（图二四）。

M61，窄长的船形。封门以平起错缝的结构，封于墓口外侧，残高 0.64、宽 1.1 米。墓长 3.78、两端宽 0.8、中宽 0.9、高 1.14 米。墓向 358°。墓壁为四顺一丁结构，后壁设有高 6、宽 10、进深 12 厘米的

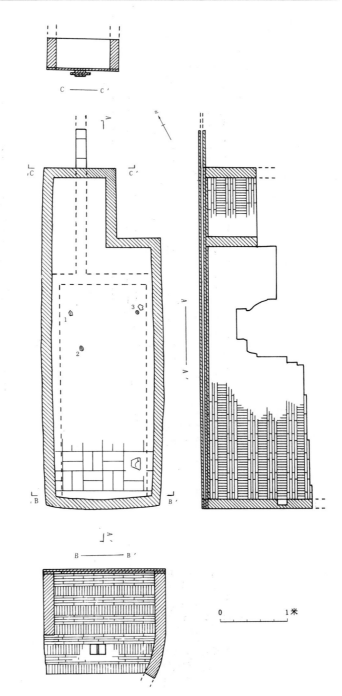

图二三　周家山 M26（东晋）平、剖面图

1、3. 青瓷片　2. 青瓷碗

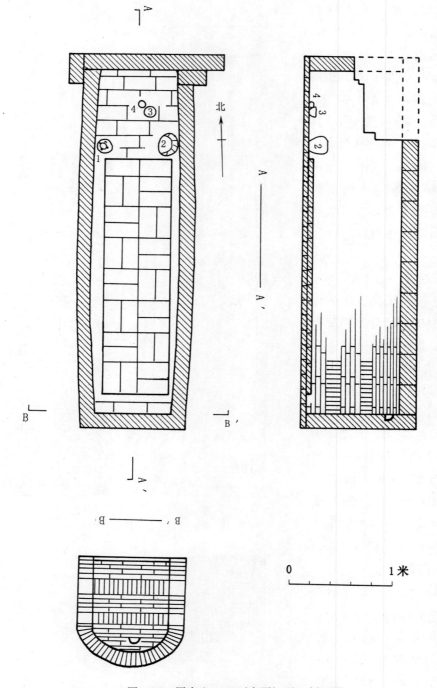

图二四　周家山 M55（东晋）平、剖面图

1. 青瓷罐　2. 青瓷盘口壶　3、4. 青瓷碗

弧形壁龛。铺底砖呈人字形，自底向上 0.72 米处起券，券顶前部以刀形砖错缝砌筑，后壁转角呈弧形到底，形似穹隆状。随葬遗物有青瓷盘口壶 1、碗 2，滑石猪 1（图二五）。

　　M66，凸字形，总长 5.34 米。墓向 356°。封门呈平起错缝形式，封于甬道口外侧，宽 1.36、残高 1.02 米。甬道长 1.1、宽 0.88、高 1.2 米。起券高度为 0.74 米。券顶结构为三组刀形砖间隔一组斧形砖。墓室呈船形，长 4.24、后端宽 1.52、中间宽 1.76、残高 1.45 米。起券高度为 0.7 米。墓室后部设有长 3.2、宽 1.28、高 0.05 米的棺床，即在底砖上再铺一层砖，结构为两横两竖。墓壁均采用五顺一丁砌法。铺底砖为横排错缝形式。随葬遗物主要散布在墓室前端，器形有青瓷鸡首壶 1、碗 3（图二六）。

　　3. 出土遗物

　　140 件。计有：

　　（1）青瓷器　126 件。均为青釉，釉色以蟹青、青灰和青绿为主，部分泛黄或泛褐。釉层相对略厚，部分色泽光亮、晶莹，有一定的玻质感。胎釉的结合程度普遍较好，少量的有脱釉现象。胎色基本呈灰色。

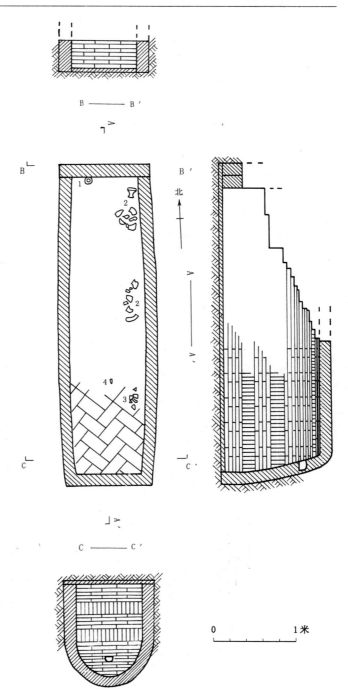

图二五　周家山 M61（南朝）平、剖面图

1、3. 青瓷碗　2. 青瓷盘口壶　4. 滑石猪

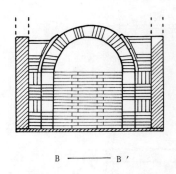

B ————— B′

图二六　周家山 M66（南朝）平、剖面图

1～3. 青瓷碗　4. 青瓷鸡首壶

器形的施釉部位多数不到底部，其中碗钵类产品为内外施釉。由于叠烧的原因，器物外底普遍留有一周垫珠痕迹，个别器物内底也可见到。器形有：

盘口壶 8件。盘口，短颈，平底内凹。按器高和腹部的不同，分为四式：

Ⅰ式 1件。标本M2:15，器身矮胖，颈作上小下大的喇叭形，扁鼓腹。耳面划条纹，肩部划三道弦纹。高26.8、口径12、腹径31.2、底径12.8厘米（图二七，1）。

Ⅱ式 3件。器身略高，颈略细，双耳，弧腹，肩部划二道弦纹。标本M59:6，高24.8、口径11.4、腹径16、底径9.6厘米（图二七，2）。

Ⅲ式 1件。标本M61:2，器身较高，弧腹，纽形耳。肩部划二道弦纹。高29.2、口径12.8、腹径19.2、底径10.4厘米（图二七，3）。

Ⅳ式 3件。器身瘦长。盘口大而浅，弧腹，肩附复系。标本M73:9，高33.2、口径14.4、腹径22、底径14.2厘米（图二七，4）。

鸡首壶 3件。盘口，肩部作四等份，鸡首、把、耳各占一等份，鸡首与壶身相同，耳作桥形。平底。按器高和颈、腹的不同分三式：

Ⅰ式 1件。标本M67:1，器身矮胖，短颈，鼓腹略显扁。高18.5、口径7.2、腹径18.2、底径10.8厘米（图二七，5）。

Ⅱ式 1件。标本M67:2，器身略高，颈略细长，弧腹。肩部刻划一周复线莲瓣纹。高20、口径7.2、腹径13.2、底径8.4厘米（彩版二三，2；图版三八，1；图二七，6）。

Ⅲ式 1件。标本M66:4，器身高大，长颈，弧腹。高32.2、口径10.5、腹径20.8、底径14厘米（图二七，7）。

唾壶 3件。盘口，束颈，假圈足。按腹的不同分为三式：

Ⅰ式 1件。标本M4:10，扁鼓腹。高9.6、口径7.2、腹径9.6、底径7.2厘米（图版三八，2；图二七，8）。

Ⅱ式 1件。标本M62:4，折腹。高13.6、口径8.8、腹径12.8、底径9.2厘米（图版三八，3；图二七，9）。

Ⅲ式 1件。标本M73:1，浅盘口，无颈，扁鼓腹，假圈足。高7.8、口径7.8、腹径13.2、底径7.8厘米（图二七，10）。

罐 10件。平底内凹。按口、腹的不同分为五式：

Ⅰ式 2件。标本M2:14，器身矮胖，直口，鼓腹，双耳。高7、口径5.6、腹径10.4、底径6厘米（图二八，1）。

Ⅱ式 3件。其中一件器身高大。侈口，鼓腹。标本M19:2，肩部模印一周带状网格纹，并作四等分各附一横系。高10.8、口径8.6、腹径14.4、底径7厘米（图二八，2）。标本M1:6，双耳，肩部模印一周带状网格填线纹。残高18、口径17.6、腹径

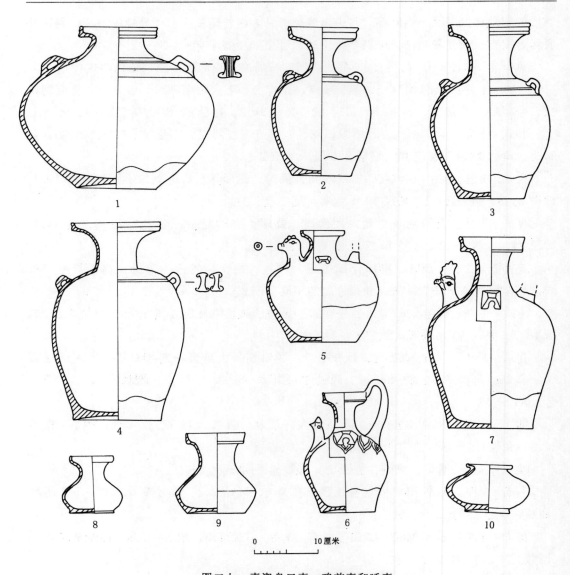

图二七　青瓷盘口壶、鸡首壶和唾壶

1.Ⅰ式盘口壶（三国）M2:15　2.Ⅱ式盘口壶（南朝）M59:6　3.Ⅲ式盘口壶（南朝）M61:2　4.Ⅳ式盘口壶（南朝）M73:9　5.Ⅰ式鸡首壶（西晋）M67:1　6.Ⅱ式鸡首壶（西晋）M67:2　7.Ⅲ式鸡首壶（南朝）M66:4　8.Ⅰ式唾壶（东晋）M4:10　9.Ⅱ式唾壶（南朝）M62:4　10.Ⅲ式唾壶（南朝）M73:1

29.6 厘米（图二八，3）。

　　Ⅲ式　2件。标本 M55:1，器身瘦高，侈口，弧腹，肩部划三道弦纹，并作四等分各附一横条。高 14.8、口径 9.2、腹径 14.4、底径 8.8 厘米（图版三八，4；图二八，4）。

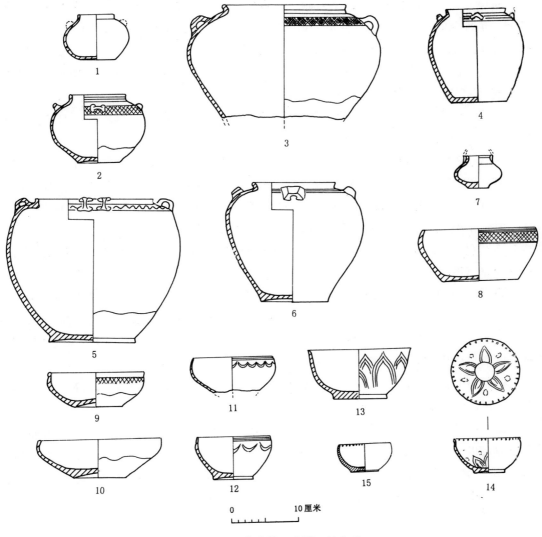

图二八 青瓷罐、水罐、钵和碗

1. Ⅰ式罐（三国）M2:14 2. Ⅱ式罐（西晋）M19:2 3. Ⅱ式罐（西晋）M1:6 4. Ⅲ式罐（西晋）M55:1 5. Ⅳ式罐（南朝）M58:1 6. Ⅴ式罐（南朝）M7:4 7. 水罐（三国）M2:4 8. Ⅰ式钵（西晋）M15:2 9. Ⅱ式钵（西晋）M8:3 10. Ⅲ式钵（东晋）M41:2 11. Ⅰ式碗（东晋）M4:6 12. Ⅱ式碗（东晋）M55:3 13. Ⅲ式碗（南朝）M16:2 14. Ⅲ式碗（南朝）M73:5 15. Ⅲ式碗（南朝）M73:2

Ⅳ式 2件。标本 M58:1，器身高大，侈口，弧腹。肩部划一组水波纹，并作四等分各附一对复系。高 22.8、口径 18、腹径 26.4、底径 13.2 厘米（图二八，5）。

Ⅴ式 1件。标本 M7:4，侈口，弧腹。肩部划一组弦纹，并作四等分各附一个桥形耳。高 19.2、口径 12.6、腹径 21.2、底径 10.2 厘米（图版三八，5；图二八，6）。

水罐　1件。标本M2:4，个体颇小，侈口，鼓腹略显扁，平底，提梁已残断。肩部划一道细弦纹。高5.3、口径4、腹径7.2、底径3.2厘米（图二八，7）。

钵　10件。斜腹，平底内凹。按口的不同分三式：

Ⅰ式　2件。弧敛口。标本M15:2，口沿下模印一周带状网格纹。高8.2、口径18、底径12厘米（图版三八，6；图二八，8）。

Ⅱ式　5件。直口，口沿下内束。标本M8:3，上腹模印一周网格纹。高5.6、口径15、底径8厘米（图二八，9）。

Ⅲ式　3件。敞口。标本M41:2，高6、口径19.2、底径8.2厘米（图二八，10）。

碗　37件。此类器形与钵较难严格区分，个体普遍较小。按口、腹的变化分三式：

Ⅰ式　1件。标本M4:6，敛口，斜腹，底残。残高6厘米（图二八，11）。

Ⅱ式　22件。口微显直，腹弧而内缓收，平底内凹。有二件口下划水波纹，一件内外有褐色点彩。标本M55:3，口下划二道弦纹和一组水波纹。高6.8、口径11.6、底径6厘米（图二八，12）。

Ⅲ式　14件。口略显敛，上腹较直，下腹弧而斜收。底有平底内凹和假圈足两种。有八件器物刻划莲花瓣，二件饰有点彩。标本M16:2，外壁刻划莲瓣纹。高8、口径16、底径8厘米（图二八，13）。标本M73:5，口沿上饰密集的点彩，内底中心用褐彩画一圆圈，四周刻划五张莲瓣，各瓣间点有较大的褐彩。高5.5、口径10、底径4.8厘米（图版三九，1；图二八，14）。标本M73:2，口沿上点有密集的褐彩。高4.4、口径7.6、底径4.2厘米（图二八，15）。

盘　11件。口微敛，浅斜腹，假圈足低矮。除一件外，盘内壁均刻划一朵仰莲，中心为莲藕。标本M62:11，复莲瓣。高3.2、口径15.2、底径7.2厘米（图二九，1）。标本M62:19，单莲瓣。高2.8、口径14.4、底径6厘米（图二九，2）。标本M59:4，素面。高4.8、口径26.4、底径9.6厘米（图二九，3）。

托盘　6件。分二式：

Ⅰ式　3件。敞口，浅斜腹，平底。标本M1:7，内壁刻划三组水波纹和一组网格纹。高3.2、口径23.2、底径16.8厘米（图二九，4）。

Ⅱ式　3件。口微敛，浅斜腹，假圈足。盘内中央黏附一小碗。标本M62:7，通高6、盘高3.2、口径13.8、底径6，碗高4.8、口径7.8、底径4厘米（彩版二三，3；图版三九，2；图二九，5）。

盆　3件。其中二件为直口宽沿，腹略显弧，平底内凹。一件为撇口，斜腹，内凹底。标本M36:1，腹部划一组弦纹。高7.2、口径17.6、底径8.4厘米（图版三九，3；图二九，6）。标本M56:4，高10.8、口径27、底径16厘米（图二九，7）。

火盆　3件。分二式：

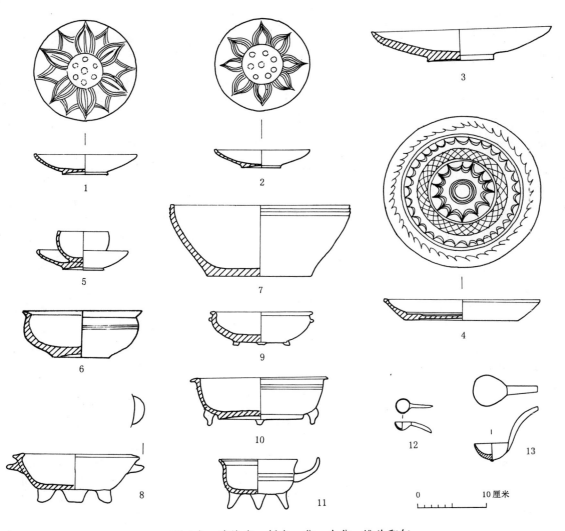

图二九　青瓷盘、托盘、盆、火盆、镰斗和勺

1. 盘（南朝）M62:11　2. 盘（南朝）M62；19　3. 盘（南朝）M59:4　4.Ⅰ式托盘（西晋）M1:7　5.Ⅱ式托盘（南朝）M62:7　6. 盆（西晋）M36:1　7. 盆（西晋）M56:4　8.Ⅰ式火盆（三国）M2:2-3　9.Ⅱ式火盆（西晋）M1:9　10.Ⅱ式火盆（西晋）M4:9　11. 镰斗（三国）M2:2-2　12. 勺（三国）M2:2-1　13. 勺（西晋）M4:2

　　Ⅰ式　2件。标本M2:2-3，折敛口，斜腹，平底下附三个扁足，腹部附小錾。盆内置一镰斗，镰斗内置一小勺。火盆高7.5、口径16厘米（图版三九，4；图二九，8）。

　　Ⅱ式　1件。标本M1:9，敛口宽沿，浅弧腹，平底下附三足，上腹附小錾。高5.2、口径15.2厘米（图二九，9）。标本M4:9，侈口翻沿，腹略弧而缓收，平底内凹，近底处附三个蹄形足。上腹划一组弦纹。高7.2、口径20厘米（图二九，10）。

镳斗　1件。标本M2:2-2，侈口，腹微弧，平底下附三足，腹部安一圆柱体柄，柄端上翘。腹部划三道弦纹。高7.6、口径11.6厘米（图版三九，5；图二九，11）。

勺　2件。半圆形，细长柄。标本M2:2-1，高4.8厘米（图二九，12）。标本M4:2，高8厘米（图二九，13）。

水盂　2件。标本M1:5，直口，扁鼓腹，假圈足。口沿一侧附一小纽。腹部模印网格填线纹。高4.4、口径5.2、腹径8、底径4.8厘米（图三〇，1）。标本M3:3，弧敛口，鼓腹，平底内凹，口沿处划二道弦纹。高3.4、口径3.6、腹径5.8、底径4厘米（图三〇，2）。

熏罐　1件。标本M1:4，直口，鼓腹，下部残缺。口沿处附立耳。腹部划弦纹，且通体镂孔。残高10、口径12、腹径20厘米（图三〇，3）。

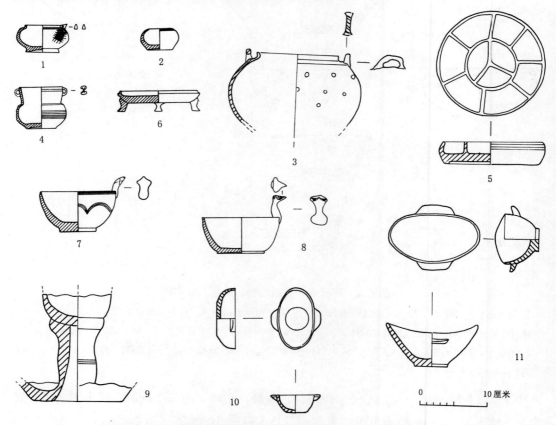

图三〇　青瓷水盂、熏罐、樽、桶、砚、卮、灯盏和耳杯

1.水盂（西晋）M1:5　2.水盂（西晋）M3:3　3.熏罐（西晋）M1:4　4.樽（西晋）M37:1　5.桶（南朝）M62:9　6.砚（西晋）M4:1　7.Ⅰ式卮（西晋）M45:1　8.Ⅱ式卮（南朝）M62:5　9.灯盏（西晋）M3:1　10.耳杯（西晋）M1:19　11.耳杯（南朝）M59:3

　　樽　1件。标本 M37∶1，侈口，高领，鼓腹，平底内凹，口沿下附纽。腹部划弦纹。高 6.8、口径 6.4、腹径 7.6、底径 4.4 厘米（图版三九，6；图三〇，4）。

　　槅　1件。标本 M62∶9，平面呈圆形，直腹，槅内分内外区，内区分三格，外区分七格。高 3.8、口径 16.4、底径 14.4 厘米（图版四〇，1；图三〇，5）。

　　砚　2件。直口尖唇，斜折腹，平底下附三个蹄形足。标本 M4∶1，高 3.4、口径 12 厘米（图版四〇，2；图三〇，6）。

　　卮　4件。斜弧腹，假圈足。口部附一鸟首形柄。按口的不同分二式：

　　Ⅰ式　3件。标本 M45∶1，微敛口。口沿处划弦纹，上腹部饰花瓣纹。高 8.8、口径 11.4、底径 5.6 厘米（图版四〇，3；图三〇，7）。

　　Ⅱ式　1件。侈口，口下内束。标本 M62∶5，高 9.2、口径 11.8、底径 7.2 厘米（图三〇，8）。

　　灯盏　1件。标本 M3∶1，分盏和盏托两部分，盏作碗形，口部残缺。盏把呈竹节状。残高 16.8、底径 13.6 厘米（图三〇，9）。

　　耳杯　6件。平面作椭圆形，斜弧腹，平底似假圈足。标本 M1∶19，高 2.8、口长 9.2、宽 8、底长 4.8、宽 3.2 厘米（图三〇，10）。标本 M59∶3，口两端上翘，立面呈元宝形。高 6.8、口长 13.2、宽 8、底长 4.8、宽 3.2 厘米（图三〇，11）。

　　谷仓　1件。残碎，未能复原。

　　鸡舍　1件。标本 M1∶22，舍棚侧面呈椭圆形，正面为横向栅栏，平底呈长方形，舍侧设半圆形门。高 7.8、宽 14.2、进深 9.6 厘米（图三一，1）。

　　狗圈　2件。圆形栅栏状，内立一小狗。标本 M1∶1，高 4.5、直径 8、底径 5.2 厘米（图版四〇，4；图三一，2）。标本 M17∶3，圈栏似钵，已残，仅存圈内的卧犬。长 8 厘米（图版四〇，5）。

　　灶　2件。平面呈三角形，灶面设双眼，前端有一圆形烟孔。标本 M1∶11，灶面中部下凹，后端较宽，灶门呈圆形。高 4.8、长 23.2 厘米（图三一，3）。

　　釜　2件。标本 M1∶10，直口，扁鼓腹，平底，腹部附小鋬。高 4、口径 5.6、腹径 8、底径 4 厘米（图版四〇，6；图三一，4）。

　　甑　1件。标本 M1∶2，侈口，直腹，平底，底部布满不规则的箅孔。高 3.7、口径 6.6、底径 5.6 厘米（图三一，5）。

　　三足盆　1件。标本 M70∶1，直口宽沿，深腹外弧，平底下附三个蹄形足。外表呈暗红色。高 14.4、口径 22.6 厘米（图三一，6）。

　　(2) 滑石猪　7件。其中一件由两个半面猪形合为一头整猪形，即内侧平整，外侧刻划成猪形，合成即为一头整猪，如标本 M8∶1、2，高 2.8、长 9.8、宽 4 厘米（彩版二三，4；图版三二，1；图三二，1）。另四件为单体，且刻划简单，如标本 M54∶2，

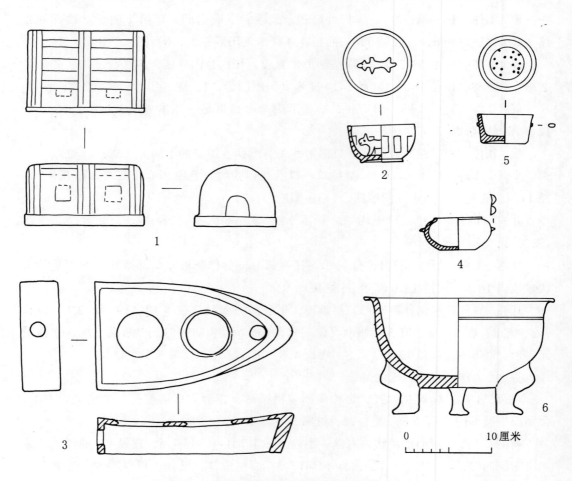

图三一　青瓷鸡舍、狗圈、灶、釜、甑和三足盆

1. 鸡舍（西晋）M1:22　2. 狗圈（西晋）M1:1　3. 灶（西晋）M1:11　4. 釜（西晋）M1:10　5. 甑（西晋）M1:2　6. 三足盆（西晋）M70:1

高 1、长 5.7、宽 1 厘米（图三二，2）。

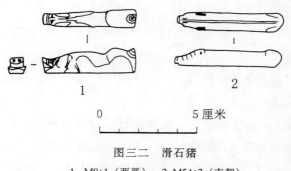

图三二　滑石猪

1. M8:1（西晋）　2. M54:2（南朝）

（3）铜器　7 件。计有：

五铢钱　3 件（组）。

货泉　1 件（组）。

饰件　2 件。标本 M17:1，呈细长的锥形。长 14、直径 14 厘米。标本 M17:2，形似钳形。长 10.6 厘米。

鸟纹镜　1 件。标本 M75:3，

扁圆纽，柿蒂纹座，内区作四等分，各饰一对带羽冠的鸟，外区饰连弧纹，素缘。直径 13.8 厘米（图三三）。

以上丙类墓可参看表三。

表　三　　　　　　　　　　丙类墓登记表

分期	年代	墓号	墓向	形制	随葬遗物									
					青瓷器									其他
					鸡首壶	盘口壶	罐	钵	碗	托盘	火盆	卮	唾壶	
一期	三国—西晋早期	M2	335°	凸字形砖室墓		I 1	II 2				I 1			青瓷灶1、水罐1、勺1、谷仓1、镰斗1，五铢钱1、货泉1
		M19	348°	凸字形砖室墓			II 2							
		M15	355°	不明				I 1						
		M18	350°	凸字形砖室墓				I 1						
二期	西晋中期	M11	355°	凸字形砖室墓										青瓷耳杯1
		M75	134°	凸字形砖室墓			II 1	II 1						铜鸟纹镜1
		M8	330°	凸字形砖室墓					I 1					滑石猪2
		M17	348°	凸字形砖室墓			II 1							青瓷狗圈1
		M67	254°	长方形砖室墓	I 1、II 1									
		M1	26°	凸字形砖室墓			II 2	II 3	II 3		I 1			青瓷水盂1、盘1、熏罐1、耳杯3、鸡舍1、狗圈1、灶1、釜2、甑1，五铢钱1、银戒子1
三期	西晋晚期—东晋早期	M70	255°	不明										青瓷盆1、盘1、砚1、洗1
		M4	350°	凸字形砖室墓					III 2	I 1	II 1		I 1	青瓷砚1、盘1、耳杯1、勺1
		M10	5°	船形砖室墓				III 1	II 1	I 1				
		M36	335°	凸字形砖室墓					II 1					青瓷盆1
		M3	340°	凸字形砖室墓								I 1		青瓷水盂1、灯盏1
		M55	360°	船形砖室墓		II 1		III 1	II 2					
		M37	355°	凸字形砖室墓										青瓷樽1
		M41	85°	凸字形砖室墓					III 1	II 1				青瓷盆1
		M12	330°	凸字形砖室墓					II 1					
		M49	67°	船形砖室墓					II 1					泥质陶钵1

分期	年代	墓号	墓向	形制	随葬遗物									
					青瓷器									其他
					鸡首壶	盘口壶	罐	钵	碗	托盘	火盆	卮	唾壶	
		M26	334°	刀形砖室墓					Ⅱ1					
		M56	8°	刀形砖室墓					Ⅱ2					青瓷盆1
		M45	5°	船形砖室墓					Ⅱ1	Ⅱ1		Ⅰ2		
四期	南朝	M59	62°	船形砖室墓	Ⅲ1	Ⅱ2			Ⅱ2					青瓷盘1、耳杯1,滑石猪1
		M61	358°	船形砖室墓		Ⅲ1			Ⅱ2					滑石猪1
五期	南朝中期—晚期	M66	356°	凸字形砖室墓			Ⅳ1		Ⅱ3					
		M58	56°	凸字形砖室墓				Ⅳ1						
		M63	76°	凸字形砖室墓				Ⅳ1						
		M7	345°	刀形砖室墓			Ⅴ1		Ⅱ1					
		M16	328°	凸字形砖室墓					Ⅲ1					
		M25	355°	不明					Ⅲ1					
		M62	55°	凸字形砖室墓			Ⅳ1		Ⅲ6	Ⅱ3		Ⅱ1	Ⅱ1	青瓷桶1、盘6
		M73	250°	不明			Ⅳ1		Ⅲ6				Ⅲ1	滑石猪1
		M74	253°	不明										青瓷盘1,滑石猪1
		M54	57°	不明										滑石猪1

注：该类墓有十八座因随葬遗物无存而未列入此表，编号分别为 M20、M28、M29、M47（长方形砖室墓），M6、M9、M24、M32、M33、M35、M38、M39、M68、M69（凸字形砖室墓），M30、M43、M44（刀形砖室墓），M23（结构不明）。

（四）丁类墓

2 座。一座位于东北角，一座位于西南隅。所处相对高度约 5 米，均为券顶砖室墓。

M52，平面呈长方形，长 2.9、宽 1.1、残高 0.2 米。墓向 52°。墓壁采用平起错缝法砌筑，其中右、后两壁为内外双层砖。铺底砖为顺缝横排。在墓室的三边和中部设排水沟，以中部为主沟，宽 28 厘米。其余三边的水沟宽仅 4 厘米。随葬遗物荡然无存（图三四）。

M13，为双室墓，总宽 1.6、残高 0.78 米。两室均呈长方形，其中南室长 1.92、北室长 2.04 米，宽均为 0.7 米。墓向 275°。墓壁均为平起错缝砌筑，底面为生土面，

0   3厘米

图三三   铜鸟纹镜（西晋）M75：3

塌土中有较多的券顶用砖，均呈扇形。随葬遗物已荡然无存（图三五）。

以上丁类墓可参看表四。

表四   丁类墓登记表

年　　代	墓　　号	墓　　向	形　　制	随葬遗物
明　　代	M13	275°	长方形砖室墓	无存
明　　代	M52	52°	长方形砖室墓	无存

三、年代和认识

（一）各类墓的年代

1：甲类墓

发掘表明，此类墓的走向均与山的等高线平行，形制为单一的长方形竖穴浅土坑结

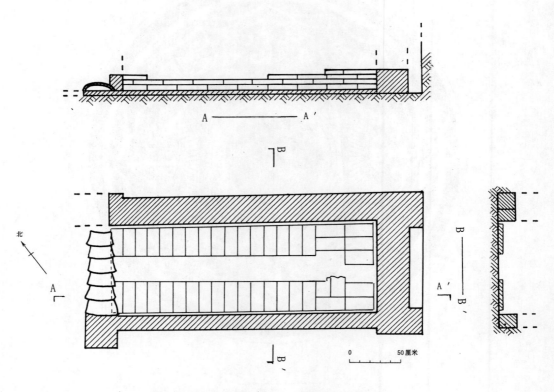

图三四　周家山 M52（明代）平、剖面图

构。随葬遗物的组合为坛、瓮、罐、钵和碗，质地有原始瓷、印纹陶、泥质陶三类。其中原始瓷釉层薄而光泽感差，釉色偏黄或泛绿。器物内壁留有螺旋，外底留有线切割等工艺痕迹。印纹陶采用泥条盘筑法制作，外壁通体拍印几何纹，内壁留有窝痕。这些均具有我省先秦时期的墓葬特征，而其中的原始瓷三足罐、钵，印纹陶坛、罐，泥质陶瓮等均与上虞严村发掘的战国晚期墓同类器造型相同[1]，故推断此类墓的年代应在战国晚期。

2. 乙类墓

墓的走向均与甲类墓呈直角，即墓口均朝山脚开阔处。墓的类型丰富，有竖穴深土坑木椁、竖穴深土坑砖椁和簸箕形土圹券顶砖室墓三种，平面形状有长方形、凸字形和刀形三种。墓壁结构以平起错缝占主导地位，个别为丁顺结构。铺底砖主要为两横两竖形式，个别呈顺缝平铺。随葬遗物种类有壶、锺、罐、罍、簋、镳斗、灶、镜和刀等，质地繁多，以炽釉器和釉陶为主，硬陶次之，泥质陶居少，另有个别的铜、铁、石器。

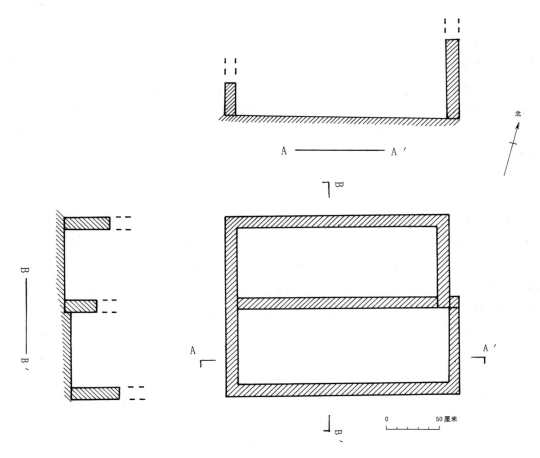

图三五　周家山 M13（明代）平、剖面图

其中炽釉器的施釉方法较特殊，釉层薄而呈流蚀状，釉迹线不明显，釉色偏黄。而釉陶的釉层却略厚，烧成温度较低，釉层多脱落，胎呈砖红色，釉色多偏绿。这些均具有我省东汉墓葬的特征，而通过对此类墓葬中随葬遗物分式可知，各墓相互间存在着一定的时间跨度，并可分出早晚不同的两期。其中一期墓6座，墓葬形制为竖穴深土坑木椁或砖椁墓。随葬遗物组合为Ⅰ式和Ⅱ式盘口壶、Ⅰ式瓿式罐、Ⅰ式和Ⅱ式弦纹罐、Ⅰ式锺、罍、灶，并伴出规矩镜、四乳镜、五铢钱。器物质地以炽釉器为主，具有我省东汉早期墓的特征。二期墓11座，墓葬形制以带券顶的砖室墓占主导地位，个别为砖椁墓。随葬遗物组合为Ⅱ式瓿式罐、Ⅲ式弦纹罐、Ⅱ式和Ⅲ式锺、灶、簋、镳斗，并伴出四乳镜。器物质地以硬陶和釉陶为主。其中Ⅱ式锺与上虞蒿坝东汉"永初三年"墓中所出的锺器形一致[2]，Ⅱ式弦纹罐与安吉天子岗"永和二年"墓中的罐相同[3]。由此我们认为乙类墓的年代，第一期为东汉早期，第二期属东汉中期，其中的 M48 可能稍晚一些。

3．丙类墓

墓走向与乙类墓葬相同，墓型为单一的土圹券顶砖室墓，其平面形状有长方形、凸字形、刀形和船形四种。墓的砌筑方法以丁顺结构为主，个别系平砌错缝。铺底砖形式多样，有两横两竖、人字形和平铺错缝等。部分墓底设排水沟。个别墓分作前后室，后室均高于前室。此外，部分墓室两侧壁外弧，使墓室呈船形。随葬遗物组合为壶、罐、钵、碗、盘、盆、盂、砚及各种冥器。其质地以青瓷占主导地位，仅有个别的陶、铜和石器。青瓷器的胎釉结合较好，釉层普遍有较强的光泽感，部分有玻质感，施釉方法以半釉为主，其色多呈蟹青、青灰或青绿。

上述特征表明，该类墓的风格与我省以往所发掘的六朝时期墓葬一致。而通过对该类墓中的器物排比，又可以分出早晚不一的五个期别。一期共 4 座，其中 M15 出有西晋"永兴二年"的纪年砖，一期的器物组合为I式盘口壶、I式钵、I式和II式罐、I式灶、谷仓，并伴出有五铢、货泉等钱币，其中的I式盘口壶与武义县所出的三国墓中的壶造型雷同[4]，II式罐和上虞道墟西晋元康七年墓中的罐相同[5]，而I式灶则具有浓厚的东汉遗风。二期 6 座，器物组合为II式罐、II式钵、I式碗。其中II式钵和诸暨牌头西晋永嘉六年墓中的钵相同[6]。三期共 13 座，器物组合为I式和II式鸡首壶、II式盘口壶、II式和III式罐、II式和III式钵、II式碗、I式和II式托盘、I式和II式火盆、I式和II式卮、II式灶，并伴出较多的冥器，如鸡舍、狗圈等。其中II式盘分别与金华竹马馆东晋太元十五年[7]和杭州东晋兴宁二年墓中的壶[8]，而盆与诸暨牌头西晋永嘉六年墓中的盆近似[9]。四期 2 座，器物组合为III式鸡首壶、II式和III式盘口壶、II式碗，伴出有滑石猪等。五期共 10 座，其中 M73 出有"梁天监十年"的纪年砖，器物组合为IV式盘口壶、IV式和V式罐、II式和III式碗、II式托盘、II式灶，并伴出较多的滑石猪。

由此我们认为丙类墓的年代：一期为三国至西晋早期，二期为西晋中期，三期为西晋晚期至东晋早期，四期为南朝早期，五期为南朝中期至晚期。

4．丁类墓

2 座。随葬遗物均已荡然无存，年代较难判定，从 M13 券顶用砖为扇形观之，可能属明代前后。

（二）几点认识

综上所述，周家山墓地的发掘为我们提供了一个上起战国晚期，下至南朝晚期在墓葬形制、随葬遗物组合、质地、器形等方面发展和变化的基本过程，使我们对这一时期的墓葬变化脉络有一基本的了解和认识。

1．墓葬形制的发展

战国晚期墓，为单一的竖穴浅土坑墓，且走向均与山之等高线平行。这和笔者1984 年在上虞严村所发掘的数十座同期墓葬特征一致，似乎当时的人对墓之朝向的认识含有某种宗教意识，值得引起进一步的注意。东汉早期，竖穴深土坑砖椁墓大量流行，并有部分为木椁墓。其平面形状以长方形占大宗，个别呈凸字形。墓的砌筑方法为平起错缝，铺底砖呈两横两竖排列。至东汉中期前后，砖椁墓逐渐减少，代之而起的是带券顶的砖室墓。平面形状除长方形仍大量流行外，新出现了带甬道的刀形。墓的砌筑方法仍以平起错缝为主，并有个别的丁顺结构出现。铺底砖形式基本如前。到六朝时期，砖室墓成为惟一的墓型，同时，墓底开始流行排水沟。平面形状以带甬道的凸字形占主导地位，仅有少量的长方形和刀形。大约在东晋早期前后，出现了个别墓壁外弧的船形，但一直未能盛行。与此同时，凸字形墓的墓室两壁逐步由直壁向外弧壁发展，到南朝时基本已成固定模式。墓的砌筑方法普遍为丁顺结构，仅有极个别的为平起错缝。两横两竖的底砖形式继续少量流行，新出现了人字形和平铺错缝的铺法。此外，自西晋中期起墓室出现了前后壁。到东晋时，墓的后壁开始设置壁龛。以上墓葬形制的发展说明，其目的是为了增强墓室的牢度和延长墓主人的保存时间。前者表现为将土坑改为砖室，把墓室的直壁设计成抗压能力更强的外弧壁等。后者则体现为将木椁改为砖椁，墓底设置排水沟等。

2. 随葬遗物的发展

从各类墓葬的随葬遗物观之，其演变过程似乎均有着由矮胖向瘦长发展的特点和规律。同时，从器物的质地观之，从战国晚期的原始瓷、汉代的炽釉器和釉陶，到六朝时的青瓷，似乎表明：古代人们对瓷器一直有着一个对胎釉结合的探索。如汉时的炽釉器质地坚硬但釉层普遍流失，而釉陶釉层较好，但质地相对较软，釉层与胎骨多容易脱落等。

発掘人员：房有强、陈松生、蒋震、孟国平、王宁远、吴国强、
　　　　　方忠华、葛建良、陈晓立、胡继根
绘　　图：方忠华、葛建良
照　　相：邵海琴、李永嘉
执　　笔：胡继根

注　释：

[1] 胡继根：《浙江上虞凤凰山古墓葬发掘报告》，《浙江省文物考古研究所学刊》第二辑。

[2] 吴玉贤：《浙江上虞蒿坝东汉永初三年墓发掘简报》，《文物》1983 年第 6 期。

[3] 程亦胜：《浙江安吉天子岗汉晋墓》，《文物》1995 年第 6 期。

[4] 贡昌：《浙江武义陶器厂三国墓》，《考古》1981 年第 4 期。

[5] 朱瑞泉：《浙江上虞发现晋墓》，《文物资料丛刊》1978 年第 2 期。

［6］浙江省博物馆发掘资料。

［7］牟永抗：《浙江金华县竹马馆发现晋墓》，《考古通讯》1957 年第 1 期。

［8］梅福根：《杭州兴宁二年墓发掘简报》，《考古》1961 年第 7 期。

［9］同［6］。

上虞驮山古墓葬发掘

驮山，又名大山，地处上虞市东北部小越镇新宅村和祁山村两村的交界处，山体大致呈西北—东南走向，海拔近 100 米。北距杭州湾约 5 公里，是离海较近的一座山。山前有 329 国道经过，沿国道西南行 6 公里，便是上虞市府所在地——百官镇。

1993 年 4 月至 7 月，我所为配合杭甬高速公路施工建设，对驮山东南麓中坡以下的三百多米取土范围进行了抢救性考古发掘，历时三个月，清理王莽至五代墓葬 31 座，编号为 93 上驮 M1～M31，出土各类器物近百件。

这次发掘的三十一座古墓葬，绝大多数已经不同程度地遭到过破坏，有些属于早期被盗，还有许多是近年被盗掘的。不仅砖室墓被盗，连砖椁墓和土坑墓也没放过，我们现场发现，砖椁墓和土坑墓都是刚被盗掘的。二十四座墓葬只保存了墓葬形制和结构，随葬遗物已荡然无存，它们占全部墓葬的比例竟高达 70%。五座墓葬的出土器物只有一件到四件。墓葬形制、结构保存基本完好，出土器物又保留较多的墓葬仅六座，而且其中的五座，随葬遗物也已经残缺不全。所有这些给我们深入系统地研究这批古墓葬造成了诸多不便。值得庆幸的是，劫后尚保存有较多出土物的六座古墓葬，有四座出土有东汉中期的绝对纪年物，或者在墓砖上模印有纪年文字，这是不可多得的考古资料（图一）。

由于墓葬大多被盗或被扰，出土器物又较少，因此我们在整理这批墓葬时采取了简化的手段，笼统地把三十一座古墓葬分成王莽～东汉、东晋、五代三个时期。三个时期的墓葬以东汉墓葬数量最多。

一、王莽～东汉墓葬

25 座。占全部墓葬总数的百分之八十。其中四座有明确纪年，两座分别为东汉和帝永元八年（公元 96 年）及安帝永初六年（公元 112 年），另两座为和帝永元十二年（公元 100 年）。

二十五座东汉墓，大多分布于驮山东南麓的中坡，只有少数位于山脚，分布比较集中。发掘前，许多墓葬的地面尚保存有略微隆起的封土，由于长年水土流失或平整土地等原因，封土的原貌大多未能保留至今。但仍有少量墓葬，发掘前地面隆起十分明显，

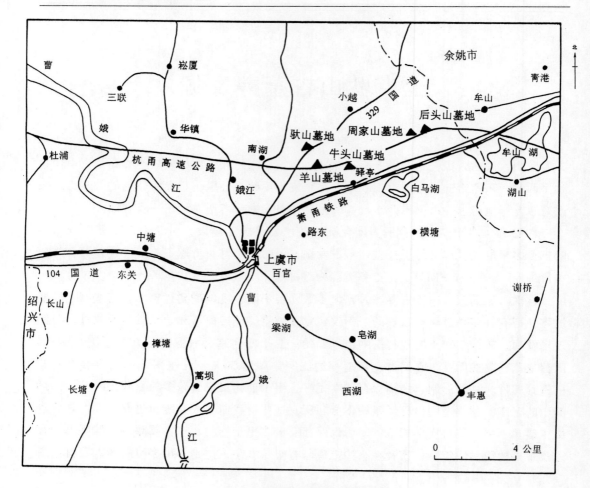

图一　上虞驮山古墓葬位置示意图

个别墓葬的封土堆积甚至还比较高大，外观十分鼓凸，使人一望便知。通过个别解剖，
仔细观察对比，我们完全可以确定，这些墓葬的墓室上部原先都是筑有封土的。

从墓葬的营建方式看，它们都是竖穴式的，挖有墓圹。依据其建筑材料的差别，可
分成长方形竖穴土坑木椁墓、木顶砖椁墓和券顶砖室墓三大类。

（一）长方形竖穴土坑木椁墓

1座（M29，图二）。

M29，发掘前地面尚保存凸起比较明显的封土，直径约7米，残高0.5～1.2米。
墓坑平面呈长方形，口大底小，上口外敞，长4.4、宽3.6米；底长3.5、宽2.5米；
墓深4.3～5.1米。方向290°。坑口上坡高，下坡低，高差0.8米，开口于生土层，打
入基岩内。坑壁不规则，凹凸不整齐，只有近底处一米以下四壁陡直。墓内填土为灰褐
色五花土。墓底四周紧贴墓壁有宽近0.2米的熟土二层台，系木椁与墓坑之间的填土，

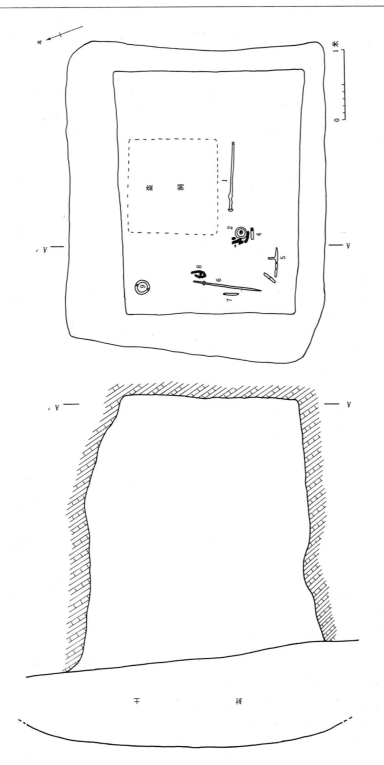

图二　上虞驮山王莽时期墓 M29 平、剖面图

1. 铁环首刀　2. 铜镜　3-1～106. 五铢钱（106 枚）　4-1. 石黛板　4-2. 石研磨器　5. 铁戟　6. 铁剑　7. 铁短剑
8-1～202. 五铢钱（202 枚）　9. 硬陶罐

但具体高度不清，据此可推断此墓为土坑木椁墓。木椁、木棺等葬具已朽蚀无存，只有在墓底的局部地方尚可见到板灰痕迹。M29 为单身葬。

墓底有规律地摆放随葬器物，由于近年被盗，位于边厢内的随葬器物已经残缺不全，只剩硬陶罐一件，在盗洞的填土里还发现硬陶瓿和泥质陶灶等残片，可见边厢是用来随葬日常生活用的陶器和模型明器的。棺内放置有铜镜、五铢钱、石黛板、石研磨器、铁环首刀、铁剑和铁戟等服饰用具及兵器。

出土器物已不全，尚存 316 件（套），棺内出土物保留完整，木椁边厢内的器物大多残缺。

铜镜　1 件。标本 M29：2，四神规矩镜。直径 16.5 米，宽平缘，缘外侧饰一周忍冬状卷草纹样，内侧饰一周锯齿纹带。半球形纽，方栏，纽座内有"子丑寅卯辰巳午未申酉戌亥"十二地支铭文。栏外为一圈铭文带，上铸"新有善铜出丹杨，和以银锡青且明，左龙右虎掌四彭（旁），朱爵（雀）玄武顺阴杨（阳），子孙备具治中央。"三十五个字，句首与句末用…符号分隔开（图三，1）。由于镜铭开头有"新"字，此镜的铸造年代为王莽代汉后的新朝。

石黛板　1 件。标本 M29：4－1，长方形，用灰黑色页岩制作而成，正面及四侧面皆磨光，背面比较粗糙，没有加工痕迹，出土时侧面粘有红色漆皮。长 11.7、宽 3.4、厚 0.6 厘米（图三，2）。

石研磨器　1 件。标本 M29：4－2，研磨器捉手一面呈正方形，宽 2 厘米，研磨面呈圆形，直径亦为 2 厘米，器高 1.4 厘米，用墨绿色砂岩制成，各面均经加工磨光，研磨器的研磨面出土时亦粘有红色漆皮（图三，3）。

由于石黛板和研磨器出土时与铜镜紧挨在一起，而且镜面上亦粘有红色漆痕，因此我们推测，石黛板、研磨器和铜镜等与化妆有关的一套器物是装于漆奁内的，漆皮是漆奁朽烂后留下的痕迹。

五铢钱　2 串，308 枚。直径 2.5～2.7 厘米，略有大小。其中标本 M29：3－1～106 出土于铜镜边上，标本 M29：8－1～202 出土于铁剑旁（图三，4）。

硬陶罐　1 件。标本 M29：9，器表呈赭褐色。敞口，鼓腹，平底，最大径位于肩腹部，肩部位置对称地粘贴一对竖耳，耳面饰有叶脉纹。肩部有一道细凹弦纹，腹部有拉坯时留下的致密轮旋纹。口径 13.6、腹径 19.6、底径 10、高 16.8 厘米（图三，5）。

铁环首刀　1 件。标本 M29：1，长近 1 米，截面呈三角形，因朽甚，已无法复原。

铁戟　1 件。标本 M29：5，已无法复原。

铁剑　1 件。标本 M29：6，截面呈菱形，长近 1 米，因朽甚，无法复原。

铁短剑　1 件。标本 M29：7，长约 20 厘米，亦因朽甚，无法复原。

此墓随葬王莽时铸造的四神规矩镜，却没有王莽钱随葬。根据出土器物，结合浙江

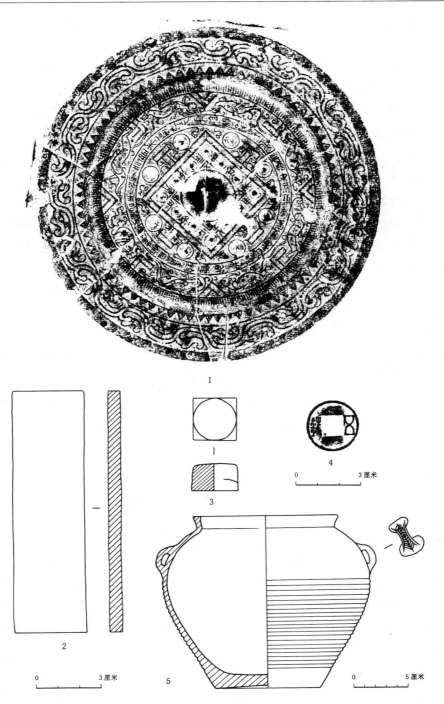

图三　驮山王莽时期墓 M29 铜镜、五铢钱，石黛板、研磨器，硬陶罐

1. 铜镜 M29:2 拓本　2. 石黛板 M29:4－1　3. 石研磨器 M29:4－2　4. 五铢钱 M29:8－1　5. 硬陶罐 M29:9

汉墓分期结果[1]，此墓所处时代可定于王莽或稍后，最晚不会超过东汉早期。

（二）木顶砖椁墓

7座（M12、M13、M18、M19、M20、M25和M28）。占发掘墓葬总数的四分之一。

墓葬平面以长方形居多，少数略呈正方形或刀形，一般长3、宽2米左右，属于长江下游地区中型偏小的墓葬。个别规模稍大者，长宽可达4米，为中型墓。砖椁的高度不超过2米，以1～1.5米者居多。发掘时已不见墓顶，但近墓底的填土下面有大面积板灰痕迹，从中可以看出，砖椁墓的顶部原先是用木板覆盖的。墓葬大多没有甬道，少数墓室前有券顶甬道。

墓壁用单砖错缝平砌，四壁转角的用砖相互咬合。少数墓壁每层用双砖并砌，下坡向的一壁与两侧壁转角的用砖不咬合，类似甬道或墓室前的封门墙。底砖均为单层，其砌法多为两横两纵交替平铺，或呈斜向人字形平铺。墓内外未见排水设施。

墓砖小而单薄，呈长条形，以长28、宽14、厚3厘米者居多。部分墓砖规格略大，长、宽、高分别为32、16、4或5厘米。甬道的券顶使用特制的扇面形楔形砖。墓砖以素面砖居多，部分砖的正面模印有绳纹，有些砖的侧面模印有菱形纹。

除M28保存完整外，其余六座木顶砖椁墓近年被盗，故出土器物已不齐全。从残留随葬遗物的摆放位置以及墓葬规模等初步分析，均系单身葬。

随葬遗物的基本组合为原始瓷或硬陶质的罐、罍、锺，泥质陶灶和铜镜等。

七座砖椁墓中，无甬道的有六座，带券顶甬道的木顶砖椁墓有一座。

1. 无甬道的木顶砖椁墓

6座（M12、M18、M19、M20、M25和M28）。墓葬的平面形状以长方形为主，方形的比较少见，现举保存最为完好的M28为例说明。

（1）形　制

M28，墓室上残存有较完整的封土，其外观呈馒头状，封土直径近9米，现存高度2.2米。发掘前上坡处边缘有一个长2、宽1、深2米的现代盗坑，但未及墓室。封土内部用大石块垒筑而成，中间杂以碎土，石块形状不一，没有修整痕迹，大者可达1米见方，外部再覆以山土。

椁室建于深竖穴土坑之底部，土坑敞口，口大底小，上口呈方形，宽近5米，开口于生土层，打入基岩，四壁内收齐整，坑底宽近4米。墓向300°。砖椁没有紧贴坑壁，留有0.2～0.4米的空隙。

砖椁的东、南、北三壁均砌筑于距墓底0.18米高的生土台基上，西壁则没有生土台基，一直砌至墓底，生土台基的高度相当于六层平砖的厚度。砖椁基本呈正方形，其上口处于同一平面，宽3.6、高1.92、四壁厚0.14米，用单砖错缝平砌，转角处上下砖块相互咬合。铺地砖单层，两横两纵交替平铺。砖椁的壁面和底面均用长 28、宽 14、厚 3 厘米的砖块铺砌（图四）。

（2）随葬遗物

346 件（套）。均置于底砖上。日常生活用的陶质或原始瓷的罍、瓿、锺和灶的模型呈一字形排放于棺椁间的东壁下。铜镜、玉或玻璃质珠饰摆放于棺内，铁兵器和五铢钱大多摆放于棺内，部分和铜弩机一道安放于棺椁间的北壁下。

随葬遗物中原始瓷器有 8 件，胎质坚硬，击之音脆，胎色多呈褐色，上施以薄釉，釉色以青泛黄为多，少量呈青绿色，釉面有细小裂纹，出土时釉层剥落较严重。没有上釉的露胎处呈淡赭黄色。器物种类有罍、瓿、锺和钵等，以偶数配置。铜器有铜镜、镦斗和弩机等。铁器为剑、刀等兵器。

原始瓷罍　2 件。口沿上有一道较宽的凹槽，便于加盖密封，弧肩鼓腹，下腹略收，平底内凹。器表通体拍印重列状栉齿纹。个体有大小之别，其中一件还有短颈。标本 M28:9，高 26.4、口径 17.2、底径 13.2、最大腹径 31.6 厘米（图五，1）。

原始瓷瓿　2 件。敛口，斜平沿，尖唇，球腹，平底，最大腹径以上施釉，其余部分露胎。肩上置双竖耳，似铺首，肩部先贴薄泥条再施弦纹，纹样甚为醒目。标本 M28:10，高 28.6、口径 16.4、底径 15.2、最大腹径 34.4 厘米（图版四一，1；图五，2）。标本 M28:11，颈下和肩部两组弦纹间篦划曲折状多重水波纹。

原始瓷锺　2 件。浅盘口，粗长颈，溜肩，扁鼓腹，高圈足，圈足中部起脊。肩部对称地设置双竖耳，耳面饰以叶脉纹。盘口、肩腹和圈足上篦划曲折状多重水波纹，每组有六道。肩腹部有两至三组凸起的弦纹，据观察，是先用泥条在器耳位置上下各粘贴一至两圈，再在泥条上饰以凹弦纹。标本 M28:7，耳上部还有羊角状堆塑。高 35.6、口径 15、底径 21、最大腹径 27.6 厘米（图五，3）。

原始瓷钵　2 件。敛口，腹略鼓，下腹弧，平底。口沿下有四至五道较细的弦纹，内外壁均施薄釉。标本 M28:3，高 5.5、口径 7.8、底径 4.6 厘米（图六，1）。标本 M28:2，个体略大，高 6.3、口径 8.6、底径 4 厘米（图六，2）。

硬陶罍　1 件。标本 M28:1，造型风格、纹饰和同墓出土的两件原始瓷罍一致，器表拍印的栉齿纹甚有规律。

泥质灰陶灶　1 件。船形，灶尾有出烟孔，灶面上有两火眼，大的火眼上搁置一件铁釜。

铜镜　2 件。均为规矩镜。标本 M28:18，可称八雀规矩镜，镜体较薄，半球形纽，柿蒂形纽座，方栏，内区的八雀间用规矩状符号间隔，宽平缘，两圈锯齿纹夹一周复线曲折纹。直径 11 厘米（图六，3）。标本 M28:16，四神规矩镜。半球形纽，柿蒂形纽座，方栏，规矩间有四神、雀的形象，并有一周铭文带，读作"尚方作镜真大巧，上有

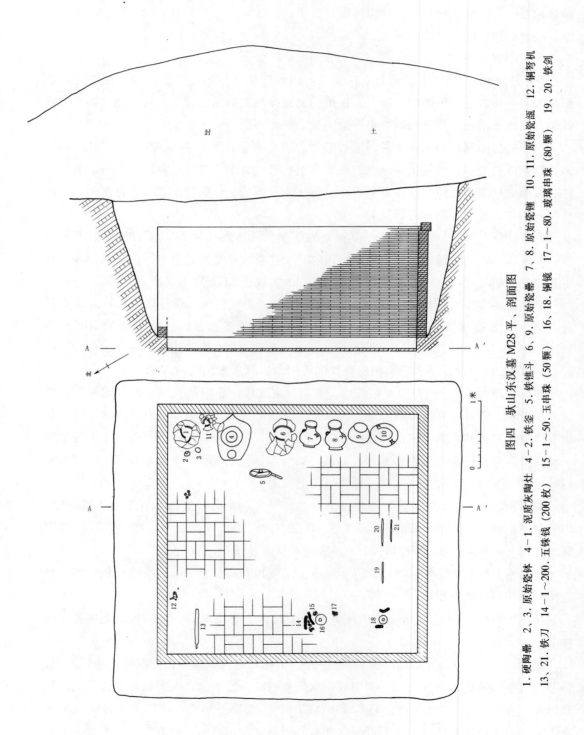

图四　蛟山东汉墓 M28 平、剖面图

1. 硬陶罍　2、3. 原始瓷钵　4－1. 泥质灰陶灶　4－2. 铁釜　5. 铁镰斗　6、9. 原始瓷罍　7、8. 原始瓷锺　10、11. 原始瓷瓿　12. 铜弩机
13、21. 铁刀　14－1～200. 五铢钱（200 枚）　15－1～50. 玉串珠（50 颗）　16、18. 铜镜　17－1～80. 玻璃串珠（80 颗）　19、20. 铁剑

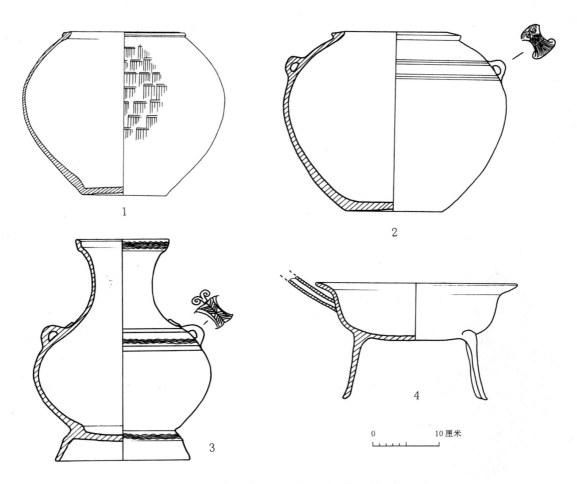

图五   驮山东汉墓 M28 原始瓷罍、瓿、锺，铜镳斗

1. 原始瓷罍 M28:9   2. 原始瓷瓿 M28:10   3. 原始瓷锺 M28:7   4. 铜镳斗 M28:5

仙人不知老，渴饮玉泉枣食……"，宽平缘，外为一圈连体草叶纹，内为锯齿纹。直径
15.5 厘米。

铜镳斗   1件。标本 M28:5，出土时已被压变形，底部尚留有炭灰痕迹，是一件实
用器。撇口，宽沿，弧腹，底稍圜，下置三高足，足的断面呈三角形。器腹上有一把
手，中空，可装柄使用。厚0.4、高18.8、口径31.2厘米（图五，4）。

铜弩机   1件。标本 M28:12，略残，有郭、悬刀、牙等部件，而缺少望山、钩心
等机件。郭作长方形，壁面上有箭槽，郭身有两键穿通，惜穿钩心的一键已丢失。通高
9.3、郭残长约10、宽2.5厘米（图六，4）。

五铢钱   200 枚。每枚直径 2.5～2.6 厘米。每串铜钱中间用细草绳穿连于一起，

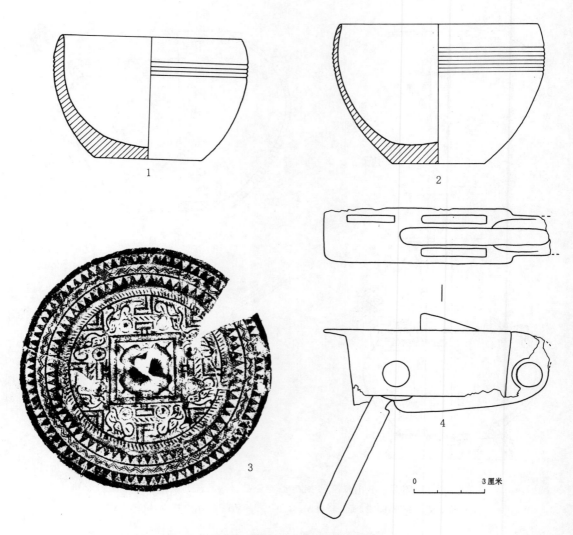

图六　驮山东汉墓 M28 原始瓷钵，铜镜和弩机
1. 原始瓷钵 M28:3　2. 原始瓷钵 M28:2　3. 铜镜 M28:18 拓本　4. 铜弩机 M28:12

出土时草绳尚未完全朽烂，标本号为 M28:14－1～200。

玉串珠　1 串，50 颗。外表呈银白色，中间有 0.2 厘米的小孔，表面略已风化，有扁圆柱形和瓜棱形两种。标本 M28:15－1～30，扁圆柱形。高 0.5、直径 0.4 厘米。标本 M28:15－31～50，瓜棱形，俯视如梅花瓣状。高 0.6、直径 0.8 厘米。

玻璃串珠　1 串，80 颗。外表呈淡蓝色，扁圆状。标本 M28:17，直径 0.5、孔径 0.3、高 0.2 厘米。

铁剑　1 件。标本 M28:20，长 40 厘米。

铁刀　1件。标本 M28:21，长 30 余厘米，刃部较窄。

2．带券顶甬道的木顶砖椁墓

1座（M13）。墓葬的平面形状呈刀形，甬道偏于墓的一侧。墓室略呈方形，长3.15、宽 3.38 米。方向 22°。砖椁的后壁高 1.23 米，左右两侧壁比后壁低两层砖的高度，估计木顶是搭建在两侧壁上的。墓壁厚度为双砖的宽度，亦相当于墓砖的长度。每层用两横两纵砖交替平砌，上下层之间错缝，两侧壁共砌 36 层，后壁多砌两层，达 38层砖。侧壁与后壁的转角处相互咬合。铺地砖单层，两横两纵间隔交替平铺。在距后壁47、东侧壁 58 厘米处的铺地砖上，有一条长 1.55、宽 0.14、高 0.03 米的用五块半墓砖排成的置棺砖，其上是放置木棺的，原来应有两条，还有一条由于被盗而毁坏。

甬道长 1.35、宽 1.8 米，券顶高 1.53 米。甬道的两侧壁错缝平砌 11 层，于 0.55米高度开始起券，券顶部位全用特制的大型扇面状楔形砖砌筑，券顶的顶部再用条形砖横竖覆压 2～4 层砖的厚度。甬道的铺地砖亦为单层，铺法同墓室，惟底面比墓室低一层砖，约 3 厘米的高度。甬道前有封门墙，用单砖错缝平砌。

墓砖有三种规格。墓室的壁面砖和铺地砖，以及甬道的铺地砖，使用长 28、宽 14、厚 3 厘米的长方形条砖；甬道的壁面砖和封门墙，使用的墓砖为长 32、宽 16、厚 5 厘米的长方形条砖；甬道的券顶使用扇面状楔形砖砌筑，上宽下窄，上端弧长 44、下端弧长 37、宽 26、厚 10 厘米，重可达 20 多斤。这种规格的楔形砖在长江下游地区的汉代砖室墓中甚为罕见。

出土器物仅见一面铜镜和十枚五铢钱，并在填土中出有一件残铁剑（图七）。

铜镜（M13:1），略残，为龙虎镜，直径 11 厘米，镜面略弧，三角缘，缘厚 1 厘米，上饰两圈锯齿纹，半球形纽，内区有浮雕状的青龙和白虎，分处纽的两侧，并有一周铭文，存"孟氏作镜世少有，苍龙在左白虎……"13 个字，字与字的间隔较大。

木顶砖椁墓是木椁墓发展到券顶砖室墓的过渡形式，其建筑材料（砖和木）及入葬方式（自上到下）是两类墓葬兼有的。从已知的发掘材料看，长江下游地区券顶砖室墓的出现时间较晚，比以洛阳为代表的中原地区要晚得多，甚至比以武汉、长沙为代表的长江中游地区和以广州为代表的岭南地区都要略晚一些。长江下游地区目前发现最早的有纪年的券顶砖室墓，其年代为东汉肃宗章帝建初六年（公元 81 年）[2]，稍晚一些的纪年墓发现较多。在距驮山仅 1 公里的上虞小越羊山墓地，发现了一座结构比驮山更为原始的深土坑砖椁墓[3]，墓内出土有王莽时期甚为流行的四神规矩镜，而且随葬的钱币为"大泉五十"和"货布"，没有发现五铢钱。据史书记载，"大泉五十"铜钱铸造于王莽摄政的居摄二年（公元 7 年），"货布"则铸造于王莽代汉后的地黄元年（公元 20年），可见木顶砖椁墓的流行时间应为王莽至东汉早期。墓室前有甬道的木顶砖椁墓，尽管仍是砖木合构，但入葬方式已与券顶砖室墓无异，其甬道和封门墙并不是简单的摆

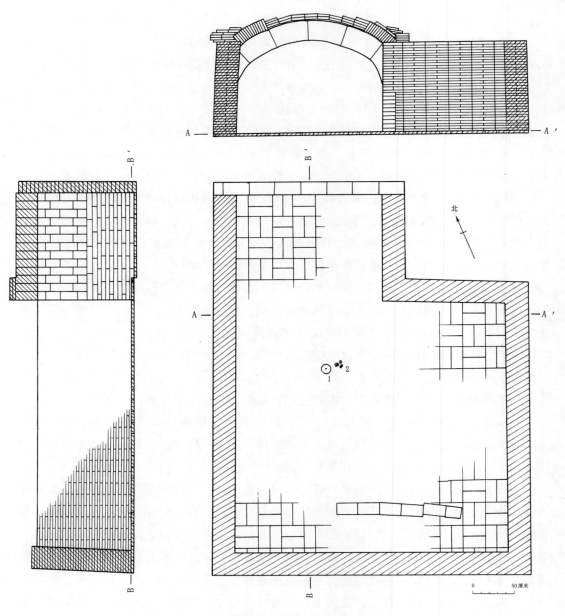

图七　驮山东汉墓 M13 平、剖面图
1. 铜镜　2. 五铢钱

设，木棺的下葬已不是自上而下垂直式的，而是从前向后水平式的，它的时代甚至可与
券顶砖室墓的出现时间并列。有两个重要的现象值得重视：一是构筑甬道券顶所使用的
扇面形楔形砖，与下述永元八年、永元十二年两座纪年墓券顶的墓砖几乎一致；二是两

者都随葬龙虎镜。因此，这座特殊形制的砖椁墓，其年代应在东汉中期的和帝至安帝时期。

（三）券顶砖室墓

17 座（M1、M2、M3、M4、M6、M8、M11、M14、M15、M16、M17、M21、M22、M24、M27、M30、M31）。占全部墓葬的一半以上。

少数墓的墓葬形制和结构保存完好无损，但随葬物品已全被盗劫，如相距只有 5 米，形制结构几乎完全一致，推测应该是同茔异穴合葬的 M3 和 M4。有些墓葬，随葬遗物虽保留不少，但墓葬形制结构却不甚完整，如 M15 和 M30。墓葬形制结构保存较好、出土物又较为丰富的墓葬只有 M31 一座。还有部分墓葬，被毁太甚，又没有任何随葬遗物出土，有 M1、M4、M17、M21 四座。

十七座砖室墓均为单室墓。除 M14、M17、M21 三座形制不清楚外，墓室前均有短甬道。其中以甬道偏于一侧、平面形状呈刀形的居多，共 9 座；甬道居中、平面形状呈凸字形的较少，共 3 座。M1 残长 3 米多，宽不及 1 米，应是没有甬道的长方形砖室墓，惜破坏太甚。

墓葬总长均在 4 米以上，但不超过 7 米，是长江下游地区中型偏小的墓葬。墓内长度最长的为 M3，长 6.5 米，最短的为 M27，残长 4.22 米。其中 6 米以上的有六座，5～6 米的有四座，4～5 米的有三座。墓室长 3.64 米（M6）至 4.95 米（M3），多为 4 米左右；宽 1.38 米（M6）至 2.8 米（M31），以 2 米左右的居多。甬道均比较短，长 0.42 米（M27）至 1.88 米（M2），以 1.5 米左右的为主；宽度 0.94 米（M6）至 1.7 米（M31），大多为 1 米上下。从几座顶部结构保存较好的墓葬看，墓室高度为 2.2 米（M27）至 2.94 米（M3），甬道高度为 1.4 米（M4）至 1.6 米（M3）。

墓壁砌法有两种：一种砌法同上述木顶砖椁墓，为错缝平砌，有单砖，也用双砖，部分砖壁用牙砖加固；另一种为顺丁砌法，即几层平砖上侧砌一道竖砖。两种砌法所占比例大体一致，又以错缝平砌者稍占上风。墓室两侧壁和后壁转角处相互咬合、拉结的现象开始减少。

铺地砖单层或四层，有四层铺地砖的仅见于 M4。铺法以两横两纵交错平铺为主，也有少量墓葬的墓底是一排横砖一排纵砖交替平铺的，如 M6。墓室与甬道的铺法大多一致，惟 M8 的墓室铺法为一排横砖一排纵砖交替平铺，而甬道则横砖错缝平铺。

墓室券顶用特制的大型扇面状楔形砖或普通的长方形条砖砌筑，用长方形楔形砖（墓砖的侧面厚度不一样）作顶的少见。甬道券顶全用长方形条砖修筑。

甬道前的封门墙大多没有保存下来，其砌法仅见两种：一种是顺丁砌法；另一种是用丁砖斜砌成人字形。

墓内有棺床的比较少见。

墓内排水沟一般开始于后壁，居于墓室正中，砌于底砖之下，为暗沟形式，仅两层或三层平砖的深度，沟底未铺砖，沟内宽 6～8 厘米，上再平覆一层砖。排水沟通出墓外。

墓砖可分为三种：

第一种是砌墓顶用的大型扇面状楔形砖；

第二种是砌排水沟或墓顶用的长条状楔形砖；

第三种是长方形条砖，长 28～36、宽 14～26、厚 3～7 厘米。

以上三种砖的正面或背面模印有绳纹、叶脉纹和射线纹等。砖侧模印钱纹和菱形纹等，部分长方形条砖上还模印青龙、白虎、柿蒂、葵花等简单的画像，有些在砖侧模印"永元八年"、"永元十二年五月作"、"永元十二年七月"等纪年文字。

随葬遗物共出土 39 件（组），只在三个墓内有残存。器物多出土于甬道内或甬道与墓室的交界处，质地有原始瓷、釉陶、硬陶、泥质陶、铜、铁和石质等，器形有虎子、五管瓶、罍、罐、耳杯、灶、井、铜镜、铁剑、铁刀、五铢钱和砺石等。

有三座墓出土器物比较丰富，且墓砖或器物上有明确纪年，还有一座，虽被盗一空，但墓葬形制和结构保存十分完好，故作举例说明。

1. M15（出土"永初六年五月……丙午"铭刻的铜带钩）

（1）形　制

M15，平面呈刀形，墓室长 4.85、宽 2.18、残高 1.47 米。方向 110°。甬道长 1.55、宽 1.17、残高 0.53 米。券顶已坍落，墓壁也有不同程度的倒塌。墓壁砌法以三顺一丁起基，其上用六顺一丁、五顺一丁两组，丁砖比顺砖宽一倍，顺砖在转角处相互咬合。底砖单层，两横两纵交替平铺。墓砖的规格，长 34、宽 17、厚 3.5 厘米（彩版二四，1；图八）。

（2）随葬遗物

13 件。有釉陶虎子、三足罐、耳杯，泥质灰陶井、盆、釜和铜带钩。

釉陶虎子　1 件。标本 M15:1，器体如茧形，惟前后两面较陡，背上有提梁，上面刻划出绹索状纹样。整个器形作老虎蹲踞状，虎头侧视，与器口成直角，张嘴睁目长啸，后部阴刻虎尾，背部两侧阴刻交叉斜线纹，如羽翼状。虎子器口下方的前腹部阴刻与腹部一致的菱形十字交叉纹样，连虎须也刻划精细，形象逼真生动。胎略发红，背上施青绿釉，较薄。长 26、宽 10～12、高 19、壁厚 0.7～1 厘米（彩版二四，2；图版四一，2；图九，1）。

釉陶三足罐　1 件。标本 M15:2，敛口，弧肩，腹较直，平底，下置三矮兽足，肩设对称半环形双耳，肩部篦划多重水波纹，水波纹上下各饰一道弦纹。釉不及底，呈黄绿色，较凝重。胎由于没有烧结而呈淡红色，胎釉结合较差，釉面易剥落。高 11.8、

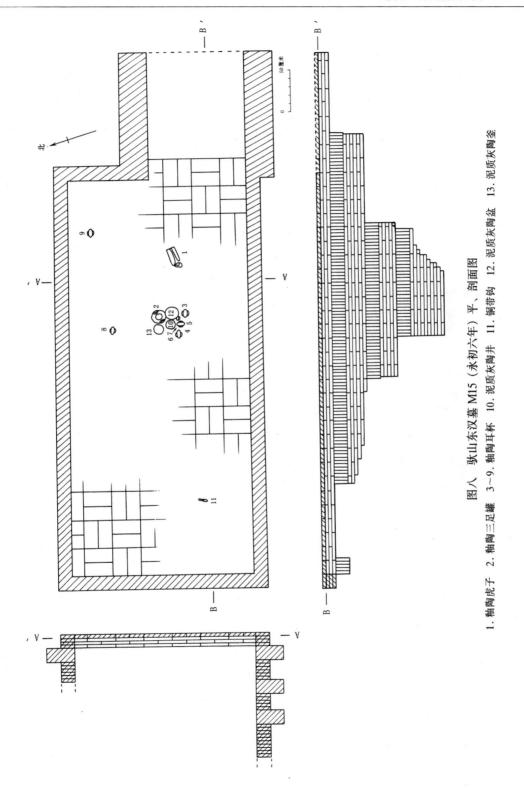

图八　驮山东汉墓 M15（永初六年）平、剖面图

1. 釉陶虎子　2. 釉陶三足罐　3～9. 釉陶耳杯　10. 泥质灰陶井　11. 铜带钩　12. 泥质灰陶盆　13. 泥质灰陶釜

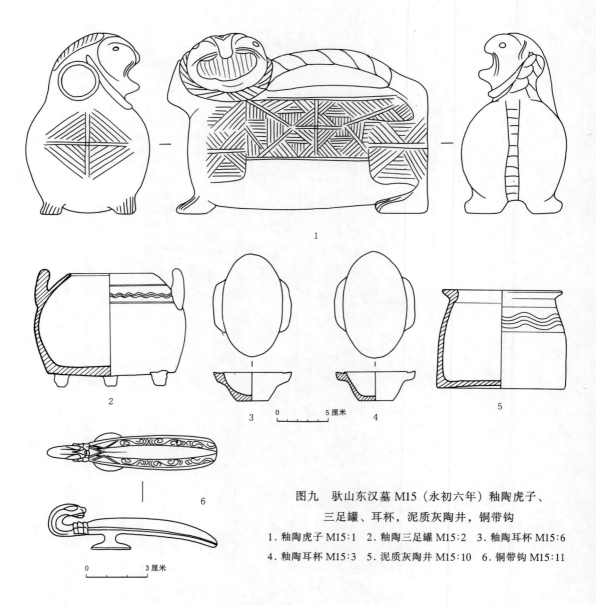

图九　驮山东汉墓 M15（永初六年）釉陶虎子、
三足罐、耳杯，泥质灰陶井，铜带钩

1. 釉陶虎子 M15:1　2. 釉陶三足罐 M15:2　3. 釉陶耳杯 M15:6
4. 釉陶耳杯 M15:3　5. 泥质灰陶井 M15:10　6. 铜带钩 M15:11

口径 8.2、底径 12.4、腹径 15.4 厘米（图九，2）。

釉陶耳杯　7 件。平面椭圆形，新月形耳面微上翘，斜浅腹，平底。器内外均施釉，外壁施釉不及底，底部挂釉。釉色以青黄居多，少数呈青绿，釉层较厚，有细小裂纹，胎呈黄褐色或灰褐色，坚硬致密。标本 M15:6，口径 6.4~11.2、底径 3~6.6、高 3.2 厘米（彩版二四，3；图九，3）。标本 M15:3，口径 6~10.8、底径 3.2~6.4、高 3 厘米（彩版二四，3；图九，4）。

泥质灰陶井　1件。标本 M15：10，模型明器。敛口，平沿，尖唇，直筒形腹，平底略内凹。上腹饰数道凹弦纹，中间篦划较浅的多重水波纹。口径 12、底径 12.5、高 10.2 厘米（图版四一，3；图九，5）。

铜带钩　1件。标本 M15：11，琵琶形，钩作蛇头状，钩身正面有花纹，两侧为云气纹和菱形纹，经过仔细辨认，内刻"永初六年五月……丙午"十余字的铭文，但无法描绘下来。长 8.4、宽 2、高 2.3 厘米（图九，6）。

还有两件泥质灰陶器，分别是釜和盆，它们是模型明器灶上的附件。

2.M30（墓砖上有"永元八年"的铭刻）

（1）形　制

M30，平面呈凸字形。墓室长方形，长 4.75、宽 2.38、残高 2.29 米。方向 110°。甬道近方形，长 1.59、宽 1.54、残高 1.65 米。墓室两侧壁以八顺一丁起基，其上用单砖或双砖纵横间隔错缝平砌。券顶用大型扇面状楔形砖构筑，只保留两层，大多已坍落。后壁砌法与侧壁稍有不同，比侧壁多使用一层侧砌的丁砖。甬道两壁的砌法与墓室同，在 1.1 米高处起券，券顶未使用楔形砖。甬道和墓室前部铺地砖为两横两纵交替平铺。棺床位于墓室后部，长 3.7 米，砌三层砖，比底砖高出 15 厘米（彩版二五，1；图一〇）。

（2）墓　砖

M30 的墓砖有四种。

第一种为特制的大型扇面状楔形砖，用于墓室的券顶部位。长 34～44、宽 27、厚 7.5～8 厘米，砖的正面模印菱形纹，朝向墓室的短侧面模印叶脉纹和菱形、三角形等几何纹样（图一一，1、2）。

第二种为厚度较大的长方形条砖，用于墓室侧壁。长 30、宽 19、厚 7 厘米。正面模印绳纹，侧面模印三朵花卉状图案，中间为莲瓣，左右为柿蒂状花卉（图一二，1、2）。

第三种为厚度较大的长方形条砖，用于墓室侧壁。长 36、宽 26、厚 7 厘米。侧面模印青龙、白虎图案，一左一右。

第四种为普通的长方形砖，主要用于甬道、墓室后壁和墓底。长 34、宽 17、厚 4.5～5 厘米。部分用于后壁者，砖侧模印有"永元八年"（公元 96 年）纪年铭文，"永元"和"八年"的文字间用钱纹和菱形纹间隔（彩版二五，2；图一三）。

（3）随葬遗物

10 件。摆放位置已非原位。甬道内没有发现器物，均散乱地分布在墓室底砖和棺床上。器类有原始瓷的五管瓶、折肩罐，硬陶的罍、罐，泥质陶的耳杯、灶的附件甑和铁环首刀等。

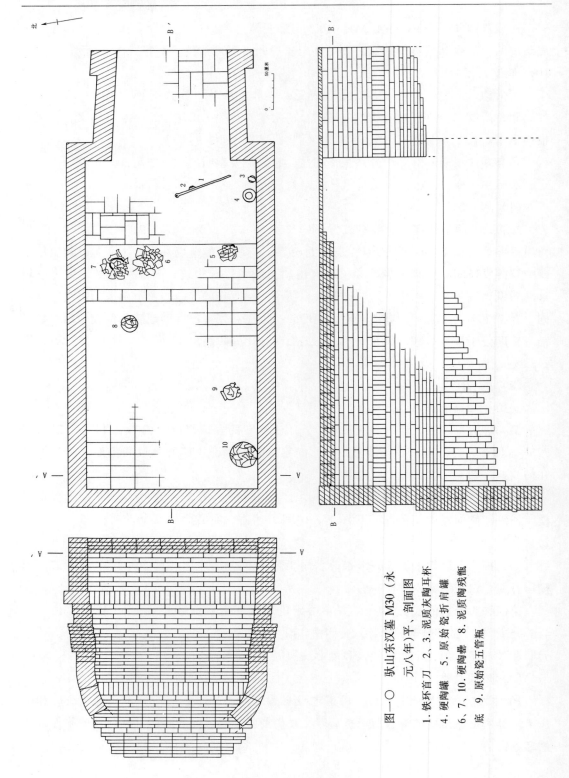

图一〇　驮山东汉墓 M30（永
元八年）平、剖面图
1. 铁环首刀　2、3. 泥质灰陶耳杯
4. 硬陶罐　5. 原始瓷折肩罐
6、7、10. 硬陶罍　8. 泥质陶残瓶
底　9. 原始瓷五管瓶

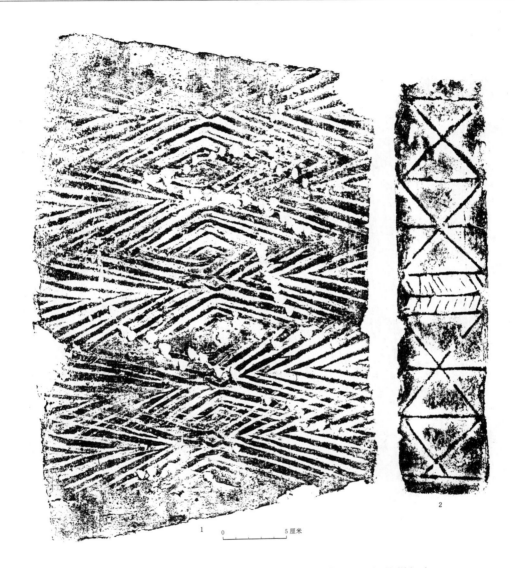

图一一　驮山东汉墓 M30（永元八年）墓砖（之一）纹样拓本
1. 正面纹样　2. 侧面纹样

　　原始瓷五管瓶　1件。标本 M30：9，主体管的肩部粘贴着四个小管，只有中间一管与主体管相通，且高出直立于四周的四个小管。主体管粗长颈，敞口，方唇，扁鼓腹，形似束腰的葫芦，圈足较高。四个小管形体比中间一管细长。主体管和中间小管的肩部饰数道弦纹。主体管及上面四个小管的肩部以上施釉，釉色青偏黄色，釉层脱落较甚，胎灰色，质地坚硬，露胎处呈红褐色。口径 5.4、底径 11.6、腹径 22.8、高 25.6 厘米（图一四，1）。

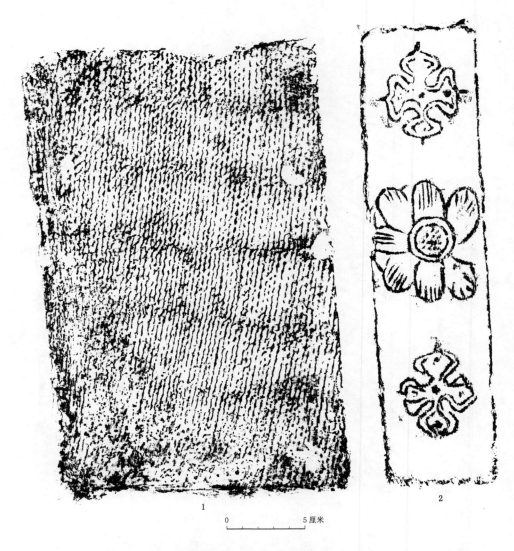

图一二 驮山东汉墓 M30（永元八年）墓砖（之二）纹样拓本

1. 正面纹样 2. 侧面纹样

原始瓷折肩罐 1 件。标本 M30：5，直口短颈，斜折肩，直筒腹，平底。肩上置对称的双竖耳，耳面饰叶脉纹。肩和器耳部位篦划多重水波纹一周，肩和上腹部有数道凹弦纹，下腹与器底交接处拍印一圈斜向的细方格网状纹样，与同墓出土的罍上拍印的纹样相同。除近底处不上釉外，其余外壁均上釉，釉色青偏绿，较厚，极少脱落，胎釉结合好，胎质坚硬而且细密，呈灰白色。口径 10.4、底径 13.8、腹径 18、高 20 厘米（图版四一，4；图一四，2）。

硬陶罍 3件。造型和花纹与下述 M31 出土的罍相同。直口，短颈，平沿上有一道凹槽。器表呈灰色，断面为红色，胎薄。通体拍印细密的斜向方格网状纹，如标本 M30∶6（图一五）。

硬陶罐 1件。与下述 M31 出土者类似。

泥质灰陶耳杯 2件。形态和上述 M15 出土的七件釉陶耳杯相同。

铁环首刀 1件。标本 M30∶1，刀身前窄后略宽，长 84、宽 2.4～3.8 厘米，截面呈三角形，环首孔径为 2～2.5 厘米（图一四，3）。

泥质陶灶的附件，仅见甑底，算为圆孔。

3.M31（墓砖上有"永元十二年"铭刻）

（1）形 制

M31，平面呈刀形。墓室长方形，长 4.7、宽 2.8、高 2.89 米。甬道长 1.72、宽 1.7、残高 1.42 米。方向 105°。墓室两侧壁砌法为单砖错缝平砌，间用三组牙砖加固，在高 1.6 米处开始起券，券顶用大型扇面状楔形砖构筑，规格与 M30 的稍有区别，顶部仅存靠后壁的两组。后壁的砌法同侧壁，只是用于加固砖壁的牙砖达到了五组。甬道两侧壁的砌法和墓室相同，亦用牙砖加固壁面，在高 1 米处开始起券。券顶使用普通长方形条砖。铺地砖单层，两横两纵交替平铺（彩版二六，1；图一六）。

（2）墓 砖

M31 的墓砖有四种。

第一种为大型扇面状楔形砖，用于墓室券顶，长 34～40、宽 24、厚 6.5 厘米。砖的正面模印有菱形纹、十字与柿蒂组合在一起的花纹。整块砖面的花纹是模印四次拼接起来的，模子的宽度为 10 厘米。砖侧模印有叶脉纹、柿蒂纹、乳丁纹和齿轮状纹样（图一七，1、2）。

第二种为较厚的长方形条砖，用于甬道和墓室的壁面，长 35、宽 20、厚 6 厘米。砖的正面有绳纹，

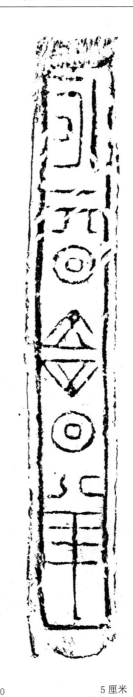

0 5 厘米

图一三 驭山东汉墓 M30（永元八年）墓砖（之三）铭文拓本

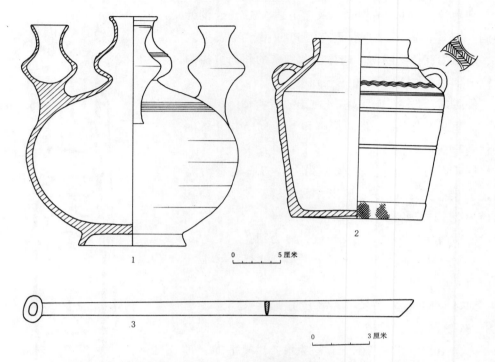

图一四　驮山东汉墓 M30（永元八年）原始瓷五管瓶、折肩罐，铁环首刀
1. 原始瓷五管瓶 M30∶9　2. 原始瓷折肩罐 M30∶5　3. 铁环首刀 M30∶1

图一五　驮山东汉墓硬陶罍 M30∶6
（永元八年）纹样拓本

侧面模印青龙、白虎图案，中间以竖线间隔，青龙居左，白虎在右（彩版二六，2；图一八，1、2）。

第三种为普通长方形条砖，用于墓底铺地，长 34、宽 17、厚 4.5~5 厘米。

第四种为纪年砖，规格同第三种墓砖，主要用于墓室后壁。砖的正面模印有竖线放射状纹，整块砖面分三次模印拼接而成，模子的宽度为 10 厘米（图一九，1）。砖侧模印有"永元十二年"（公元 100 年）纪年文字，"永元"与"十二年"之间用两个铜钱和竖线菱形纹隔开（图一九，2），或在纪年文字两边各模印一个铜钱纹（图一九，3）。

（3）随葬遗物

16 件。有原始瓷的五管瓶、罐、盆，硬陶

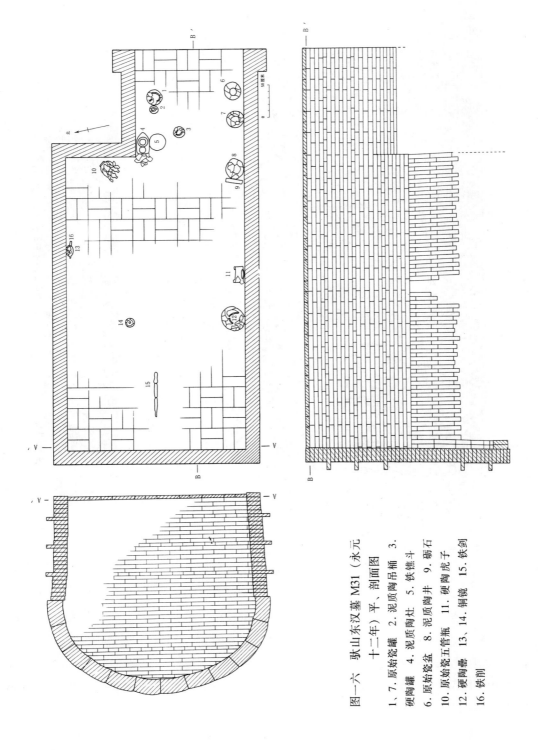

图一六　驮山东汉墓 M31（永元十二年）平、剖面图

1、7. 原始瓷罐　2. 泥质陶吊桶　3. 硬陶罐　4. 泥质陶杜　5. 铁焦斗　6. 原始瓷盆　8. 泥质陶井　9. 砺石　10. 原始瓷五管瓶　11. 硬陶虎子　12. 硬陶罍　13、14. 铜镜　15. 铁剑　16. 铁削

图一七　驮山东汉墓 M31（永元十二年）墓砖（之一）纹样拓本
1. 正面纹样　2. 侧面纹样

的罍、罐、虎子，泥质陶的灶、井、吊桶，铜镜，还有砺石、铁剑、铁削、铁釜和铁镳斗等。摆放比较有规律。甬道口南侧壁下依次置原始瓷盆和罐。北侧壁下依次置原始瓷罐、泥质陶吊桶、水井和灶的模型明器。甬道中间置硬陶罐。墓室前壁下放五管瓶。墓室南侧壁下依次放铁釜、砺石、硬陶虎子和罍。北侧壁中部下放铜镜和铁削。墓室中部放铜镜和铁剑。据推测，有些器物已非入葬时的摆放位置。

　　原始瓷五管瓶　1件。标本 M31:10，器形基本同上述 M30 出土的五管瓶。中间一

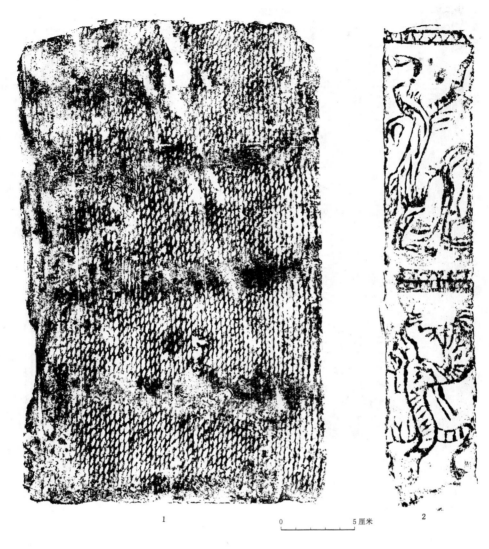

0　　　　　5厘米

图一八　驮山东汉墓 M31（永元十二年）墓砖（之二）纹样拓本

1．正面纹样　2．侧面纹样

管较大，比周围四小管高出近 4 厘米，假圈足，底略内凹。肩部有两组凹弦纹，主体管
和小管上腹以上均施淡青釉。胎质坚硬，灰白色，露胎处呈赭红色。口径 6.4、底径
13.2、腹径 22.4、高 27 厘米（图二〇，1）。

　　原始瓷罐　2 件。器形基本相同。标本 M31:1，大敞口，短颈，上有一道内束的凹
槽，鼓肩，腹斜直，平底，最大径位于肩腹间。肩部置对称双竖耳，耳面饰叶脉纹，耳
部上下各饰一道凹弦纹，下腹有轮旋纹。肩部以下施青釉，釉色偏黄，露胎处呈灰黄

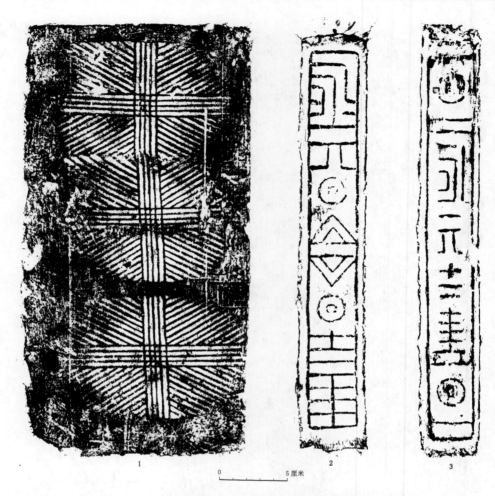

图一九　驮山东汉墓 M31（永元十二年）墓砖（之三）纹样及铭文（之四）拓本

1. 正面纹样（之三）　2. 侧面铭文（之三）拓本　3. 铭文拓本（之四）

色，胎质坚硬、致密。口径 17.6、底径 16.2、最大腹径 24.4、高 22.4 厘米（图二〇，2）。标本 M31:7，底和下腹交接处拍印一圈斜向方格状网纹，与上述 M30 出土的折肩罐（M30:5）所饰花纹一致。

原始瓷盆　1 件。标本 M31:6，敞口，斜向宽折沿，折中腹，高圈足。外壁上腹部饰多道凹弦纹。内壁施满釉，外壁施釉不及底，釉色青绿，器底无釉处呈橘红色。口径 28、底径 12、高 10 厘米（图二〇，3）。

硬陶罍　1 件。标本 M31:12，直口，平沿尖唇，鼓中腹，小平底。器形呈宽扁状。肩部以下拍印斜向细方格网状纹。胎体由于烧结差而略呈灰红色。口径 20.6、底径 13、腹径 35.6、高 28 厘米（图二〇，4）。

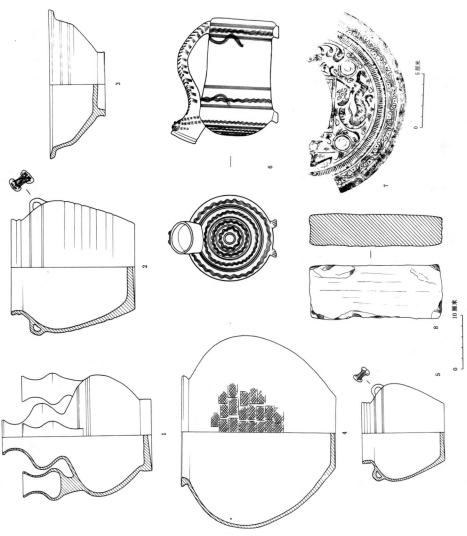

图二〇　驮山东汉墓 M31（永元十二年）原始瓷五管瓶、罐、盆、硬陶罍、罐、虎子、铜镜、砺石

1. 原始瓷五管瓶 M31:1　2. 原始瓷罐 M31:10　3. 原始瓷盆 M31:6　4. 硬陶罍 M31:12　5. 硬陶罐 M31:3　6. 硬陶虎子 M31:11　7. 铜镜 M31:13（拓本）　8. 砺石 M31:9

硬陶罐　1件。标本 M31:3，直口，短颈，颈部外壁有一道内束较深的凹槽，鼓肩，下腹斜直，平底略凹，最大径位于肩腹交接处，肩部置对称双竖耳，耳面饰叶脉纹，器耳上下各有一组凹弦纹，每组三道。器形呈宽扁状。胎坚硬，较细，断面呈灰白色。口径11.4、底径10.4、腹径18、高15厘米（图二〇，5）。

硬陶虎子　1件。标本 M31:11，茧形，作虎踞状，背上有提梁，下置四矮足，前腹圆弧，后壁陡直。提梁作绚索状，上有戳印痕和短篦划纹。口上翘，上塑出眼和耳等。前壁饰多道同心圆圈，内填以多重水波纹。胎质坚硬，胎色呈灰褐色。长23.4、宽16、高19.4、厚0.6~0.7厘米（图版四一，5；图二〇，6）。

铜镜　2面。标本 M31:13，神兽镜。直径18.5厘米。三角宽缘，上饰云气纹。大球形纽，方栏，内区的四乳丁间铸出浮雕状的四神兽，可辨者有青龙、白虎、朱雀，还有一羽人像，惜部分残缺（图二〇，7）。标本 M31:14，龙虎镜，略残。直径14厘米。三角缘，缘的厚度可达1厘米。缘上饰锯齿纹和水波纹。镜面内区有浮雕状青龙、白虎各一，外圈有铭文带，可辨认的有"吕氏作镜四夷服，多贺国家人民息"等十四个文字。

砺石　1块。标本 M31:9，除了一面有使用痕迹，较光滑外，其余三面均没有使用的痕迹，表面较粗糙，用砂岩制作。长24、宽10、厚6厘米（图二〇，8）。

铁剑，残长72厘米；铁削，残长32厘米，出土时均已朽，铁削出土时置于铜镜下；泥质陶灶，船形，长36厘米、宽20厘米、高11厘米，灶面有两个火眼和一个出烟孔，其中一个火眼上置铁釜，出土时已破损；泥质陶井、吊桶和铁镶斗出土时仅能辨器形，均已朽坏。

4.M4

M4，平面呈刀形。墓室长方形，长4.8、宽2.1、高2.84米。甬道长1.54、宽1.1、高1.4米。方向100°。墓葬除了甬道口的封门已不存在外，其余均保存完好。墓壁和券顶用内外两层砖砌筑，壁厚为一块砖的长度或两块砖的宽度。墓壁底部用顺丁法砌筑，第一组二顺一丁，其上七顺一丁两组，以上都用顺砖错缝平砌。在壁高1.86米处开始起券。后壁砌法与侧壁相同，转角处不咬合。甬道砌法同墓室，在0.85米高处开始起券。底砖有四层，最上一层两横两纵交替平铺。排水沟起始于后壁正中略偏南，距南壁0.8米，斜穿于墓室和甬道，在甬道口正中通出墓外。排水沟为暗沟形式，砌于铺地砖下，沟的两侧壁用平砖顺砌两层，深8、宽10厘米，位于墓内的沟底铺有底砖，墓外的沟底则不铺砖，沟上用一层平砖覆盖。整条排水沟用楔形砖砌成，砖长35、宽15~17、厚4厘米。其余的墓砖与上述 M30、M31 等墓的纪年砖类似（图二一）。

随葬遗物已被盗一空。

M4 与 M3 地处下坡的同一坡面，方向、形制、结构均一致，相距仅5米，估计两

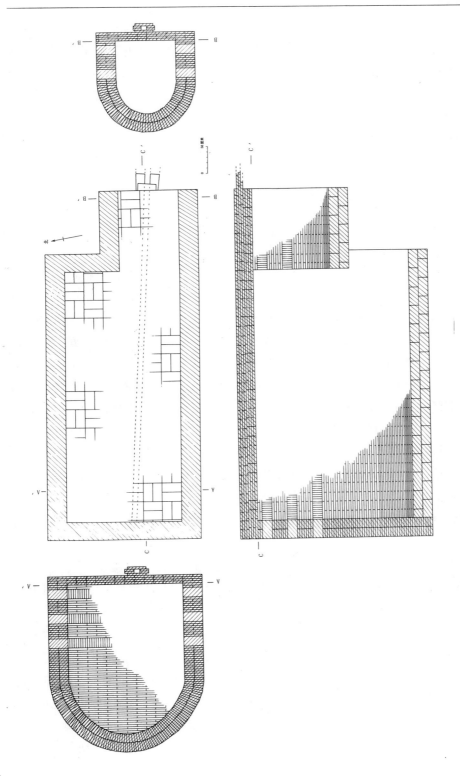

图二一 驮山东汉墓 M4 平、剖面图

墓应为同茔异穴合葬墓。

此外，M22 也发现有纪年砖，长 33、宽 16、厚 4.5 厘米。砖的正面模印竖线、圆圈及放射状纹样，一块整砖模印四次，每个模子宽度近 9 厘米，部分图案交错重叠，使放射状纹样交错如方格网状纹样（图二二，1），砖侧的纪年文字为"永元十二年（公元100 年）五月作"（图二二，2）。

二十五座东汉墓，时代大部分处在东汉中期，有些可晚到东汉晚期。

二、东晋墓葬

5 座（M5、M7、M9、M10、M26）。占全部墓葬总数的六分之一。有凸字形券顶砖室墓和刀形券顶砖室墓之分。

东晋墓与东汉墓交错分布于驮山中下坡，分布不及东汉墓葬密集。平面形状以凸字形为主，也有少量甬道偏于一侧的刀形墓。墓室左右两侧壁和后壁向外砌出弧线，略向外鼓，呈船形。墓葬总长最大的为 M5，长 6 米；M10 最短，长仅为 4.95 米，为本区中型偏小的墓葬。墓室长 3.8~4.2、宽 1.24~1.94、高 1.84~2.02 米。甬道长 1.15~1.8、宽 0.76~1.04、高 1.2 米左右。墓壁砌法多为顺丁砌筑，少量仍采用错缝平砌法。后壁上部砌筑时向内倾斜。顶部用条砖和楔形砖构筑。墓室侧壁或后壁普遍设有长方形灯龛，有些灯龛顶部还砌出弧线。底砖一至三层，以斜向人字形铺法为主。有些墓内设有棺床，砌出排水沟和阴井。

墓葬均早年被盗，随葬遗物大多已被洗劫一空。M9 出土一件完整的青瓷洗，以及圆桶、罐和盘口壶的残片。M10 尚保留有青瓷唾盂、碗、盏、盏托等七件编号器物。

墓砖有两种。

第一种为长方形条砖，长 30~34、宽 15~17、厚 4~5 厘米。砖侧模印钱纹和几何纹。

第二种为楔形砖，长度是同墓所用砖长度的一半，相当于墓砖的宽度，长 15~17、长端宽 12~16、窄端宽 9~12、厚 4~5 厘米。砖侧模印钱纹和几何形纹，主要用于砌筑券顶。

（一）凸字形券顶砖室墓

以 M10 为例。

M10，甬道居墓室前正中位置。距甬道 0.5 米的墓室前部券顶上有一个长 60、宽40 厘米的近椭圆形盗洞。甬道券顶已坍塌，其余结构保存尚完整。无论墓室还是甬道，其侧壁和后壁均向外砌出微鼓的弧线。墓室长 3.8、宽 1.24~1.48、高 1.84 米。甬道长 1.15、宽 0.94~0.96、高 1.28 米。方向 120°。墓壁以单砖错缝平砌，由底向顶逐渐

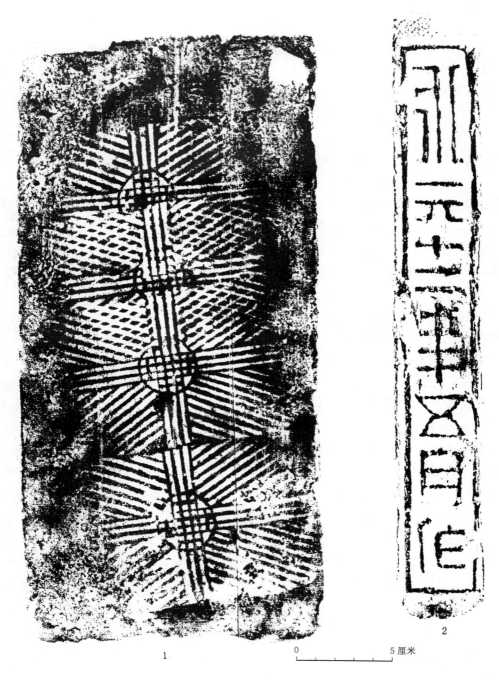

1　　　　　0　　　　5 厘米

图二二　驮山东汉墓 M22（永元十二年）墓砖纹样及铭文拓本

1. 正面纹样　2. 侧面铭文拓本

往里内收，在距后壁1.9、高1.14米处两侧壁各砌出一灯龛。灯龛宽12、高11、进深9厘米，上端呈弧线形。墓底以单砖错缝平铺。甬道砌法与墓室相同，在0.9米高处起券，顶部已塌陷，但高度尚可复原。封门墙仅剩两层，其砌法亦同墓室，只是宽度加倍。排水沟起始于甬道和墓室的交接处，在铺地砖的下方，沟的两侧壁用两层顺砖叠砌，深9、宽8厘米。沟底也铺砖，沟的上面再用两层横砖覆压（图二三）。墓砖长30、宽15、厚4.5厘米。侧面模印几何纹。

随葬遗物有7件。均为青瓷器。器形有唾盂、碗、盏和盏托。内外壁均施釉，外壁施釉不及底，釉色青偏黄，釉层较薄，釉面晶莹光亮，上有细小裂纹。胎多呈灰色，质地坚硬，烧结较差者胎色偏土黄，质地较疏松，胎釉结合大多较好。器表均素面。

青瓷唾盂　1件。标本M10：1，浅盘口，直长颈，斜肩，扁垂腹，大平底，假圈足。口径9、底径9.8、腹径12、高12.6厘米（图版四一，6；图二四，1）。

青瓷碗　2件。大小形制相同。标本M10：05，直口，弧腹，饼形假圈足底。胎釉结合较差，釉色偏黄，且大多剥离器表。口径13.2、底径6.6、高6.4厘米（图二四，2）。

青瓷盏　2件。大小形制相同。标本M10：01，直口，深弧腹，平底，饼形假圈足底。器壁厚重，内底有砂粒。口径8、底径4.4、高5厘米（图二四，3）。

青瓷盏托　2件。大小形制相同。标本M10：03，器形如盘状。口部略往内卷，浅腹，内底略凹，里心有一凹下的圆圈，直径4厘米。饼形假圈足，应与盏配套使用。口径14.4、底径5.6、高2.7厘米（图二四，4）。

（二）刀形券顶砖室墓

以M26为例。

M26，甬道偏于一侧。墓室长4、宽1.52～1.64、高2.02米。甬道长1.21、宽0.82、高1.14米。方向120°。墓室侧壁为单砖，由底向上四顺一丁共砌三组，然后开始起券，券顶部位使用长方形条砖和楔形砖。后壁砌法与侧壁相同。在距墓底0.57米高，南壁0.55米远处砌出一个灯龛。灯龛宽15、高17厘米。墓底铺地砖有三层，最下一层用两横两纵交替平铺；第二层用顺砖砌出纵向的排水沟，深5、宽7厘米。排水沟起始于墓室后壁，残长1.3米，最上一层采用斜向人字形铺法。甬道砌法基本和墓室相同。上虞驿亭谢家岸后头山发掘的东晋墓也有这种情况[4]。五条纵向排水暗沟与墓室、甬道交接处的一条横向排水沟相通，再汇入阴井，经排水沟通出墓外。封门墙的宽度为墓壁的两倍，八顺一丁、二顺一丁各砌两组，上面错缝平砌（图二五）。

墓砖有两种。

第一种为长方形条砖，长34、宽17、厚5厘米。砖侧模印钱纹和斜线等几何纹。

第二种为楔形砖，长17、宽12～16、厚5厘米。侧面饰有钱纹和几何形纹样。

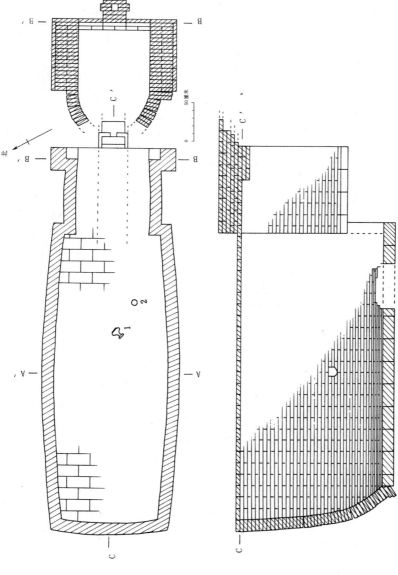

图二三　驮山东晋墓 M10 平、剖面图

填土出土遗物编号为：01、02. 青瓷盏　03、04. 青瓷盏托　05. 青瓷碗

1. 青瓷唾盂　2. 青瓷碗

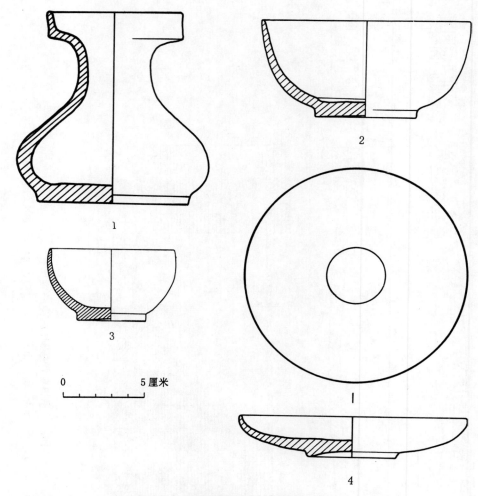

图二四　驮山东晋墓 M10 青瓷唾盂、碗、盏、盏托

1. 唾盂 M10:1　2. 碗 M10:05　3. 盏 M10:01　4. 盏托 M10:03

这次发掘的东晋墓，如上述的 M10，与长江下游地区有明确纪年的东晋墓葬相比，无论墓葬的形制，还是出土的随葬器物，都是一致的。

三、五代墓葬

1 座（M23）。结构并不完整，随葬遗物大多被盗（图二六）。

M23，凸字形券顶砖室墓。墓室长 4.3、宽 1.4~1.88、残高 0.96 米。两侧壁砌出弧形，鼓凸程度比上述东晋墓更甚。甬道长 1.4、宽 0.96~1 米，两侧壁略外弧。方向

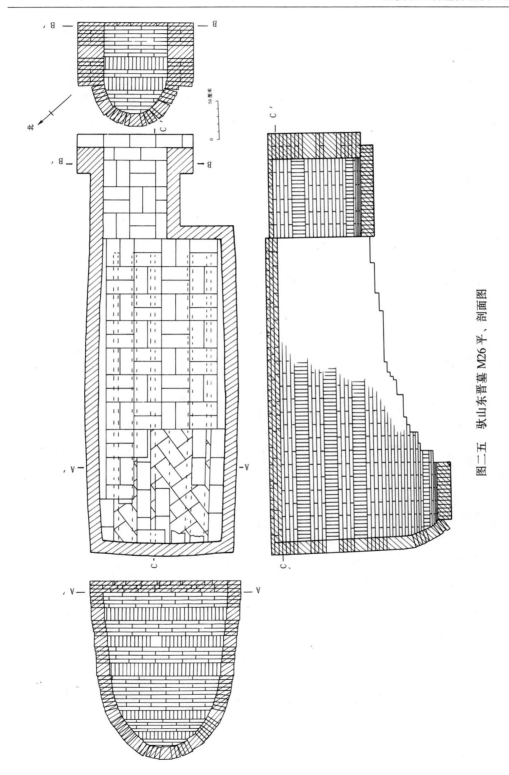

图二五　驮山东晋墓 M26 平、剖面图

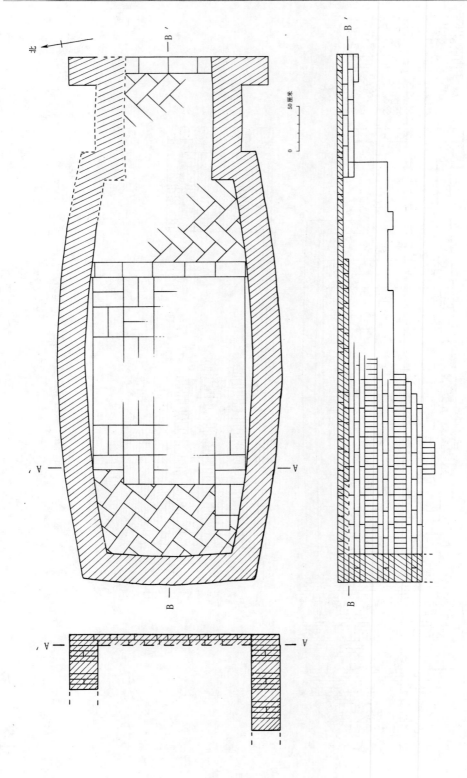

图二六　狄山五代墓 M23 平、剖面图

107°。墓壁宽度为两块砖的宽度，由底向上五顺一丁砌四组，以上部分已经毁掉。后壁砌法同侧壁，转角处不咬合。底砖单层，斜向人字形铺法。墓室后部有长 3.36 米的砖砌棺床，比墓底高出 6 厘米。墓砖长 33、宽 14～16、厚 6 厘米，宽一端的侧壁模印对角直线交叉填线纹。

墓底没有随葬遗物，在墓内填土中发现有残铁镜、青瓷盘口壶、青瓷圈足碗和青瓷罐等碎片。

铁镜　1 件。标本 M23:01，已朽蚀。弧面，镜背有一圆纽，纽径 3.6、直径 14.8 厘米。素面无纹（图二七）。

根据墓内残存的青瓷碎片，结合浙江唐五代墓形制结构的一些基本特征，我们初步推断此墓的年代可能为五代时期。

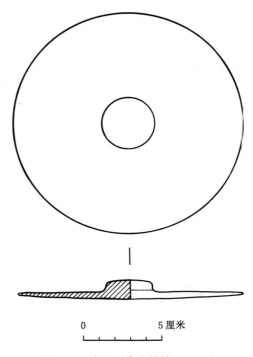

0　　　　　5 厘米

图二七　驮山五代墓铁镜 M23:01

上虞驮山王莽东汉墓、东晋墓、五代墓登记表　　　　（单位：米）

时代	墓号	方向	墓葬形制	甬　道			墓　室			墓砖及墓内设施	随葬遗物	备　注
				长	宽	高	长	宽	高			
王莽~东汉	M29	290°	长方形竖穴土坑木椁墓				坑口4.4墓底3.5	坑口3.6墓底2.38～2.6	墓深4.3～5.1		四神规矩镜 1、五铢钱 308 枚、石黛板和研磨器各 1、硬陶罐 1、铁环首刀 1、铁剑 2、铁戟 1	现代被盗，随葬遗物不全
东汉	M12	110°	近方形木顶砖椁墓				3	2.8	1.35	墓砖32×16×5，26×13×3	墓底有铁剑 1、五铢钱若干	墓壁单砖错缝平砌，铺地砖单层，二横二纵
	M13	22°	刀形木顶砖椁墓（甬道券顶）	1.35	1.8	1.53	3.15	3.38	1.23	墓底有置棺砖。墓砖28×14×3，(37～44)×26×10，32×16×5	龙虎镜 1、铁剑 1、五铢钱 10 枚	墓壁双砖错缝平砌，铺地砖单层，二横二纵

时代	墓号	方向	墓葬形制	甬道 长	宽	高	墓室 长	宽	高	墓砖及墓内设施	随葬遗物	备注
东	M18	150°	长方形木顶砖椁墓				3.02	2.05	1.23	墓砖 28×14×3	硬陶锺1、五铢钱若干	墓壁双砖或单砖错缝平砌，铺地砖单层，人字形
	M19	145°	长方形木顶砖椁墓				2.9	2.11	1.16	墓砖 28×14×3	硬陶锺2、铁剑1、五铢钱若干、砾石1	墓壁单砖错缝平砌，铺地砖单层，二横二纵
	M20	140°	长方形木顶砖椁墓				3.8	1.74	1.4	墓砖 32×16×4	被盗一空	墓壁单砖错缝平砌，铺地砖单层，二横二纵
	M25	120°	长方形木顶砖椁墓				3.26	1.28～1.36	残0.68	墓砖 33×15×4	被盗一空	墓壁单砖错缝平砌，铺地砖单层，人字形
	M28	300°	近方形木顶砖椁墓				3.6	3.6	1.92	墓砖 28×14×3	原始瓷罍2、瓿2、锺2、钵2、硬陶罍1、泥质灰陶灶1、规矩镜2、铜镞1、铜弩机1、五铢钱200枚、玉串珠1串50粒、玻璃串珠1串80粒、铁剑1、铁刀1	墓壁单砖错缝平砌，转角处咬合，铺地砖单层，二横二纵
汉	M1	207°	长方形券顶砖室墓				3.1	0.94	残0.8	墓砖 36×18×4	被盗一空	墓壁单砖错缝平砌，铺地砖单层，纵横不规则平铺
	M2	120°	刀形券顶砖室墓	1.88	1.28	残0.26	4.06	2	残1.14	墓内有砖砌排水沟。墓砖 36×18×5，36×(16～18)×5	被盗一空	墓壁顺丁砌法，铺地砖不清
	M3	100°	刀形券顶砖室墓	1.55	1.15	1.6	4.95	2.15	2.94	墓内有砖砌排水沟，并通出墓外。墓砖 35×17.5×4，35×(15～17)×4	被盗一空	墓壁顺丁砌法，铺地砖单层，二横二纵
	M4	100°	刀形券顶砖室墓	1.54	1.1	1.4	4.8	2.1	2.84	墓内有砖砌排水沟，并通出墓外。墓砖 35×17.5×4，35×(15～17)×4	被盗一空	墓壁顺丁砌法，铺地砖四层，二横二纵
	M6	100°	刀形券顶砖室墓	0.6	0.94	残0.87	3.64	1.38	残1.4	墓砖 28×14×3	被盗一空	墓壁单砖错缝平砌，铺地砖单层，纵横平铺

时代	墓号	方向	墓葬形制	甬道			墓室			墓砖及墓内设施	随葬遗物	备注
				长	宽	高	长	宽	高			
东	M8	115°	凸字形券顶砖室墓	1.46	1.36	残0.42	4.76	2.56	残1.96	墓砖34×17×4	被盗一空	墓壁顺丁砌法
	M11	115°	刀形券顶砖室墓	1.32	0.98	残0.6	3.78	1.44	残0.78	墓砖36×18×5	被盗一空	墓壁顺丁砌法，铺地砖单层，二横二纵
	M14	110°	不清				3.2	1.74	残0.35	墓砖26×13×3	被盗一空	
	M15（铜带钩上有"永初六年"铭刻）	110°	刀形券顶砖室墓	1.55	1.17	残0.53	4.85	2.18	残1.47	墓砖34×17×3.5	釉陶虎子1、釉陶三足罐1、釉陶耳杯7、泥质灰陶井1、泥质陶釜和盆各1（灶的附件）、铜带钩1	墓壁顺丁砌法，二横二纵交替平铺
	M16	105°	刀形券顶砖室墓	1.24	0.98	残0.68	4	1.8~1.84	残1.79	墓砖34×17×4	被盗一空	墓壁单砖错缝平砌，底毁
	M17	147°	不清				残1.36	残1.25	残0.3	墓砖28×14×3	被盗一空	墓壁单砖错缝平砌，铺地砖单层，错缝平铺
	M21	165°	不清				残1.3	残1.24	残0.04		被盗一空	
汉	M22（"永元十二年"墓砖）	105°	刀形券顶砖室墓	1.22	1.14	残0.6	4.2	1.96	残1.8	墓砖34×17×5（纪年砖），28×14×3（底砖）	被盗一空	墓壁顺丁砌法，铺地砖单层，二横二纵
	M24	108°	凸字形券顶砖室墓	残0.42	1.2	残0.14	4.36	2.04	残0.84	墓砖28×14×3.5	被盗一空	双砖错缝平砌，铺地砖单层，二横二纵
	M27	130°	长方形券顶砖室墓	0.42	1.2	残1.68	3.8	1.84	2.2	墓砖28×14×3	被盗一空	墓壁顺丁砌法，铺地砖单层，二横二纵
	M30（"永元八年"墓砖）	110°	凸字形券顶砖室墓	1.59	1.54	残1.65	4.75	2.38	残2.29	墓内有砖砌棺床。墓砖（34~44）×27×8，30×19×7，36×26×7，34×17×5	原始瓷五管瓶1、原始瓷折肩罐1、硬陶瓿3、泥质灰陶耳杯2、硬陶罐1、铁环首刀1、泥质灰陶甑（灶的附件）1	墓壁顺丁砌法，铺地砖单层，二横二纵交替平铺

时代	墓号	方向	墓葬形制	甬道			墓室			墓砖及墓内设施	随葬遗物	备　注
				长	宽	高	长	宽	高			
东汉	M31（"永元十二年"墓砖）	105°	刀形券顶砖室墓	1.72	1.7	残1.42	4.7	2.8	2.89	墓砖（34～40）×24×6.5，35×20×6，34×17×（4.5～5）	原始瓷五管瓶1、原始瓷罐2、釉陶盆1、硬陶罍1、硬陶罐1、硬陶虎子1、神兽镜1、龙虎镜1、砺石1、铁剑1、泥质陶灶1、铁削1、泥质陶井和吊桶各1、铁镶斗1	墓壁单砖错缝平砌，铺地砖单层，二横二纵交替平铺
东晋	M5	113°	凸字形券顶砖室墓（墓室两侧壁外弧）	1.8	1～1.04	残1.04	4.2	1.72～1.94	残1.7	后壁砌出壁龛。墓室后部有砖砌棺床，前部有阴井排水沟。墓砖32×16×5，16×（11～13）×5	被盗一空	墓壁顺丁砌法，铺地砖两层，上层人字形平铺，下层纵横错缝平铺。封门墙单砖错缝平砌
	M7	120°	凸字形券顶砖室墓（墓室两侧壁外弧）	1.34	0.76～0.8	残0.62	3.96	1.44～1.52	2.01	墓砖30×15×4.5，15×（8～12）×4.5	被盗一空	墓壁顺丁砌法，铺地砖两层，纵横交替平铺
	M9	150°	凸字形券顶砖室墓（墓室两侧壁外弧）	1.34	0.92～0.96	残0.61	4.2	1.48～1.66	残1.52	有砖砌排水沟。墓砖32×16×4	仅剩青瓷盘口壶、槅等残片	墓壁顺丁砌法，铺地砖错缝平铺，大部分被毁
	M10	120°	凸字形券顶砖室墓（墓室两侧壁外弧）	1.15	0.94～0.96	残1.28	3.8	1.24～1.48	1.84	有砖砌排水沟。两侧壁各有一壁龛。墓砖30×15×4.5	青瓷唾盂1、青瓷碗2、青瓷盏2、青瓷盏托2	墓壁单砖错缝平砌，铺地砖单层，错缝平铺
	M26	120°	刀形券顶砖室墓（墓室两侧壁外弧）	1.21	0.82	1.14	4	1.52～1.64	2.02	墓室后壁砌出壁龛。有砖砌排水沟。墓砖34×17×5，17×（12～17）×5	被盗一空	墓壁顺丁砌法，铺地砖三层，人字形平铺，封门墙错缝平砌
五代	M23	107°	凸字形券顶砖室墓（墓室两侧壁外鼓）	1.4	0.96～1	残0.09	4.3	1.4～1.88	残0.96	墓室后部有棺床。墓砖33×16×6，33×14×6	填土中出：铁镜1、青瓷盘口壶、青瓷圈足碗、青瓷罐等残片	墓壁顺丁砌法，铺地砖单层，人字形平铺

四、结　语

上虞驮山的四座东汉中期纪年墓，是这次考古发掘的主要收获。它们的集中发现，再一次明确证明，在长江下游地区，形制和结构比较成熟的券顶砖室墓，在东汉中期的和帝至安帝时期已经出现并大量流行。

据目前掌握的材料，长江下游地区最早有确切纪年的券顶砖室墓为东汉章帝的"建初六年"（公元81年）墓，再晚一些的还有章帝略后的和帝、安帝时期的纪年墓（多带有"永元"、"永初"年号），它们主要分布于浙江省，江苏南部地区也有少量发现，但数量比较少，而这次在驮山却集中发现了四座，这是继1981年上虞发掘"永初三年"（公元109年）墓以后的又一次重要考古发现[5]。

这次发掘的一座券顶甬道的砖椁墓，虽然被盗严重，但墓内残存遗物、用砖与几座纪年墓一致。这种形制的木顶砖椁墓，以前在绍兴也同样发现过[6]，而且随葬遗物保存完好，其时代可定在东汉中期。这种墓葬形制是砖椁墓向砖室墓发展的过渡阶段，流行时间并不长，随着券顶技术的进一步成熟和完善，逐渐被券顶砖室墓取代。

发　　　掘：陈元甫、王海明、孟国平、彭必平、黎毓馨
整理执笔：黎毓馨
照片摄影：李永嘉、邵海琴
绘　　　图：徐竞颜、陈华

注　释：

[1] 黎毓馨：《论长江下游地区两汉吴西晋墓葬的分期》，《浙江省文物考古研究所学刊》，长征出版社，1997年。

[2] 新安江水库考古工作队：《浙江淳安古墓发掘》，《考古》1959年9期。

[3] 《上虞羊山古墓葬发掘》，见本报告。

[4] 《上虞驿亭谢家岸后头山古墓葬发掘》，见本报告。

[5] 吴玉贤：《浙江上虞蒿坝东汉永初三年墓》，《文物》1984年3期。

[6] 牟永抗：《浙江绍兴漓渚东汉墓发掘简报》，《考古通讯》1957年2期。

上虞驿亭谢家岸后头山古墓葬发掘

一、概　况

上虞市地形属浙东盆地低山区，地势南高北低，背山面江。曹娥江自南而北贯穿全境。南部为丘陵地带。东南系四明山脉绵延，西部为会稽山脉延伸。北部为平原，是宁绍平原的一部分。驿亭谢家岸属丘陵向平原的过渡地带。平原上一些低缓的小山丘成为历代埋墓的理想之所。后头山即属这种情况（图一）。

上虞市出土文物表明，至迟在6000年前的新石器时代晚期，上虞已有人类栖息定居。与谢家岸一河之隔的马慢桥曾出土距今约4500年的黑陶鬶，这是该地很早就有人类活动的直接证据。春秋战国时期，上虞为越地。上虞置县始于秦，东汉永建四年分上虞南乡立始宁县。隋开皇九年废上虞、始宁入会稽；唐贞元元年，又析会稽置上虞县。长庆初，县废并入余姚，不久复置。县名上虞，传说与舜有关，上虞还有舜江、舜井等地名与古迹。

为配合杭（州）甬（宁波）高速公路工程建设，由浙江省文物考古研究所主持，高速公路沿线文物部门派员参加的杭甬高速公路考古队于1992～1993年对路基范围和取土地点面临破坏的古墓葬进行抢救性考古发掘。后头山即是1992年上半年发掘的一个点（彩版二七）。发掘分二步，先依山坡每隔2米布1米宽的探沟找墓，确认墓葬后逐一编号清理，共发掘古代墓葬56座，其中一座没有发现墓坑，只见一组器物。出土瓷器、陶器、铜器等随葬遗物数百件（图二）。

在五十六座墓葬中，有土坑木椁墓5座，木盖顶砖椁墓3座，券顶砖室墓46座，土坑墓1座及墓葬性质的器物1组。土坑墓、砖椁墓未遭后期盗掘破坏，随葬遗物虽破碎但组合完整。砖室墓"十室九空"，随葬遗物多遭劫无存，而"劫后剩余"的大多是破碎的陶瓷器。四十六座砖室墓仅一座保存完好，随葬遗物组合完整。根据墓葬形制特点、墓壁砌法、随葬遗物组合及器物形态特征的演化，结合纪年墓资料，五十六座墓葬分属东汉、三国、西晋、东晋、南朝和唐代共六个时代。

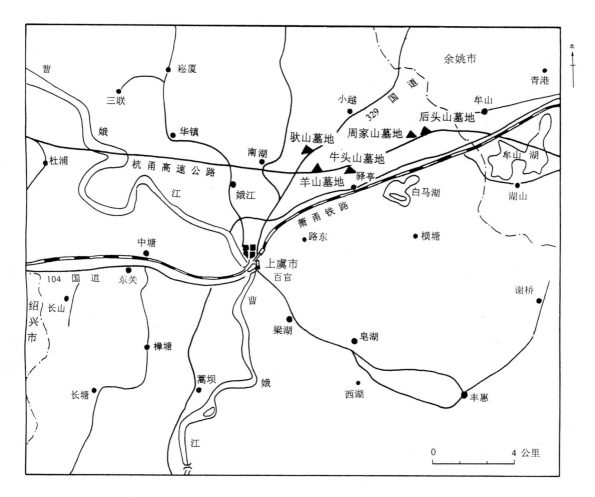

图一　上虞驿亭谢家岸后头山古墓葬地理位置图

二、东汉时期墓葬

（一）形　制

27座。其中土坑木椁墓5座，木盖顶砖椁墓3座，券顶砖室墓19座。

1．土坑木椁墓

五座土坑木椁墓除一座位置稍低在山腰外，其余均分布在山顶和岗脊上，发掘前依然保存着高约2米的圆形封土。墓坑平面形状规整，有方形、近方形和长方形两种，坑壁陡直。墓坑长方形3座，墓坑长2.84～3.2、宽1.5～1.72米；方形、近方形2座，墓坑长、宽分别为3.2、3.5，2.76、3.44米。长方形的均为单棺葬，而方形、近方形

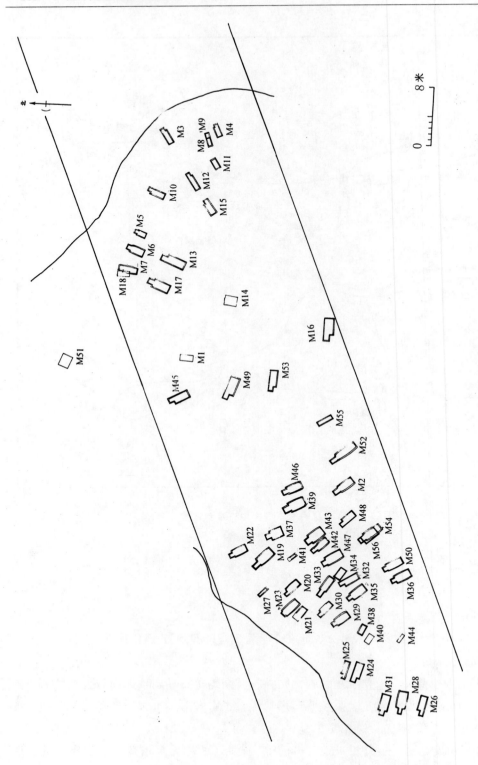

图二 上虞驿亭谢家岸后头山古墓葬分布图

的为一椁二棺。除 M14 墓底有块石垫椁外，均只发现红、黑色板灰印痕，椁、棺无存。也无人骨发现。从随葬遗物排列位置推测，墓葬头向朝山坡上方一侧。随葬遗物一般单边排列，基本组合为釉陶壶、罐、瓿、罍、铜镜、铁剑和泥质陶井、灶等。

M1，长方形竖穴土坑墓。墓坑长 3.2、宽 1.72、深 1.7 米。墓向 182°。椁棺仅存二枚棺钉。随葬遗物集中于墓坑的西侧，铜镜在中间。随葬器物有釉陶盘口壶 2、瓿 2、罐 3，铜镜 1，泥质陶灶 1（彩版二八，1；图三）。

M14，长方形竖穴土坑木椁墓。墓坑长 3.2、宽 2.76、深 3.4 米。墓向 180°。封土分层堆筑，高 2.2 米。墓坑内填土十分硬实，曾经夯筑。墓坑底部有垫椁块石三排。左右双棺合葬。随葬釉陶盘口壶、瓿、罐、罍各 2，铜镜 2，铜带钩 1，棺钉铜饰 1，铁剑、铁刀各 1，泥质陶灶（含甑、锅、釜）、井（井内有汲水罐）各 1，五铢钱若干（彩版二八，2；图四）。

M51，竖穴土坑木椁墓。墓坑方形，边长 3.5、宽 3.5、深 2.7 米。封土高 2.5 米。墓向 190°。双棺。随葬遗物丰富，陶器集中置于东侧，破碎严重。有釉陶锺、罍、罐、瓿各 2，釉陶敞口壶 1，泥质陶井、灶各 1，铜鼎、铜洗各 1（破碎太甚，无法起取）。另外还有铜镜、铁刀、铁剑各 2，铜小刀 1，铜带钩 1，琥珀耳珰 1，石黛板 2 及无法完整起取的串珠 1 堆（质地不明）（彩版二八，3；图五）。

2. 木盖顶砖椁墓

三座木盖顶砖椁墓平面均长方形，长 2.55～3.12、宽 1.2～1.68 米，砖椁高 0.8～1.06 米，盖顶木板无存。墓壁单砖平砌。二座墓葬有墓底砖，铺法二横二竖，一座未铺。随葬遗物单边排放，组合为壶、瓿、罐、罍、铜镜、铁剑等。

M38，砖椁长 2.55、宽 1.2、高 0.8 米。墓向 116°。墓壁单砖平砌，每平砌 3～4 砖，横砌一砖形成牙砖，以增强墓壁的支撑力。墓底没有铺砖。墓砖长 27、宽 13.5、厚 3.5 厘米。随葬釉陶锺 2 件和少量五铢钱（图六）。

M34，砖椁长 3.12、宽 1.68、高 1.06 米。墓向 225°。墓壁双砖错缝平砌。墓底铺砖二横二竖。砖两面均有放射状米字纹（俗称太阳纹）。砖长 26、宽 13、厚 3 厘米。随葬釉陶盘口壶 5、罍 3、瓿 2，铜镜 2，刀 1，铁刀 2，泥质陶灶（含甑、釜）1、井 1，石黛板和研磨器各 1，五铢钱若干（彩版二八，4；图七）。

3. 券顶砖室墓

18 座。根据甬道位置的不同，分"刀"形、"凸"字形两类。

14 座"刀"形砖室墓长 4.5～7.6 米不等，其中 6 米以内的 12 座，超过 6 米的 2 座，而 7 米以上的仅 M13 一座。墓壁多单砖错缝平砌，少量牙砖。M13 墓壁砌法七顺一丁。墓底铺砖有单砖错缝平砌、单砖横竖平砌、双砖横竖平砌等多种铺法。

M16，东汉永元十三年（公元 101 年）纪年墓。该墓是后头山发掘墓葬中位置最高

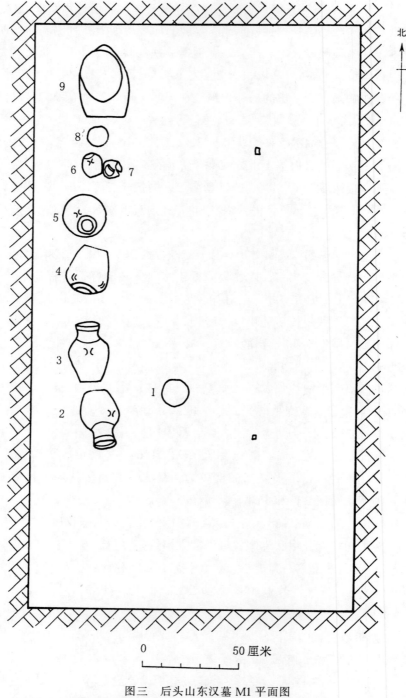

北

0　　　　　　50厘米

图三　后头山东汉墓 M1 平面图

1、铜镜　2、3.釉陶盘口壶　4、5.釉陶瓿　6、7、8.陶罐　9.泥质陶灶

北

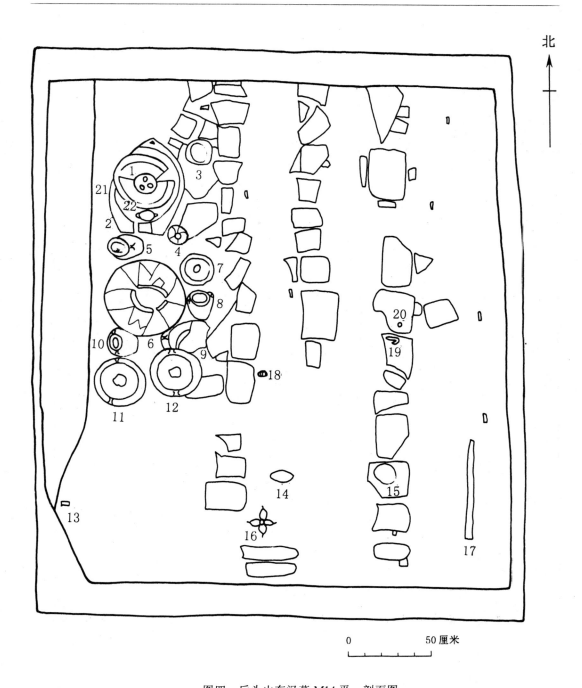

0　　　　　　　50 厘米

图四　后头山东汉墓 M14 平、剖面图

1.泥质陶甑　2.泥质陶灶　3、7.泥质陶井（汲水罐）　4、6.釉陶罍　5、9.釉陶瓿　8、10.釉陶弦纹罐
11、12.釉陶盘口壶　13.铁剑　14、15.规矩四神铜镜　16.棺钉铜饰　17.铁刀　18.五铢钱一串　19.铜带
钩　20.五铢钱一枚　21.铁釜　22.泥质陶锅

的一座，地表有明显隆起的圆形封土。墓葬构筑比较讲究，平面形状"刀"形，土坑长
5、宽3、深4.5米。砖室长4.58、宽2.74、墓室内高3.24米。甬道在墓室的偏右侧，
长1.25、宽1.36米。甬道前有长6、宽1.8米的竖穴墓道。墓道底部有长4.5米的砖

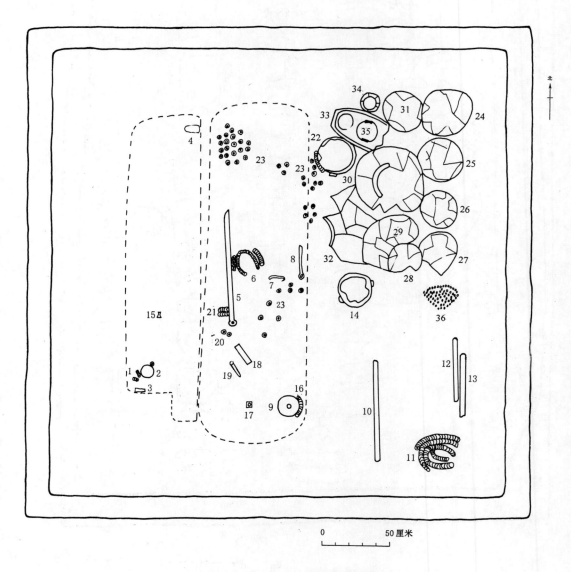

图五　后头山东汉墓 M51 平面图

1、6、11、16、20、21、23.五铢钱　2、9.铜镜　3、4.铁棺钉　5、10.铁剑　12、13.铁刀　7.铜带钩　8.
铜小刀　14.铜洗　15.琥珀耳珰　17、18.石黛板　19.铁器　22.铜鼎　24.釉陶敞口壶　25、26.釉陶弦纹
罐　27、29.釉陶瓿　28、30.釉陶罍　31、32.釉陶锺　33.泥质陶灶　34-1.泥质陶井　34-2.泥质陶汲水
罐　35.泥质陶锅　36.串珠

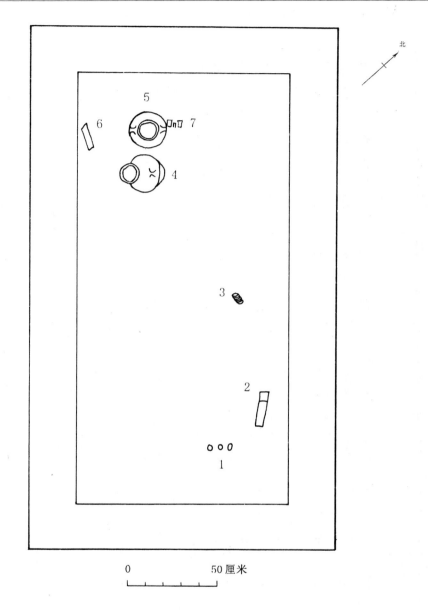

图六　后头山东汉墓 M38 平面图

1、2、6、7. 铁器　3. 五铢钱　4、5. 釉陶锺

砌排水沟从墓内通向墓外。墓向 270°。墓壁单砖错缝平砌，高 1.44 米开始起券，券顶砖缝嵌塞残罍片以增加拱力，防止坍塌。因此，该墓虽遭盗掘破坏，但仍有一段券顶未坍塌。甬道券顶双砖券砌，已坍，从残高推测，甬道内高在 1.8 米以上。封门砖尚存，下部人字形侧砌，上部横砖错缝平砌。墓底铺砖横竖交替平砌。封门砖大部分侧面有

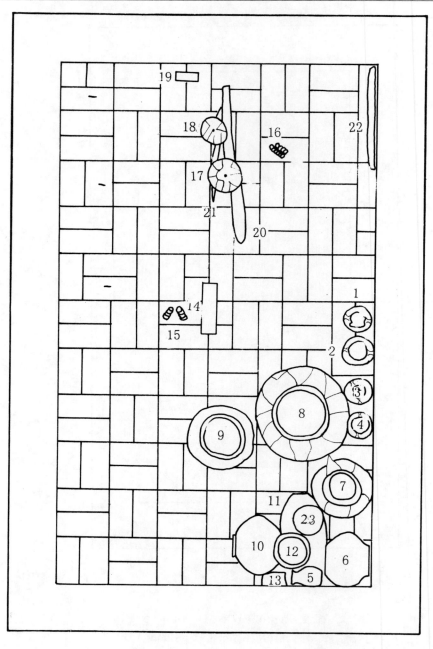

北

0   50厘米

图七　后头山东汉墓 M34 平面图

1~5.釉陶盘口壶　6~8.釉陶罍　9、10.釉陶瓿　11.泥质陶灶　12.泥质陶甑　13.泥质陶井　14.石黛板
15、16.五铢钱　17、18.铜镜　19.石研磨器　20、22.铁刀　21.铜刀　23.铁釜

"永元十三年辛四"铭文。砖长 37、宽 17、高 5 厘米。随葬遗物因被盗，仅见釉陶五管瓶、罍、罐等残片（图八）。

M13，在后头山的东北坡。墓室长 6.05、宽 2.12 米。甬道在墓室的左侧，长 1.55、宽 1.22、高 1.7 米。墓向 20°。墓壁双砖错缝平砌，七顺一丁为一组，砌四组起券，起券高度 1.84 米。券顶已坍。甬道券顶尚存，双砖券砌。墓室后侧砌高一砖作棺床，长 3 米。棺床和墓底均有横竖相间平铺的铺底砖。排水沟从墓室后端一直通到甬道外。封门已破坏无存。墓砖规格不一，长分别是 32.5、34、34 厘米，宽为 15.5、16、5 厘米，厚 3.8、4、4.5 厘米。前两种砖平面均有放射状米字纹（俗称太阳纹）。随葬遗物遭盗掘，填土中发现残簋 1 件，墓底残存五铢钱 1、铜尺 1、铜刀 1、铁刀 1、铁釜 1、银戒指 1、琥珀耳珰 1 和釉陶五管瓶 1、青瓷钵 1（图九）。

M17，"凸"字形券顶砖室墓。墓室长 3.8、宽 1.84 米，券顶内高 2.6 米。甬道长 1.52、宽 1.25 米，券顶已坍。墓向 283°。墓壁单砖错缝平砌，起券处间有牙砖，起券高度 1.8 米，券顶砖缝用残罍片嵌塞，甬道处墓壁双砖平砌。墓底砖双砖二横二竖平砌。墓室后侧棺床部严重破坏。排水沟自墓室后端一直铺至甬道前墓外，后端盖瓦，前段盖砖。随葬遗物残存泥质陶灶（含甑、釜）1 和琥珀耳珰 1、五铢钱等。墓砖主要有两种，长分别是 35、26，宽 17、13 和厚 5.5、3 厘米。砖面模印几何形纹（图一〇）。

M5，"凸"字形券顶砖室墓。墓室长 3.26、宽 1.16 米。甬道长 0.54、宽 0.84 米。墓向 108°。墓壁单砖错缝平砌。封门砖一半在甬道外，随葬遗物被盗劫一空（图一一）。

（二）随葬遗物

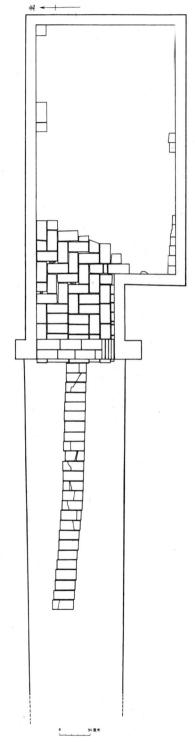

图八　后头山东汉墓 M16 平面图

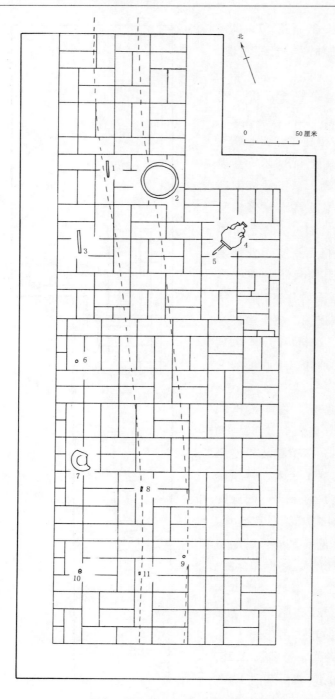

北

0　　　50厘米

图九　后头山东汉墓 M13 平面图

1.铁刀　2.铁釜　3.铜尺　4.釉陶五管瓶　5.铜刀　6、10.五铢钱
7.青瓷钵　8.铁棺钉　9.银戒指　11.琥珀耳珰

东汉时期墓葬的随葬遗物有实用器和冥器两大类。实用器有釉陶、青瓷、泥质陶、铜、铁和玉（石）等类，冥器均为泥质陶。土坑木椁墓和木盖顶砖椁墓的随葬遗物组合是壶、罐、瓿、罍、铜镜、铁剑（刀）、石黛板和泥质陶灶、井及五铢钱等。券顶砖室墓因均遭盗掘，出土遗物组合不清楚，釉陶弦纹罐、五管瓶、锺、罍是常见的随葬遗物。

1.釉陶和泥质陶器

釉陶器是东汉墓葬的主要随葬遗物，泥质陶仅限于泥质陶灶、井等冥器。

敞口壶　1件。标本M51：24，敞口，弧腹，卧足。肩有叶脉纹双系。颈部饰水波纹，肩腹部有密集的弦纹。口径13.6、底径13.6、高34厘米（图一二，1）。

盘口壶　5件。

标本 M40：3，盘口侈沿，鼓腹，平底，肩有叶脉纹双系。肩腹部饰密集的弦纹。口径16.2、底径15、高33厘米（图一二，2）。

标本 M34：5，盘口较浅，假圈足。肩部有叶脉纹双系并有二道弦纹。口径

8.2、底径 7.5、高 17 厘米（图
一二，3）。

　　锺　5 件。

　　标本 M51∶32，盘口，粗
颈，丰肩，鼓腹，圈足外撇。
口沿、圈足部位有水波纹，肩
部有弦纹，叶脉纹双系，其上
有羊角状装饰。口径 16、底径
19.4、高 35.6 厘米（图一二，
4）。

　　标本 M51∶31，盘口，束
颈，溜肩，鼓腹，圈足外壁有
折棱。口径 16、底径 19.5、高
36.8 厘米（图一二，5）。

　　标本 M11∶5，口径 16.5、
底径 19.4、高 36.8 厘米（图一
二，6）。

　　标本 M38∶5，盘口，束颈，
扁鼓腹，圈足壁内外有折棱。
颈部内侧可见密集的弦纹，肩
部有弦纹和水波纹。口径
13.6、底径 16.8、高 30.8 厘米
（图版四二，1；图一二，7）。

　　瓿　8 件。

　　标本 M18∶3，敛口尖唇，
丰肩，兽面双系，球腹，平底。
肩腹部有疏朗的弦纹。整体造
型比较丰满，大底小口。口径
7.8、底径 15.6、高 26.6 厘米
（图一三，1）。

　　标本 M1∶4，敛口，尖唇，
斜沿，溜肩，下腹斜收，平底。
兽面双系，腹部有较密集的弦

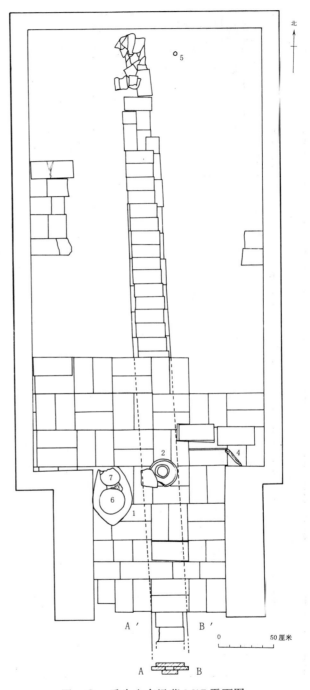

图一〇　后头山东汉墓 M17 平面图

1. 泥质陶灶　2. 泥质陶甑　3. 琥珀耳珰（填土中出）　4. 铁钉
5. 五铢钱　6、7. 铁釜

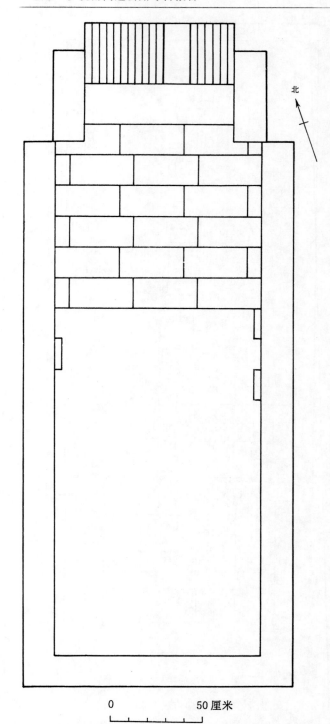

北

0   50厘米

图一一　后头山东汉墓 M5 平面图

纹。口径 9、底径 11.6、高 23.8 厘米（图一三，2）。

标本 M34:9，敛口，尖唇，平沿，下腹斜收，平底。口径大于底径。肩部有叶脉纹双系，肩腹部有密集的弦纹。口径 13.2、底径 12.4、高 22.4 厘米（图一三，3）。

标本 M51:27，口径 14.2、底径 11.2、高 24 厘米（图一三，4）。

标本 M14:5，口径 10、底径 12.8、高 16.8 厘米（图一三，5）。

罍　4 件。

标本 M34:6，尖唇，凹沿，球腹，平底。口径略大于底径。肩腹部拍印梳状纹。口径 15.8、底径 14.5、高 25.4 厘米（图版四二，2；图一三，6）。

标本 M51:28，口径 18、底径 16、高 29.4 厘米（图一三，7）。

标本 M51:30，大口小底。口径 34.8、底径 22、高 46 厘米（图版四二，3；图一三，8）。

弦纹罐　11 件。造型丰富。侈口，鼓腹，平底。肩部叶脉纹双系，也有双系未饰叶脉纹的。

标本 M18:6，口径 12.5、底径 13、高 17.4 厘米（图一

图一二　后头山东汉墓釉陶壶和锺

1. 敞口壶 M51:24　2. 盘口壶 M40:3　3. 盘口壶 M34:5　4. 锺 M51:32　5. 锺 M51:31　6. 锺 M11:5　7. 锺 M38:5

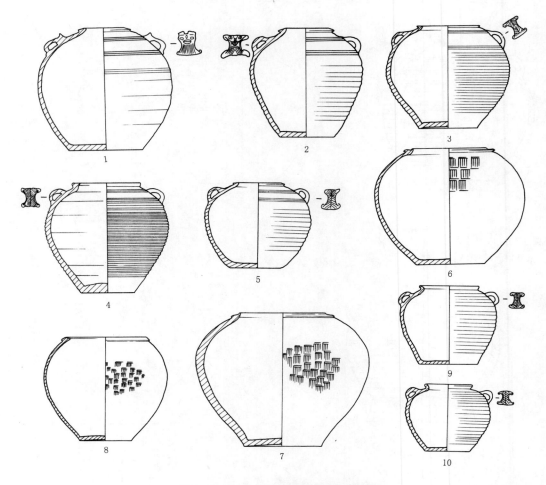

图一三　后头山东汉墓釉陶瓿、罍和罐

1. 瓿 M18∶3　2. 瓿 M1∶4　3. 瓿 M34∶9　4. 瓿 M51∶27　5. 瓿 M14∶5　6. 罍 M34∶6　7. 罍 M51∶28　8. 罍 M51∶30　9. 弦纹罐 M18∶6　10. 弦纹罐 M14∶8（1～7、9、10 为 1/8，8 为 1/16）

三，9)。

标本 M14∶8，口径 9.6、底径 9.6、高 14.9 厘米（图一三，10）。

四管瓶　1 件。标本 M11∶11，青釉泛绿，出土时陶质十分酥软。四管中中管最粗大，另三管呈品字依附于中管。中管口径 7.2、底径 14.8、通高 19.6 厘米（彩版二九，1；图版四三，1；图一四，1）。

五管瓶　5 件。

标本 M10∶1，中管口径 7、底径 11.8、通高 25.9 厘米（彩版二九，2；图版四三，2；图一四，2）。

图一四　后头山东汉墓釉陶瓶

1. 四管瓶 M11:11　2. 五管瓶 M10:1　3. 五管瓶 M48:1　4. 五管瓶 M13:4

标本 M48:1，中管口径 5.8、底径 14.5、通高 28.3 厘米（彩版二九，3；图版四三，3；图一四，3）。

标本 M13:4，边管较长。中管口径 5.6、底径 14.2、通高 29 厘米（图版四三，4；图一四，4）。

泥质陶灶　11 件。冥器，质酥软。灶前尖后方，一般有二个灶眼，前尖部有出烟

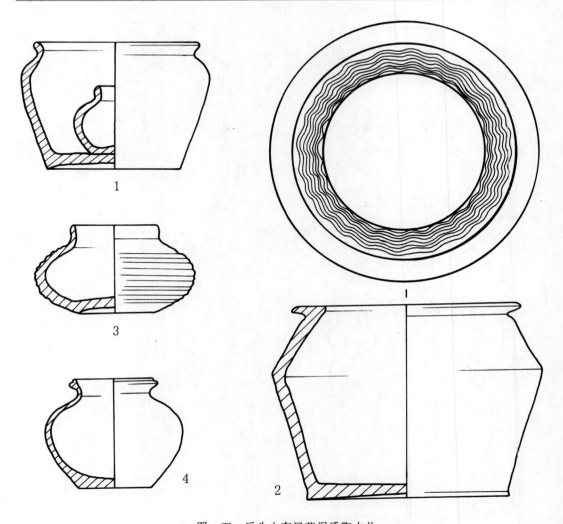

图一五　后头山东汉墓泥质陶水井

1. 水井 M14:7　2. 水井 M51:34-1　3. 汲水罐 M51:34-2　4. 汲水罐 M11:10（2、3 为 1/2，1、4 为 1/4）

小孔，后端设拱形投柴孔。灶上置有铁釜或陶釜、甑类炊具冥器。

　　泥质陶水井　4 件。冥器。常与汲水罐配置同出，汲水罐有的在井内，有的在井外。有的仅见汲水罐而无水井。

　　标本 M14:7，汲水罐在井内。井口直径 17、底径 14.4、高 13.8 厘米（图一五，1）。

　　标本 M51:34-1，井内汲水罐一件。陶井平沿折腹。口径 11.8、底径 10.6、高 10.6 厘米（图一五，2）。

　　泥质陶汲水罐　2 件。

标本 M51：34－2，直口，扁鼓腹，平底内凹，肩腹部有深而密集的弦纹。口径4.4、底径4、高4.9厘米（图一五，3）。

标本 M11：10，泥质橙黄陶，烧结良好，陶胎表面轮制拉坯的胎泥成型，螺旋状纹痕呈色很美观。侈口，圆唇，鼓腹，平底。口径8.4、底径7.4、高12.1厘米（图版四四，1；图一五，4）。

2．青瓷器

罍　2件。胎体灰白，釉面玻化程度不高。

标本 M11：6，直口，肩有双系，鼓腹，平底。肩腹部拍印窗棂纹（梳形纹与方格纹）。口径12.8、底径11.4、高21.6厘米（彩版二九，4；图版四四，2；图一六，1）。

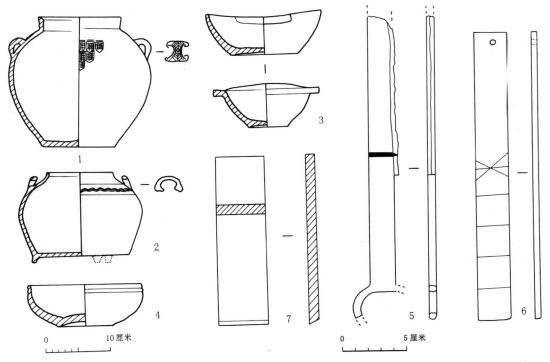

图一六　后头山东汉墓青瓷罍、罐、耳杯、钵，铜刀、铜尺，石黛板

1.罍 M11：6　2.三足罐 M24：3　3.耳杯 M24：2　4.钵 M13：7　5.铜刀 M13：5　6.铜尺 M13：3　7.石黛板 M34：14

三足罐　1件。标本 M24：3，敛口，弧腹，大平底，平底下附三扁矮足。肩部双系，饰水波纹。口径10.4、底径14.4、高14.6厘米（图一六，2）。

耳杯　2件。标本 M24：2，长9.2、高3.5厘米（图一六，3）。

钵　1件。标本 M13：7，直口，圆肩，小平底内凹。口径17.6、底径8.8、高6.8

厘米（图一六，4）。

3.铜器与铁器

（1）铜　器

铜镜　7件。是汉墓的主要随葬遗物之一。

标本 M14:15，规矩四神镜。直径 11.8 厘米（图版四四，3）。

标本 M14:14，规矩四神镜。直径 12.4 厘米。

标本 M40:1，规矩镜。直径 8 厘米。

标本 M51:2，四乳四神镜。直径 9.8 厘米。

标本 M51:9，神兽镜。残甚。

标本 M34:3，神兽镜。直径 18 厘米。

标本 M11:1，鸟兽规矩镜。残甚。

个别墓葬还有铜刀和铜尺等小件铜器。

铜刀　2件。标本 M13:5，残长 23 厘米（图一六，5）。

铜尺　2件。其中一件碎断严重，无法测得其长度。标本 M13:3，制作较粗糙。尺长 23.6、宽 2.6、厚 0.35 厘米。尺寸刻度不甚精确，五寸处交午线，一端有小孔可供穿绳系挂（图一六，6）。

（2）铁　器

铁剑、铁刀也是汉墓中常见的随葬遗物，多锈蚀严重，难以完整起取，无法准确测量长度。

4.其　他

石黛板和琥珀耳珰也常见于汉墓。石黛板一般用细沙沉积岩制作，有的仅一块长方形黛板，有的长方形黛板和上圆下方的研磨器合用。

石黛板　3件。标本 M34:14，长方形。长 13.8、宽 3.7、厚 0.6 厘米（图一六，7）。

琥珀耳珰　2件。标本 M13:1，琥珀质。对钻孔。长 2.5 厘米。

三、三国时期墓葬

1座。

M26，孙吴太平三年（公元 258 年）纪年墓。墓向 270°。刀形券顶砖室墓。砖室长 4.32、宽 1.61、高 2.1 米。甬道在墓室的左侧，长 1.4、宽 0.87、券顶内高 1.42 米。墓壁砌法五顺一丁。后壁有壁龛二个。龛高 13、宽 12、深 8 厘米。墓室后侧有长 3.2 米的棺床，棺床铺砌二横二竖。墓底砖人字形铺砌。封门砖人字形堆砌。甬道口设砖砌下水道。墓砖规格有三种，长均为 30 厘米，宽分别是 13、13.5，厚度分别是 5、4.5、

3厘米。砖侧面模印几何形纹间铜钱纹，端侧砖铭"太平三年"四字。该墓早年严重被盗，只残存青瓷槅1、碗2、盏1（图一七）。

青瓷槅　1件。标本M26:4，子口，卧足。仅口沿处见青釉。槅外圈平分八格，加上中心一格共9格。直径22.2、高4.5厘米（图版四四，4；图一八，1）。

青瓷碗　2件。侈口，平底内凹。标本M26:1，口径8.6、底径4.9、高28厘米（图一八，2）。标本M26:2，口径8、底径4.7、高2.9厘米（图一八，3）。

青瓷盏　1件。标本M26:3，敛口，圆唇，矮圈足。口径6.1、底径3.8、高2.7厘米（图一八，4）。

四、西晋时期墓葬

（一）形　制

7座。全为券顶砖室墓。平面形状有刀形、凸字形、长方形等多种。墓总长3.78～6.9米。墓室两壁略向外弧的墓葬开始出现，墓葬形制出现比较显著的变化。

M36，西晋元康六年（公元296年）纪年墓。凸

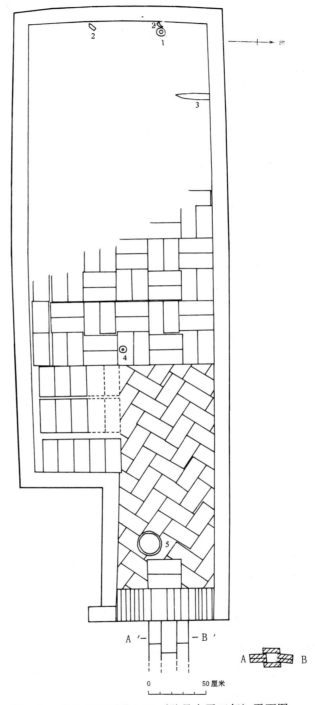

图一七　后头山三国墓 M26（孙吴太平三年）平面图

1.青瓷碗　2.青瓷碗　3.青瓷盏　4.青瓷槅

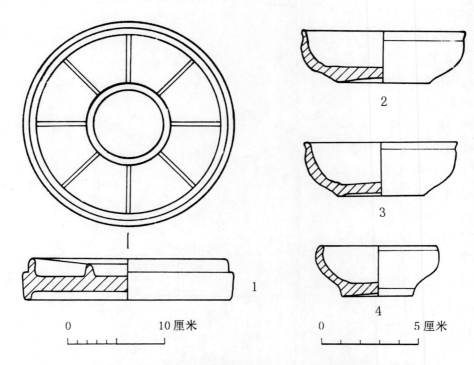

图一八 后头山三国墓 M26（孙吴太平三年）青瓷桶、碗和盏
1. 桶 M26:4 2. 碗 M26:1 3. 碗 M26:2 4. 盏 M26:3

字形砖室墓。墓室长 4.22、宽 1.7~2、高 2.22 米，甬道长 1.2、宽 0.98、高 1.3 米。墓向 335°。两侧墓壁略向外弧鼓，墓壁砌法四顺一丁。墓室后侧有长 3.08、高 0.12 米的棺床，棺床部位墓底生土较高，前端竖砌一砖包边。棺床铺砖横竖相间，墓室前半部和甬道处，底砖铺砌二层。墓室后壁三个砖砌小龛呈品字形布列。各龛长 37、宽 17、深 12 厘米。墓前有竖穴墓道，并设砖砌排水沟。墓道填土经夯筑夯实。墓室正中券顶上有一长 0.91、宽 0.86 米的盗洞，封门砖无存。墓顶发现数枚五铢钱。墓砖规格主要有二种，砖长均为 37.5、宽分别为 13.5 和 17、厚 5 厘米。砖的侧面有阳文小篆"元康六年八月作马桓尹"铭文。另一侧面、端面均有模印的几何纹和铜钱纹。随葬遗物遭盗掘，只残存青瓷罐、盏、灶（冥器）等碎片（图一九）。

M55，长方形券顶砖室墓。砖室长 3.8、宽 0.96、高 1.2 米。墓向 330°。墓壁砌法四顺一丁后单砖错缝平砌。后壁高 1 米处有一个小龛。封门完整，人字形堆砌。墓底砖人字形平铺，在墓室的前半段，垫高一砖放置随葬遗物。封门外有简易排水沟。墓砖长 32、宽 15、厚 4 厘米。侧面有几何形印纹。此墓规模小，结构简单，位置在冷僻的岙内，才得以免遭盗掘，是该地惟一的一座保存完整的砖室墓。随葬遗物主要在墓室前侧垫高一砖的位置，而青瓷虎子在墓室中部偏后处。随葬遗物有青瓷四系罐 2、鸡首壶 1、虎子1、钵1、盘1，铜镜1、银簪1、铜钱若干和铁刀1等（彩版三〇，1；图二〇）。

（二）随葬遗物

西晋时期墓葬随葬遗物以青瓷器为主，由于多数墓葬早年遭盗掘破坏，随葬遗物完整者很少，其组合也不甚清楚。保存完好的M55的随葬遗物组合在一定程度上反映了当时的埋葬习俗。但该墓形制简陋，规模小，其随葬遗物的组合可能不具典型性和代表性。那些营建讲究，结构复杂，规模较大的墓葬，随葬遗物当要丰富得多。四系罐、鸡首壶、虎子、碗、盏、盂等青瓷器是常见的随葬遗物，铜镜也是基本的随葬遗物之一。

1. 青瓷器　13件。

四系罐　5件。分二式：

Ⅰ式　4件。直口，丰肩，小平底内凹，肩饰四系。其中三件罐的肩部有斜方格装饰带。

标本M7：2，口径9、底径8.4、高11.2厘米（图版四五，1；图二一，1）。

标本M7：4，口径10、底径6、高9.8厘米（图二一，2）。

标本M55：1，口径10、底径7.6、高12.5厘米（彩版三一，2；图版四五，2；图二一，3）。

Ⅱ式　1件。标本M55：4，浅盘口，束颈，溜肩，平底内凹较深，肩有四系。口径11.4、底径9.6、高15.2厘米（图版四五，3；图二一，

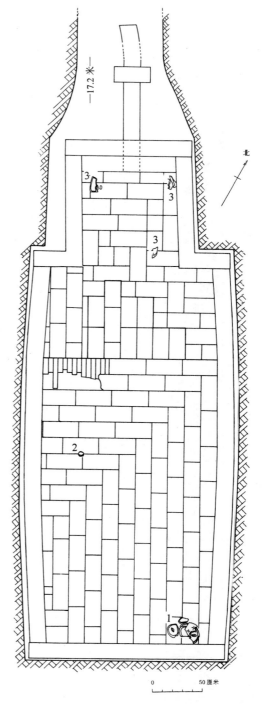

图一九　后头山西晋墓M36（元康六年）平面图

1. 青瓷罐　2. 青瓷盏　3. 青瓷灶

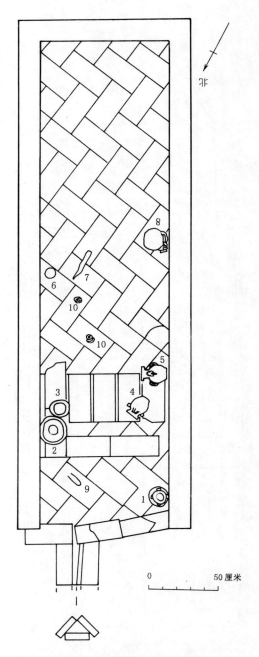

图二〇　后头山西晋墓 M55 平面图

1. I 式青瓷四系罐　2. 青瓷钵　3. 青瓷盘
4. II 式青瓷四系罐　5. 青瓷鸡首壶　6. 铜镜
7. 铁刀　8. 青瓷虎子　9. 银簪　10. 铜钱

4)。

鸡首壶　2 件。盘口，短颈，球腹，平底内凹，肩有双系，肩部饰装饰性的鸡头、鸡尾，系鸡壶的早期形态。

标本 M7:3，口径 9.6、底径 8、高 17 厘米（彩版三一，3；图版四五，4；图二一，5）。

标本 M55:5，口径 12、底径 9.3、高 18.4 厘米（图版四五，5；图二一，6）。

虎子　1 件。标本 M55:8，造型比较简单，注口顶部制作成虎首状，圆柱状执手（图版四五，6；图二一，7）。

盏　3 件。直口，圆唇，矮圈足，器形很小。

标本 M7:5，口径 9.8、底径 5.1、高 3.4 厘米（图二二，1）。

标本 M36:2，口径 6.4、底径 3.8、高 2.7 厘米（图二二，2）。

钵　1 件。标本 M55:2，敛口，圆唇，平底稍内凹。口径 18.8、底径 12.4、高 8.8 厘米（图二一，8）。

盂　1 件。标本 M9:1，侈口，鼓腹，矮圈足。口径 5、底径 4.2、高 4.3 厘米（图二二，3）。

2. 铜　器

铜镜　1 件。标本 M55:6，制作草率，镜缘宽窄不一，圆纽，方纽座，纹饰模糊。直径 8 厘米（图二二，4）。

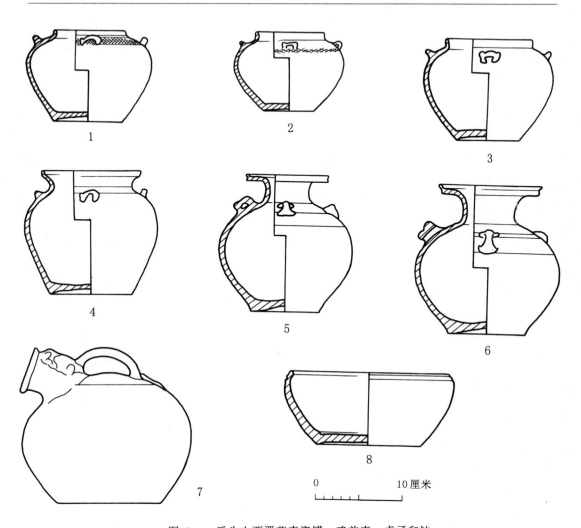

图二一　后头山西晋墓青瓷罐、鸡首壶、虎子和钵

1.Ⅰ式四系罐 M7:2　2.Ⅰ式四系罐 M7:4　3.Ⅰ式四系罐 M55:1　4.Ⅱ式四系罐 M55:4　5.鸡首壶 M7:3　6.
鸡首壶 M55:5　7.虎子 M55:8　8.钵 M55:2

五铢钱　数量不多，蚀修严重。

3. 其　他

银簪　1件。已断成多截。

<h2 style="text-align:center">五、东晋时期墓葬</h2>

（一）形　制

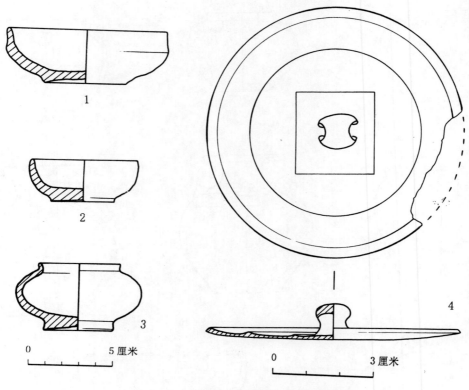

图二二　后头山西晋墓青瓷盏、盂，铜镜

1. 青瓷盏 M7:5　2. 青瓷盏 M36:2　3. 青瓷盂 M9:1　4. 铜镜 M55:6

9座。其中平面凸字形的有6座，长方形的有1座，刀形的有2座。墓室两侧壁明显外弧的有7座。M33，为太元十三年（公元388年）纪年墓，墓总长5.04～6.84米。M27，长2.77、宽0.45米，属特殊小墓。

M33，太元十三年纪年墓。凸字形券顶砖室墓。墓室长4.14、宽1.6～1.72米。券顶已坍塌，残高0.84米。甬道长2、宽0.82米。墓向310°。墓壁砌法六顺一丁、三顺一丁交互叠砌。墓底砖完全被破坏，砌法不明。墓前有砖砌下水道。墓砖长32、宽16、厚4厘米。部分墓砖的侧面有"太元十三年□□□"模印阳文。随葬遗物残存青瓷唾盂1，并在墓室填土中发现青瓷魁、罐、洗、碗等残器（图二三）。

M28，凸字形券顶砖室墓。墓室左、右、后三壁明显外弧。墓室长4.85、宽2.1～2.3米。墓向270°。墓壁砌法三顺一丁。甬道处三顺一丁砌三组后用楔形砖起券。铺底砖二层，下层横竖交错平铺，上层人字形铺砌。墓室后部有长3.26米的棺床。墓室底部有纵向砖砌排水沟三条，至墓室前部汇合经甬道通向墓外。甬道口双重起券，并有翼墙。封门考究，有封门和封门墙各一道。随葬遗物被盗，仅存滑石猪2，铜凿1（彩版三〇，1、2；图二四）。

M30，刀形券顶砖室墓。两侧墓壁稍向外弧。墓室长 4.7、宽 1.2～1.34 米。券顶已坍。甬道长 1.2、宽 0.75、高 0.89 米。墓向 313°。墓壁单砖错缝平砌，墓底砖人字形铺砌，封门完好，单砖错缝平砌封堵。墓底后高前低，并有砖砌排水沟通向墓外。墓砖长 32、宽 16、厚 5 厘米。随葬遗物残存有青瓷碗 8、魁 1（2 件套）、托盘耳杯 1、槅 1、钵 1（图二五）。

（二）随葬遗物

东晋时期墓葬的随葬遗物绝大多数是青瓷器，因全遭盗掘，残留不多，且多是残器，完整者很少。

1. 青瓷器　17 件。

槅　1 件。标本 M30：7，圆形，外圈分成八格，内圈分三格。直径 18.6、高 4 厘米（图版四六，1；图二六，1）。

托盘耳杯　1 件。标本 M30：2，圆形托盘上带耳杯。托盘直径 14.6 厘米（彩版三一，4；图版四六，2；图二六，2）。

唾盂　1 件。标本 M33：1，盘口，束颈，扁鼓腹，假圈足内凹较深。口径 7.1、底径 8.1、高 7.5 厘米（图版四六，3；图二六，3）。

魁　2 件。标本 M30：1－1、2，大小两件相套。造型为圆形大钵加一扁条形柄把；小魁椭圆形，柄把形状相同。标本 M30：1－1，

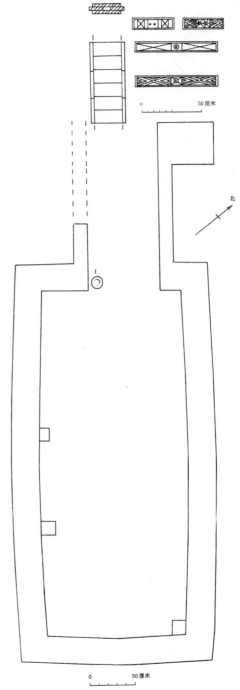

图二三　后头山东晋墓 M33（太元十三年）平面图

1. 青瓷唾盂　填土中出土：02. 青瓷魁

03. 青瓷碗　04. 青瓷罐　05. 青瓷洗

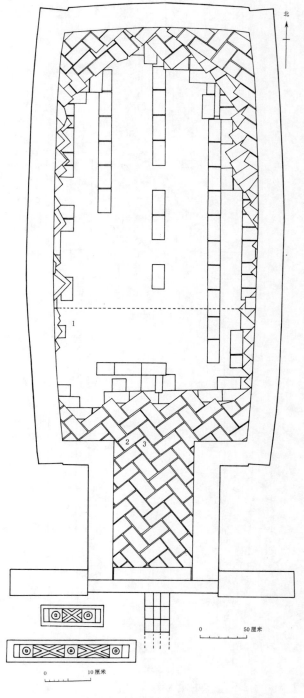

图二四　后头山东晋墓 M28 平面图
1、2.滑石猪　3.铜凿

大魁。口径 13.6、底径 8.4、高 5.8 厘米（图版四六，4；图二六，4）。标本 M30：1－2，小魁。口径 6.3、底径 2.4、高 3.3 厘米（图版四六，4；图二六，5）。

水盂　2 件。

标本 M32：1，敛口，鼓腹，假圈足。上腹饰有斑点状纹。口径 4.5、底径 4.2、高 4.4 厘米（图版四六，5；图二六，6）。

标本 M47：1，敛口，扁腹，假圈足斜撇。口径 4、底径 4.1、高 3.5 厘米（图版四七，1；图二六，7）。

双系罐　1 件。标本 M32：3，直口，小肩，肩上双系，小平底内凹。口径 13、底径 9、高 14.8 厘米（图二六，8）。

钵　1 件。标本 M30：6，敛口，弧腹，平底内凹。口径 25.6、底径 14.6、高 11.5 厘米（图二六，9）。

碗　7 件。敛口，弧腹，平底或假圈足。器形矮小。

标本 M27：5，口径 9、底径 5.5、高 3.7 厘米（图二六，10）。

标本 M27：3，口径 11、底径 6.5、高 4.3 厘米（图

二六，11）。

标本 M30：11，口径 16、底径 9.4、高 6.6 厘米（图版四七，2；图二六，12）。

标本 M30：9，口径 8.2、底径 4.7、高 3.6 厘米（图二六，13）。

标本 M33：03，口径 8.4、底径 5、高 3.1 厘米（图二六，14）。

标本 M30：5，口沿部有褐色点彩，釉层剥落严重。口径 13、底径 8、高 5 厘米（图版四七，3）。

标本 M30：12，口径 13.4、底径 8.2、高 5.3 厘米（图版四七，4）。

盘口壶　1 件。

标本 M47：5，细颈，弧鼓腹，平底内凹。口径 15、底径 10.8、高 34 厘米（图二六，15）。

2．滑石器　2 件。均为滑石猪。雕刻简单粗糙。

标本 M28：1，在条形滑石上象征性地刻上几刀即成猪形。长 8 厘米（图版四七，5，图二六，16）。

标本 M28：2，棕色滑石雕刻，雕工草率。长 8.2 厘米（图版四七，5；图二六，17）。

六、南朝时期墓葬

（一）形　制

10 座。墓壁明显外弧是南朝时期墓葬形制的一个显著的特征。甬道居中，发现有双甬道的墓葬。墓总长一般 5～6 米，超过 8 米的 2 座，不足 5

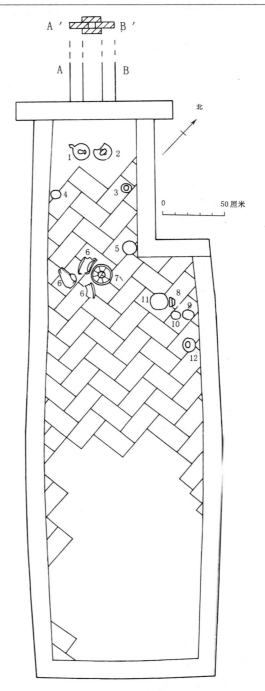

图二五　后头山东晋墓 M30 平面图

1-1. 青瓷大魁　1-2. 青瓷小魁　2. 托盘耳杯　3～5、8、9～12. 青瓷碗　6. 青瓷钵　7. 青瓷桶

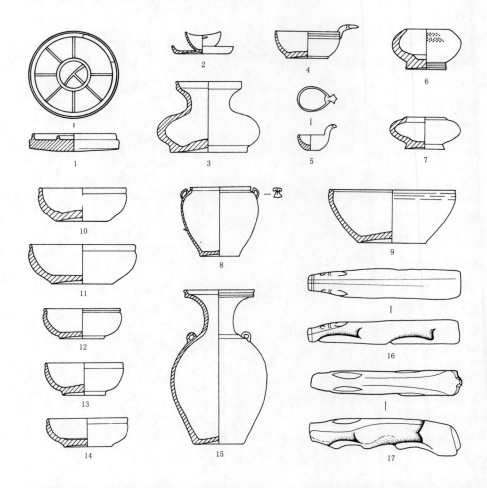

图二六　后头山东晋墓青瓷桶、托盘耳杯、唾盂、魁、水盂、双系罐、钵和碗，滑石猪

1. 桶 M30:7　2. 托盘耳杯 M30:2　3. 唾盂 M33:1　4. 大魁 M30:1-1　5. 小魁 M30:1-2　6. 水盂 M32:1　7. 水盂 M47:1　8. 双系罐 M32:3　9. 钵 M30:6　10. 碗 M27:5　11. 碗 M27:3　12. 碗 M30:11　13. 碗 M30:9　14. 碗 M33:03　15. 盘口壶 M47:5　16 滑石猪 M28:1　17. 滑石猪 M28:2（16、17 为 1/2，3、6、7、10、11、13～15 为 1/4，1、2、4、5、8、9、12 为 1/8）

米的 1 座。墓壁多用双砖砌筑，墓室结构十分坚固，墓室后壁出现"心"形壁龛和砖窗（如 M20，彩版三〇，4）。在多座被盗的墓葬中发现大量的唐代越窑青瓷碗的残次品，这一现象在以往的墓葬发掘中未曾发现过，附近也无窑址发现，其出现的原因及目的有待以后野外工作的进一步观察。

M52，墓葬总长 8.8 米。左、右、后三壁明显外弧，甬道居中，双甬道。墓室长 6.4、宽 1.48～1.72 米。墓向 327°。墓室后部铺底砖上再平铺填高一砖为棺床，棺床没有顶住后壁。棺床长 3 米，前甬道长宽均为 0.9 米，后甬道长 1.16 米、宽为 1.12 米。墓壁砌法四顺一丁，砌高 1.1 米起券。后壁正中高 0.9 米处有长 0.4、宽 0.17 米的砖窗和预先烧制的"心"形小龛。铺底砖、棺床均单砖错缝平铺。墓前有砖砌下水道。墓底和填土中清理出八件器物，有滑石猪 1、青瓷碗 1、托盘耳杯 1、盘口壶 1、莲瓣纹盘 2 和四系罐 1，另有黑瓷唾盂 1（图二七）。

M19，墓总长 6.5 米。墓向 321°。墓室左、右、后三壁明显外弧，甬道居中，双甬道。墓室长 4.25、宽 2.1～2.38 米。墓室后端垫高一砖为棺床，长 3.82、高 0.05 米。前甬道长 1.3、宽 0.98 米；后甬道长 0.62、宽 1.33 米。墓门宽 1.66 米。墓门前还有砖铺墓前场地。墓壁单砖错缝平砌，三顺一丁、四顺一丁，砌高 1 米起券。后壁正中有龛和窗。窗为长方形，窗楣由斜角砖构成，窗楣两旁为窗柱，窗棂用竖砖凹凸相间排列表示。窗正上方有龛，龛宽 0.32、深 0.09 米。龛顶已遭破坏。墓底砖人字形铺砌，棺床错缝平铺。排水沟延伸至棺床前端。封门砖单砖一平一竖。大多数墓砖的端面有几何形纹，部分墓砖还有"王氏"两字。随葬遗物遭盗掘，碎片经拼对粘结有青瓷盘口壶 2、莲瓣纹碗 3、盘 1 和四系罐 2（图二八）。

（二）随葬遗物

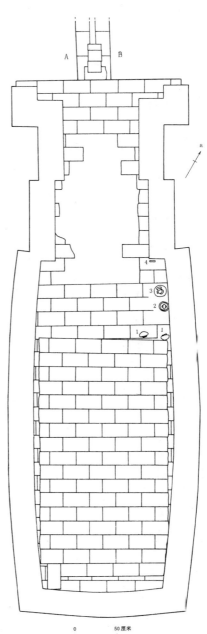

图二七　后头山南朝墓 M52 平面图

1.青瓷碗　2.青瓷托盘耳杯　3.黑瓷唾盂　4.滑石猪
填土中出:05.青瓷盘口壶　06、07.青瓷莲瓣纹盘　08.青瓷四系罐

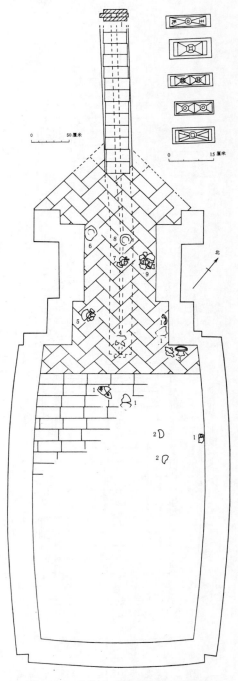

青瓷仍是南朝墓葬的主要随葬遗物，滑石猪流行。

1. 青瓷器　28件。

盘口壶　3件。标本 M52：05，细颈，溜肩，平底内凹。口径 12.4、底径 10.8、高 29.8 厘米（图二九，1）。

四系罐　3件。直口尖唇，圆弧肩，桥形四系，斜收腹，小平底。

标本 M19：6，口径 14.6、底径 10、高 21.2 厘米（图二九，2）。

标本 M52：08，口径 9 5、底径 7、高 13.1 厘米（图二九，3）。

托盘耳杯　1件。标本 M52：2，托盘耳杯连烧。托盘口径 12、底径 11.2、高 2.2 厘米；耳杯高 4 厘米（图二九，4）。

托盘小碗　1件。标本 M39：3，盘碗连烧，碗小口深腹，托盘很浅。托盘口径 14、底径 5.7、高 3.4 厘米；碗口径 8、底径 4、高 3.2 厘米（图二九，5）。

圈足碗　4件。弧敛口，浅腹，矮圈足。碗内刻莲瓣纹，也有无莲瓣纹的。

标本 M22：2，内表有莲瓣纹。口径 14.2、底径 6.7、高 4.1 厘米（图二九，6）。

标本 M22：6，内表无莲瓣纹。口径 13.5、底径 7、高 3.7 厘米（图二九，7）。

图二八　后头山南朝墓 M19 平面图

1、3. 青瓷盘口壶　2、4、7. 青瓷莲瓣纹碗　5. 青瓷莲瓣纹盘　6、8. 青瓷四系罐

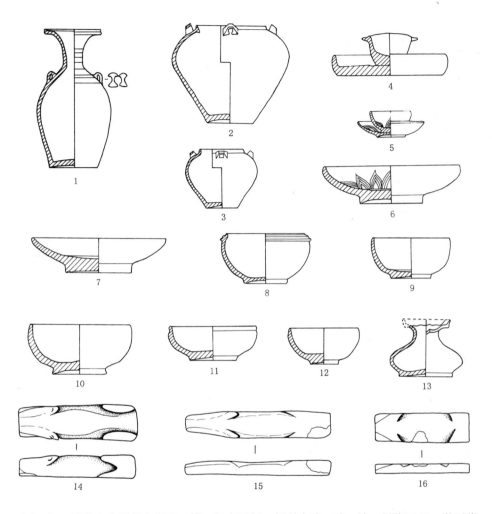

图二九　后头山南朝墓青瓷壶、罐、托盘耳杯、托盘小碗、碗、钵，黑瓷唾盂，滑石猪

1.青瓷盘口壶 M52∶05　2.青瓷四系罐 M19∶6　3.青瓷四系罐 52∶08　4.青瓷托盘耳杯 M52∶2　5.青瓷托盘小碗 M39∶3　6.青瓷圈足碗 M22∶2　7.青瓷圈足碗 M22∶6　8.青瓷钵 M20∶9　9.青瓷小碗 M50∶1　10.青瓷小碗 M50∶3　11.青瓷小碗 M20∶1　12.青瓷小碗 M22∶1　13.黑瓷唾盂 M52∶3　14.滑石猪 M52∶4　15.滑石猪 M46∶1　16.滑石猪 M46∶2（14～16 为 1/2，4、6、7、9～11 为 1/4，1～3、5、8、12、13 为 1/8）

钵　1件。标本 M20∶9，敛口，弧腹，矮圈足。口径 16.5、底径 10、高 10.8 厘米（图二九，8）。

小碗　16件。弧敛口或小侈口，矮圈足内凹。

标本 M50∶1，弧敛口，假圈足较矮，足尖斜收。口径 8、底径 4.8、高 4.4 厘米（图二九，9）。

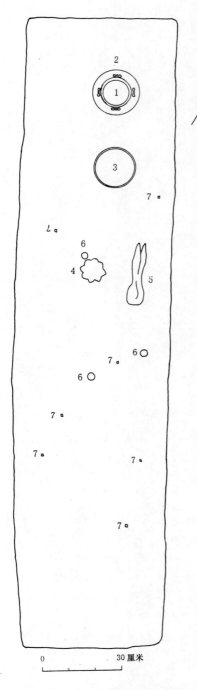

图三〇　后头山唐墓 M44 平面图

1.青瓷碗　2.青瓷四系罐　3.青瓷钵　4.铜镜
5.铁剪刀　6.开元通宝

标本 M50：3，足尖微外撇。口径 10.4、底径 5.7、高 5.5 厘米（图二九，10）。

标本 M20：1，侈口尖唇，唇下内凹，矮圈足。口径 9、底径 4.8、高 3.8 厘米（图二九，11）。

标本 M22：1，腹较深。口径 14.8、底径 6、高 8 厘米（图二九，12）。

2.黑瓷　1 件。

唾盂　1 件。标本 M52：3，黑釉瓷器。盘口，束颈，扁腹，平底内凹。口径 10、底径 11.4、高 12.8 厘米（图二九，13）。

3.滑石器　5 件。均为滑石猪。用滑石简单刻划成四蹄屈伏状，刻功熟练，线条流畅。

标本 M52：4，猪长 6.2、高 1.2 厘米（图二九，14）。

标本 M46：1，猪长 7.6、高 0.8 厘米（图二九，15）。

标本 M46：2，猪长 5、高 0.5 厘米（图二九，16）。

七、唐代墓葬

（一）形　制

仅见竖穴土坑墓一座和具有墓葬性质的器物一组。

M44，竖穴土坑墓。土坑长 2.5、宽 0.6、残存深度 0.48 米。墓向 122°。未发现葬具。随葬青瓷碗 1、钵 1、四系罐 1，铜镜 1，铁剪 1 和开元通宝钱等（图三〇）。

器物组是在熟土中发现的，编为 M8。现场无法确定墓坑和葬式，仅见青瓷双系罐一件和青瓷钵三件集中放于一处。很有可能是一座我们难以确定墓坑的土坑墓。

（二）随葬遗物

青瓷器依然是墓葬的主要随葬遗物。

四系罐　1件。标本 M44:2，侈口，肩上四系，鼓腹，平底微内凹。口径 10.4、底径 9.6、高 17.8 厘米（彩版三二，1；图版四八，1；图三一，1）。

双系罐　1件。标本 M8:1，侈口，肩上双系，鼓腹，平底内凹。口径 6.8、底径 5、高 8.4 厘米（彩版三二，2；图三一，2）。

碗　1件。标本 M44:1，侈口，弧腹，高圈足。口径 11、底径 4.6、高 5 厘米（图版四八，3；图三一，3）。

钵　4件。

标本 M44:3，钵内底无釉露胎。口径 15.2、底径 8.4、高 5.2 厘米（图版四八，4；图三一，4）。

标本 M8:3，口径 17.2、底径 8.2、高 5.5 厘米（图三一，5）。

标本 M8:4，口径 8.7、底径 3.8、高 4.7 厘米（图版四八，5；图三一，6）。

标本 M8:2，口径 10.8、底径 6.6、高 4 厘米（图三一，7）。

铜镜　M44:4，菱花镜。饰缠枝花卉。直径 9 厘米（彩版三二，3；图版四八，6；图三一，8）。

铁剪刀　M44 出土，锈蚀严重，形状和现代铁剪相近。

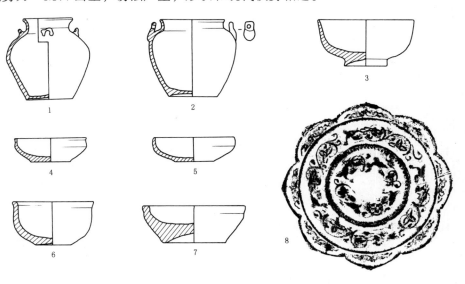

图三一　后头山唐墓青瓷罐、碗、钵，铜镜

1.青瓷四系罐 M44:2　2.青瓷双系罐 M8:1　3.青瓷碗 M44:1　4.青瓷钵 M44:3　5.青瓷钵 M8:3　6.青瓷钵 M8:4　7.青瓷钵 M8:2　8.铜镜 M44:4（8 为 1/2，2～4、6、7 为 1/4，1、5 为 1/8）

上虞驿亭谢家岸后头山东汉、三国、西晋、东晋、南朝、唐代墓葬登记表

墓号	墓向	墓葬形制和结构	甬道（米）			基室（米）			墓砖规格（厘米）	随葬遗物	备注
			长	宽	高	长	宽	高			
M1（东汉）	182°	长方形竖穴土坑木椁墓				3.2	1.72	墓深1.7		釉陶盘口壶2、瓶2、罐3，铜镜1、泥质陶灶1	随葬遗物完整
M14（东汉）	180°	近方形竖穴土坑木椁墓				3.2	2.76	3.4		釉陶盘口壶2、瓶2、弦纹罐2、罍2，铜镜2、铜带钩1、铁剑1、铁刀1、五铢钱1串、泥质陶灶（含甑）1、井1	坑底有三排垫椁块石，双棺。随葬遗物完整
M18（东汉）	186°	长方形竖穴土坑木椁墓				3.03	1.5	1.22		釉陶盘口壶2、瓶2、罍1、罐3、泥质陶甑1、铁剑1	被M7打破，随葬遗物完整
M40（东汉）	120°	长方形竖穴土坑木椁墓				2.84	1.5	1.5		釉陶盘口壶1、铜镜1、铁剑1、五铢钱数枚	随葬遗物完整
M51（东汉）	190°	方形竖穴土坑木椁墓				3.5	3.5	2.7		釉陶锺2、敞口壶1、瓶2、罍2、弦纹罐2、铜鼎1、铜洗1、铜镜2、铜带钩1、铜小刀1、五铢钱若干、铁剑2、铁刀2、琥珀耳珰1、石黛板2、串珠1、泥质陶灶1、井1	双棺。随葬遗物完整
M11（东汉）	240°	长方形木盖顶砖椁墓				3.1	1.56	0.9	25×11×3	釉陶锺1、吸水罐1、青瓷罍2、釉陶罐2、釉陶四管瓶1、铜镜1、五铢钱数枚、铁剑1、铁刀1、泥质陶灶1	墓壁单砖错缝平砌，铺地砖单层，二横二竖
M34（东汉）	225°	长方形木盖顶砖椁墓				3.12	1.68	1.06	26×13×3	釉陶盘口壶5、釉陶罍3、瓶2、铜镜2、铜刀1、五铢钱若干、石黛板1、石研磨器1、铁刀1、泥质陶灶（含甑、釜）1、井1	墓壁双砖错缝平砌，铺地砖单层，二横二竖
M38（东汉）	116°	长方形木盖顶砖椁墓				2.55	1.2	0.8	27×13.5×3.5	釉陶锺2、少量五铢钱、残铁器	墓壁单砖错缝平砌，牙砖加固。墓底没有铺砖
M16（永元十三年）	270°	刀形券顶砖室墓	1.25	1.36	残1.64	4.58	2.74	3.24	37×17×5	被盗。见釉陶五管瓶、罍、罐碎片	墓壁单砖错缝平砌，铺地砖竖横平铺

墓号	墓向	墓葬形制和结构	甬道（米）			墓室（米）			墓砖规格（厘米）	随葬遗物	备注
			长	宽	高	长	宽	高			
M4（东汉）	240°	刀形券顶砖室墓	0.6	1	残0.3	4.48	1.56	残0.68	33×16×5	被盗一空	墓壁单砖错缝平砌
M10（东汉）	199°	刀形券顶砖室墓	0.86	0.99	已坍	4.33	1.44	1.82	33.5×16.5×3.7，34.2×16.8×4	被盗。残存五管瓶1，还有罍、罐、锺等釉陶器的碎片	墓壁单砖错缝平砌，铺地砖单层，二横二竖，置棺部位遭盗掘破坏。墓内有砖砌排水沟，并通出墓外
M15（东汉）	234°	刀形券顶砖室墓	0.9	1	残0.54	3.6	1.16	残1.15	33×16.5×4，34.5×16.5×4，33×16.5×4.5	被盗。残存青瓷耳杯2、泥质陶灶1	墓壁单砖错缝平砌，铺地砖二横二竖
M24（东汉）	110°	刀形券顶砖室墓	1.3	1.22	残1.06	4.28	1.92	残1.9	36×16×4	被盗。残存青瓷耳杯2、三足罐1、盘1及釉陶罍、泥质陶灶的碎片	墓壁单砖错缝平砌，铺地砖单层错缝平铺。墓内有砖砌排水沟通向墓外
M45（东汉）	115°	刀形券顶砖室墓	1.02	1.21	残1.60	4.58	2.24	2.63	36×18×4.5，30×15×3.5	被盗。见釉陶五管瓶和泥质陶灶的碎片	墓壁单砖错缝平砌，间有牙砖加固，人字形铺地砖。墓内有砖砌排水沟通向墓外
M49（东汉）	108°	刀形券顶砖室墓	1.58	1.77	残1.72	5.13	2.84	残2.1	36×18×5	被盗。残存釉陶罍片和少量五铢钱	墓壁砌法三顺一丁、四顺一丁，铺地砖盗掘无存。墓内有砖砌排水沟通向墓外
M53（东汉）	95°	刀形券顶砖室墓	1.2	1.2	残0.84	4.25	1.9	残1.86	34×16.5×4	被盗。残存瓷壶1	墓壁单砖错缝平砌，铺地砖二横二竖
M56（东汉）	310°	刀形券顶砖室墓	1.18	1.3	残1.36	4.39	2.50	残1.36	34~36×16~17×4	被盗一空	墓壁单砖错缝平砌，铺地砖二横二竖
M3（东汉）	240°	刀形券顶砖室墓	1.06	0.88	残1.3	3.58	1.16	残1.3	35×16×4	被盗一空	墓壁单砖错缝平砌，铺地砖竖横平铺
M12（东汉）	50°	刀形券顶砖室墓	0.9	0.98	残0.9	4.21	1.66	2.02	36×16~18×5	被盗。残存瓷耳杯碎片	墓壁单砖错缝平砌，铺地砖单层竖横平铺

墓号	墓向	墓葬形制和结构	甬道（米）			墓室（米）			墓砖规格（厘米）	随葬遗物	备注
			长	宽	高	长	宽	高			
M48（东汉）	310°	刀形券顶砖室墓	1.18	1.06	残0.2	3.3	1.92	残2.56	34×16×4	被盗。残存釉陶五管瓶、罐、罍、碗、铁剑、铁矛和泥质陶灶、井等	墓壁单砖错缝平砌，铺地砖单层竖横平铺。墓内有砖砌排水沟通向墓外
M25（东汉）	105°	刀形券顶砖室墓				3.85	1.54	1.8	34×17×4.5	被盗一空	墓壁单砖错缝平砌，铺地砖无存
M13（东汉）	20°	刀形券顶砖室墓	1.55	1.22	1.7	6.05	2.12	已坍	32.5×15.5×3.8，34×16.5×4，34×17×4.5	被盗。残存釉陶五管瓶1、青瓷钵1、铁刀1、铁釜1、铜刀1、五铢钱和银戒指1、琥珀耳珰1	墓壁砌法七顺一丁，墓内有棺床和砖砌排水沟。棺床和铺地砖均二横二竖相间平铺
M5（东汉）	108°	凸字形券顶砖室墓	0.54	0.84	残0.27	3.26	1.16	残1.2	36×18×4.3	被盗一空	墓壁单砖错缝平砌，铺地砖单层，横向平铺
M17（东汉）	283°	凸字形券顶砖室墓	1.52	1.25	残1.68	3.8	1.84	2.2	26×13×3，35~37×17~17.5×4~5.5	被盗。残存琥珀耳珰1、泥质陶灶（含甑、釜）1和少量五铢钱	墓壁单砖错缝平砌，铺地砖单层，二横二竖交替平砌。墓内有砖砌排水通向墓外
M37（东汉）	140°	凸字形券顶砖室墓	1.33	1.15	残1.35	3.5	2.36	残2.39	26×13×3	被盗。残存釉陶壶和罍的碎片	墓壁单砖错缝平砌，铺地砖单层，二横二竖交替平铺。甬道有砖砌排水沟
M41（东汉）	140°	遭破坏，形制不清				残1.77	0.7	残0.33	27×13×3	被盗。残存釉陶罐、铁剑	墓壁单砖错缝平砌，没有发现铺地砖
M21（东汉？）	148°	遭破坏，形制不清				残3.8	1.36	残1.23	30×16×5，30×14~15×4.5，30×11.5×5	被盗一空	墓壁砌法七顺一丁，铺地砖单层，横向错缝平铺
M26（三国太平三年）	270°	刀形券顶砖室墓	1.40	0.87	1.42	4.32	1.61	2.1	30×13.5×4.5，30×13×5，30×13×3	被盗。残存青瓷碗2、盏1、桶1	墓壁砌法四顺一丁、五顺一丁，铺地砖人字形铺。有棺床，棺床铺砖二横二竖交替平铺。砖砌排水沟通出墓外

墓号	墓向	墓葬形制和结构	甬道（米）			墓室（米）			墓砖规格（厘米）	随葬遗物	备注
			长	宽	高	长	宽	高			
M36（西晋元康六年）	335°	凸字形券顶砖室墓（墓室两侧壁外弧）	1.2	0.98	1.3	4.22	1.7~2	2.22	37.5×13.5×5，37.5×17×5	被盗。残存青瓷盏1、青瓷罐、青瓷灶等碎片	墓壁砌法四顺一丁、五顺一丁，铺地砖双层横顺交替平铺。棺床人字形砌。后壁砌有三个小壁龛。砖砌排水沟通出墓外
M6（西晋）	205°	凸字形券顶砖室墓（墓室两侧壁外弧）	1.1	1	残0.8	4	1.8	残1.39	30×14×4.5	被盗。残存青瓷钵、盏等碎片	墓壁砌法四顺一丁，墓地砖人字形铺砌，棺床二横二顺交替平铺，甬道有砖砌排水沟通出墓外
M7（西晋）	7°	刀形券顶砖室墓	1	0.92	0.92	3.25	1.34	残0.66	37×17×4，35×17.4	被盗。残存青瓷鸡首壶1、I式青瓷四系罐3、青瓷盏1	墓壁砌法四顺一丁，铺地砖单层错缝平砌
M35（西晋）	325°	刀形券顶砖室墓（墓室两侧壁外弧）	1.4	0.9	已坍	5.5	1.82	已坍	30×14×4.6，楔形砖14×9.5~13.5×5	被盗。残存青瓷谷仓、碗的碎片	墓壁砌法五顺一丁，墓地砖人字形铺砌。砖砌排水沟始于甬道口
M31（西晋）	280°	凸字形券顶砖室墓	1.12	1.60	残0.4	4.93	2.68	残1.4	36×18×4.5	被盗。残存釉陶五管瓶碎片	墓壁砌法十顺一丁，墓地砖单层错缝平砌。砖砌排水沟通出墓外
M9（西晋）	245°	长方形券顶砖室墓，墓室前窄后宽				3.78	1.2~1.32	残0.78	37×18×5	被盗。残存青瓷盂1	被明代墓葬打破。墓壁单砖错缝平砌，无铺地砖
M55（西晋）	330°	长方形券顶砖室墓				3.8	0.96	1.2	32×15×4	随葬遗物完整。I式青瓷四系罐1、II式青瓷四系罐1、鸡首壶1、盘1、钵1、虎子1、铜镜1、铁刀1、银簪1、铜钱	墓壁四顺一丁后单砖错缝平砌，墓室后壁砌一小龛。铺地砖人字形铺砌，甬道处有砖砌排水沟通出墓外
M29（东晋）	325°	凸字形券顶砖室墓（墓室两侧壁外弧）	1.3	0.94	残0.78	5.39	1.66	残1.71	31×16×5，楔形砖16×10~16×5	被盗一空	墓壁砌法五顺一丁、四顺一丁，铺地砖、棺床人字形平铺

墓号	墓向	墓葬形制和结构	甬道（米）			墓室（米）			墓砖规格（厘米）	随葬遗物	备注
			长	宽	高	长	宽	高			
M30（东晋）	313°	刀形券顶砖室墓（墓室两侧壁外弧）	1.2	0.75	0.89	4.7	1.2～1.34	残1.08	32×16×5	被盗。残存青瓷魁2、托盘耳杯1、碗8、钵1、桶1	墓壁单砖错缝平砌，铺地砖人字形平铺。砖砌排水沟通出墓外
M33（东晋太元十三年）	310°	凸字形券顶砖室墓（墓室两侧壁外弧）	2	0.82	残0.52	4.14	1.6～1.72	残0.84	32×16×4	被盗。残存青瓷唾盂1。在填土中出土青瓷碗1及魁、罐、洗的碎片	墓壁砌法六顺一丁、三顺一丁，铺地砖遭盗掘无存，墓前有砖砌排水沟
M47（东晋）	310°	凸字形券顶砖室墓（墓室两侧壁外弧）	1.48	1.2	残0.73	4.48	2.14	残1.28	30～32×14～16×4	被盗。残存铜凿1、青瓷水盂1、青瓷碗2和青瓷盘口壶碎片	被盗。残存铜凿1、青瓷水盂1、青瓷碗2和青瓷盘口壶碎片 墓壁砌法四顺一丁、五顺一丁，铺地砖双层竖横平铺，墓室后侧有棺床，棺床前右侧有砖砌方案。甬道处砖砌排水沟通出墓外
M42（东晋）	310°	刀形券顶砖室墓（墓室两侧壁外弧）	1.5	0.98	残0.76	4.2	1.59～1.65	残1.52	30×14×4，30×14×5	被盗一空	墓壁砖四顺一丁、五顺一丁、七顺一丁，铺地砖人字形铺砌，破坏严重。甬道处有砖砌排水沟通出墓外
M28（东晋）	270°	凸字形券顶砖室墓（墓室两侧壁外弧）	1.76	0.9	1.48	4.85	2.1～2.3	残1.44	28～30×14×5，楔形砖14～18×10	被盗。残存滑石猪2、铜凿1	墓壁砖三顺一丁，铺地砖双层铺砌，上层人字形铺砌，下层错缝平砌，棺床长3.26、高0.05米，人字形铺砌墓内有竖向三条砖砌排水沟汇合一条通出墓外
M32（东晋）	320°	凸字形券顶砖室墓	1.2	0.98	1.34	3.84	1.6	2	32×14×4	被盗。残存青瓷水盂1、双系罐1及洗的碎片	墓壁砌法九顺一丁、四顺一丁、十三顺一丁均有。铺地砖人字形铺砌，棺床单砖错缝平砌，棺床长3.28、高0.2米。甬道处砖砌排水沟通出墓外
M27（东晋）	140°	长方形砖室墓				2.77	0.45	已坍	31×15×5	被盗。残存青瓷碗5	墓壁单砖错缝平砌。铺地砖单层平铺

墓号	墓向	墓葬形制和结构	甬　道（米）			墓　室（米）			墓砖规格（厘米）	随葬遗物	备　注
			长	宽	高	长	宽	高			
M54（东晋）	320°	凸字形券顶砖室墓（墓室两侧壁外弧）	1.12	1.04	残0.6	4.4	2.24~2.60	残1.3	30×15×5	被盗。残存青瓷盘口壶、谷仓罐、碗、盏碎片	墓室后壁砌有八格窗棂。墓壁四顺一丁，铺地砖单砖错缝平砌。砖砌排水沟从甬道通出墓外
M2（南朝）	325°	凸字形券顶砖室墓（墓室两侧壁外弧）双甬道	前0.82后0.96	前1.26后0.98	残0.9残0.8	4.48	1.92~2.16	残2.1	29×17~17.5×3.5~4.7，29×13×4.5，32×15.5×3.5	被盗。残存青瓷圈足碗2、滑石猪1	墓室后壁砌有窗棂和心形壁龛。墓壁砌法五顺一丁、四顺一丁、三顺一丁。铺地砖单砖错缝平砌，棺床人字形铺砌。棺床长3.4、高0.05米。砖砌排水沟从棺床前通出墓外
M19（南朝）	321°	凸字形券顶砖室墓（墓室两侧壁外弧）双甬道	前1.3后0.62	前0.98后1.33	残0.8	4.25	2.1~2.38	残1.4	砖规格五种，从31.5~34×13.5~15.5×4.5~5.5	被盗。残存青瓷盘口壶2、四系罐2、莲瓣纹盘1、小碗3	墓室后壁砌有窗棂。墓壁四顺一丁、三顺一丁。铺地砖人字形铺砌，棺床单砖错缝平砌，棺床长3.8、高0.05米。砖砌排水沟从棺床前通出墓外
M22（南朝）	328°	凸字形券顶砖室墓（墓室两侧壁外弧）	0.85	0.82	残0.2	3.84	1.32~1.54	残1.5	32×16×5，16×12×5，楔形砖16×8~12×5	被盗。残存青瓷圈足碗2及盘碎片	墓壁砖三顺一丁、四顺一丁，铺地砖人字形铺砌。封门双砖错缝平砌
M23（南朝）	310°	长方形券顶砖室墓（墓室两侧壁外弧）				4.72	1.62~1.92	残0.44	32×16×4	被盗一空	墓壁单砖竖横交替平砌。铺地砖单层错缝平砌，砖砌排水沟通出墓外
M39（南朝）	325°	凸字形券顶砖室墓（墓室两侧壁外弧）	1.9	1.6?	残0.54	4.65	2.34~2.44	残0.5	30.5×16×5，30.5×13.5×5，32.5×15.5×3~5.5	被盗。填土中残存青瓷魁、盏托小碗碎片	墓壁单砖错缝平砌，铺地砖与棺床均单砖错缝平砌。棺床长3.58、高0.05米。砖砌排水沟通出墓外
M43（南朝）	320°	凸字形券顶砖室墓（墓室两侧壁外弧）	1.16	1.92	残1.04	5	3.04	残1.8	32×14×4	被盗。填土中残存青瓷魁、钵、盏碎片	破坏严重。墓壁砌法不明，铺地砖和棺床砌法不清。甬道处砖砌排水沟通出墓外

墓号	墓向	墓葬形制和结构	甬道（米）			墓室（米）			墓砖规格（厘米）	随葬遗物	备注
			长	宽	高	长	宽	高			
M46（南朝）	325°	凸字形券顶砖室墓（墓室两侧壁外弧）	1.68	1.23	残0.25	4.12	1.96	1.6～1.96	30×16×5，29.5×13×4	被盗。残存滑石猪2，填土中滑石猪1、青瓷小碗2	墓壁砌法五顺一丁、四顺一丁。墓室后壁砌有壁龛、窗棂。铺地砖单层错缝平砌。砖砌排水沟从墓室前端通出墓外
M52（南朝）	327°	凸字形券顶砖室墓（墓室两侧壁外弧）双甬道	前0.9后1.16	前0.9后1.12	残1.2	6.4	1.48～1.72	残2.1	31×17×5	被盗。残存青瓷小碗1、托盘耳杯1、黑瓷唾盂1、滑石猪1，填土中复原盘口壶1、四系罐1、莲瓣纹盘2	墓壁单砖错缝平砌，四顺一丁高1.1米起券。墓室后壁有窗棂和心形小龛。铺地砖和棺床错缝平砌。棺床长3、高0.05米。砖砌排水沟通出墓外
M50（南朝）	320°	凸字形券顶砖室墓（墓室两侧壁外弧）	1.48	1	残1.04	4.32	1.36～1.72	残1.42	31×16×4	被盗。残存青瓷小碗4（残破）和鸡首壶碎片	墓壁砌法四顺一丁，墓室后壁砌有窗棂和壁龛。铺地砖和棺床错缝平砌。棺床残长0.24、高0.04米。砖砌排水沟从棺床前通出墓外
M20（南朝）	316°	刀形券顶砖室墓	1.12	0.73	已坍	4.65	1.27	残1.36	31.5×15.5×4.5，31.5×14.5×5，31×15.5×4.5	被盗。残存青瓷小碗6、钵1、盘口壶碎片	墓壁单砖错缝平砌，铺地砖人字形铺成。砖砌排水沟从墓室前侧通出墓外
M44（唐代）	122°	竖穴土坑墓				2.5	0.6	残0.48	5	随葬遗物完整。青瓷碗1、钵1、四系罐1、铜镜1、开元通宝钱数枚、铁剪1	很可能无椁
M8（唐代）		没有发现墓坑								仅见青瓷双系罐1、钵3	很可能是一种特殊形式的墓葬

八、结　语

后头山五十六座墓葬中，土坑木椁墓、木盖顶砖椁墓和券顶砖室墓均有发现，形成序列，时代从汉至唐，为研究该地区汉、六朝墓葬形制、埋葬习俗的特点及其发展变化轨迹、规律提供了又一批实物资料，尤其是东汉永元十三年、三国吴太平三年、西晋元康六年、东晋太元十三年等四座纪年墓的发现，为该批墓葬的断代分期提供了准确的年代标尺。后头山古墓葬埋葬位置、高度与墓葬的年代有关，从早到晚似遵循着由高到低的发展过程。土坑木椁墓均在山顶或岗脊上，并有明显隆起的封土。M16 东汉永元十三年纪年砖室墓，与 M14 土坑木椁墓同在一个岗顶上，也有明显隆起的封土。将墓葬建于山脊岗顶是吴越地区商周时期的埋葬习俗，土墩墓、土墩石室墓大多在岗顶山脊成群分布，成为一个十分突出的墓葬特点和文化现象。战国时期土坑木椁墓也大多如此，看来迟至东汉时期，宁绍地区依然遵循这一传统习俗。大部分汉代砖室墓，木盖顶砖椁墓虽不在山顶岗脊，但墓葬位置一般较晋墓要高。晋墓又明显高于南朝墓，主要在半山腰，南朝墓、唐墓则全在坡脚处。

土坑木椁墓→木盖顶砖椁墓→券顶砖室墓是两汉时期长江下游地区墓葬形制发展变化的逻辑顺序，就具体的墓葬而言，木盖顶砖椁墓不一定晚于土坑木椁墓，砖室墓也并不一定晚于木盖顶砖椁墓或土坑墓。新形制的出现，并不意味着旧形制的完全消失，新旧形制的墓葬并存一段时间是很正常的，也是符合客观发现的事实的。

后头山五座土坑木椁墓，三座木盖顶砖椁墓未遭盗掘，保存完好，随葬遗物组合完整，壶、瓿、罍、罐、井、灶、铜镜等都是具有明确断代意义的随葬遗物。M51 土坑木椁墓，随葬平底敞口壶、锺、瓿、罍、罐、水井、四乳四神铜镜，与土坑木椁墓 M18、M1、M14、M40 四座墓葬相比，随葬遗物组合上除壶、瓿、罍、罐、井、铜镜外，新出现锺。锺最初是一种量器，釉陶锺的出现当与量器锺有关。M51 的锺与 M11、M38 两座木盖顶砖椁墓出土的锺十分接近，而木盖顶砖椁墓 M34 有壶无锺。从这些情况分析，我们认为土坑木椁墓 M18、M1、M14、M40 的年代相对早一些，尤以 M18 的釉陶器具有西汉晚期的遗风，瓿的双系无兽面铺首。木盖顶砖椁墓 M34 可能略早于 M51，M51 大致与 M11、M18 同时或略早，就总体而言，这八座墓葬的年代确定为东汉早期大体无误。

淳安进贤发掘的章帝"建初六年"墓是目前已知的最早的有确切纪年的券顶砖室墓，显然，砖室墓的出现应该更早。后头山 M16 永元十三年纪年墓，用永元十三年纪年砖封门，而墓壁砌砖无纪年砖发现，这是否意味着建墓和埋葬可能不是同一年，永元十三年应该是下葬年代。显然该墓也是一个比较具有代表性的砖室墓资料。M16 由于被盗严重，大部分券顶已坍塌，但依然有一段券顶保存完好，至发掘结束，仍拱立无损，足见当时券顶技术已相当成熟。该墓形制、墓壁砌法、排水沟做法与淳安进贤 M28 相同，墓前均有土坑墓道。

早期砖室墓墓壁笔直，转角方正，单砖错缝平砌，券顶用罍片嵌塞。东汉晚期墓壁砌法出现平竖相间，并出现棺床。西晋时期，墓壁出现外弧并日益流行逐渐演变为船形墓。

　　五管瓶、谷仓罐（魂瓶）是东汉至西晋时期江浙地区流行的随葬遗物。五管瓶演变为谷仓罐的器物形态的发展轨迹和逻辑序列比较清楚，但盛行于东汉中晚期的五管瓶的起源不甚清楚。M11四管瓶的发现，和它的造型与五管瓶显著的传承关系为研究五管瓶的起源提供了极有说服力的实物证据。东汉早期是五管瓶的起源发生期。

　　鸡首壶是吴晋时期颇具特征的随葬遗物，后头山发现的二件鸡首壶，鸡首、鸡尾仅是象征性的堆塑，既没有后期鸡首壶形象的造型，鸡首也不具备壶嘴的实用功能，其造型其实与同时期的双系罐十分接近，是鸡首壶的早期形态。

　　标本 M13：3 铜尺，长 23.6 厘米，长度与各地出土东汉时期铜尺 23.29～23.75 厘米长度相近。该尺制作粗糙，尤其是寸刻不甚均匀精确，应是民间的自作用尺，而非官颁标准尺。

　　后头山南朝墓还有一个特殊的现象，被盗墓葬中出现大量的唐代晚期的瓷碗等残次瓷器和碎片，后头山及其附近地区并无青瓷窑址发现，这些瓷器可以肯定是从别处搬来，许多瓷器虽然破碎但是常常可以拼对完整。从现象看，好像不是后期无意识的填埋，而应是盗墓者为某种目的有意所为，但其中的奥秘有待于以后发掘工作的进一步注意。

　　　　　　　　　　　　　　领队：王海明
　　　　　　　　　　　　　　发掘：黎毓馨、彭云、蔡钢铁、朱晓葵、陈贤锋
　　　　　　　　　　　　　　绘图：黎毓馨、蔡钢铁、王海明、许慈波
　　　　　　　　　　　　　　执笔：王海明

后　　记

　　《沪杭甬高速公路考古报告》是 1992～1996 年配合我省第一条高速公路考古发掘的成果展示。这批材料分布于桐乡、上虞、余姚三市的八个地点，内涵有史前的良渚文化遗址、墓葬和商末周初至唐代的历史时期墓葬，并以分布于余姚和上虞二市的墓葬材料为主。我们编写出版此报告，除为了集中展示配合这条高速公路建设的考古发掘成果外，也为了让读者能比较集中地了解该地区的古代墓葬情况，以便开展进一步的研究工作。

　　配合沪杭甬高速公路建设的考古调查发掘工作历时 5 年，除本所外，先后参加调查和发掘工作的市、县文博单位有：鄞县文管会，余姚市文管会，上虞市文保所，绍兴市文管处，绍兴县文管所，萧山市博物馆，桐乡市博物馆，嘉兴市博物馆，嘉善县博物馆等。武义县博物馆的徐卫、东阳市文物办的傅金龙、温州市博物馆的蔡钢铁、朱晓葵、青田县文物办的陈松生、庆元县文物馆的吴祥锦、松阳县文物馆的徐秀林等同志，作为我所在发掘期间举办的田野考古培训班的学员，参加了余姚、上虞两地高速公路沿线古墓葬的发掘。他们不怕艰苦，认真学习，努力工作，在顺利完成沪杭甬高速公路考古发掘任务中，也洒下了许多汗水，付出了许多辛劳。他们吃苦耐劳的精神和一丝不苟的工作态度，给我们留下了难忘的印象。值此报告付梓之际，我们除了要衷心感谢工程建设部门和当地政府领导对我们工作的理解、支持和配合外，也要衷心地感谢上述为完成这一工作而密切协作的兄弟单位和付出许多辛劳的个人！

　　本报告均是由各发掘项目的领队或主要业务人员整理编写完成的。文中的插图主要由徐竞颜、许慈波绘制或描绘，文物照相邵海琴、李永嘉，器物修复祝莉英、张海真、夏朝日。文物出版社对本书的出版给予了大力支持，编审楼宇栋先生夜以继日，挥汗如雨，为此付出了艰苦的劳动。在此，我们也向他们表示诚挚的谢意！

编　者

2002 年 7 月 1 日

1.M13(北—南)

2.M11(南—北)

叭喇浜遗址墓葬

1．M11：11

2．M11：14

3．M13：6

4．M13：5

叭喇浜遗址墓葬石钺

1. 玉璧 M11:12

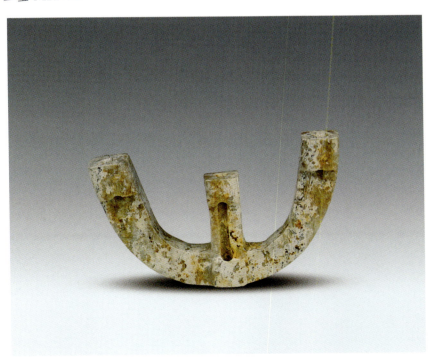

2. 玉三叉形器(正面)M13:3

叭喇浜遗址墓葬玉璧和玉三叉形器

1. 陶豆 H2:1

2. 陶豆 H2:42

3. 有段石锛 H1:2

4. 石耕刀 H2:26

叭喇浜遗址灰坑陶豆,石锛和石耕刀

1. 章家浜石钺 M1∶10

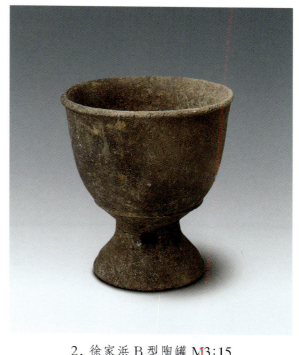

2. 徐家浜 B 型陶罐 M3∶15

3. 徐家浜石钺 M6∶1

4. 徐家浜玉三叉形器 M6∶3

章家浜石钺,徐家浜陶罐,石钺,玉三叉形器

2.A 型璜 M3：10

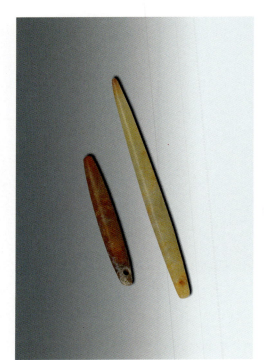

4. 簪 M6：23、24

1. 冠状饰 M6：5

3.B 型璜 M6：22

徐家浜玉冠状饰、璜和簪

1. 玉玦 M6:9

2. B型玉端饰 M6:17

3. 玉管 M6:8、M6:10、M6:19，A型玉端饰 M6:13

4. 骨镯 M3:11

徐家浜玉玦、端饰、管和骨镯

老虎山一号墩（D1）全景（北—南）

1.D1M11(东—西)

2.D1M11 朽骨和玉玦

老虎山 D1M11

1. 罐 D1M16:19

2. 尊 D1M5:1

老虎山 D1M16 原始瓷罐和 D1M5 原始瓷尊

1.D1M14(北—南)

2.D1M14 局部

老虎山 D1M14

1.D1M14∶6

2.D1M14∶5

老虎山 D1M14 原始瓷盖鼎

2. D1M14∶36

1. D1M14∶32

老虎山 D1M14 原始瓷壶

彩版一四（XIV'）　余姚老虎山一号墩发掘

2. 圈足瓿 D1M14：48

4. 香熏 D1M14：46

1. 三足瓿 D1M14：10

3. 圈足瓿 D1M14：48 耳面纹饰

老虎山 D1M14 原始瓷瓿和香熏

1. 高足盖鼎 D1M14：17

2. 矮足盖鼎 D1M14：15

3. 壶 D1M14：38

4. 钫 D1M14：25

老虎山 D1M14 泥质陶盖鼎、壶和钫

1. 璧 D1M14:1

2. 玦 D1M14:3

3. 剑首 D1M14:2

老虎山 D1M14 玉璧、玦和剑首

1. D1M10（西—东）

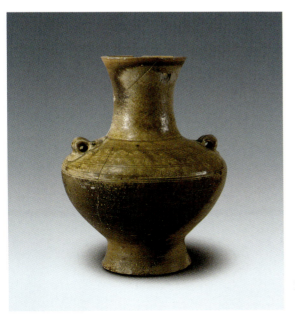

3. 玉璧 D1M10:9

2. 原始瓷壶 D1M10:2

老虎山 D1M10，D1M10 原始瓷壶和玉璧

2. 腰形玉饰 D1M10:8

4. 水晶环 D1M12:1

1. 玉璧 D1M10:12

3. 玉璧 D1M1:11

老虎山 D1M10 玉璧、玉饰，D1M1 玉璧和 D1M12 水晶环

2. 羊山 M2（北—南）

1. 羊山 D3（南—北）

羊山 D3 和 M2

1. 汉墓 M23（西－东）

2. 六朝墓 M6 后墙壁龛（南－北）

牛头山汉墓 M23 与六朝墓 M6

2.M9 甬道结构(北—南)

1.M9(南—北)

牛头山六朝墓 M9

2. 熏炉 M6:1

1. 小尊 M6:2

牛头山六朝墓青瓷小尊和熏炉

2. Ⅱ式青瓷鸡首壶（西晋）M67：2

1. 原始瓷三足罐（战国）M5：17

3. Ⅱ式青瓷托盘（南朝）M62：7

4. 滑石猪（西晋）M8：1,2

周家山 M5、M67、M62 原始瓷、青瓷和滑石器

1. M15(东－西)

2. 釉陶虎子 M15:1

3. 釉陶耳杯 M15:6、3

驮山东汉墓 M15(永初六年)及出土釉陶虎子和耳杯

1.M30(东－西)

2.M30墓砖纪年铭文

驮山东汉墓 M30(永元八年)

1. M31（东－西）

2. M31墓砖纹样

驮山东汉墓 M31（永元十二年）

后头山古墓葬发掘现场

1. M1(东－西)

2. M14(南－北)

3. M51(南－北)

4. M34(西北－东南)

1. 四管瓶 M11：11

2. 五管瓶 M10：1

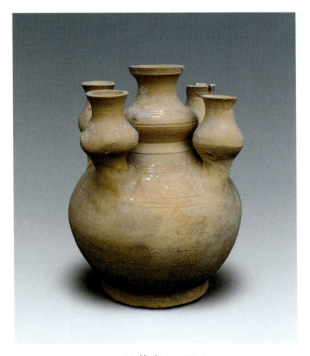

3. 五管瓶 M48：1

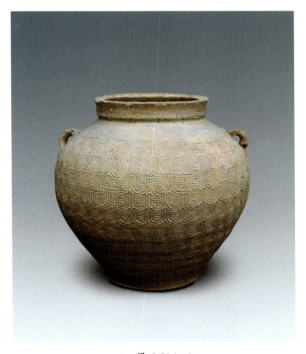

4. 罍 M11：6

后头山东汉墓青瓷瓶和罍

1. 西晋墓 M55(西-东)　　　　　2. 东晋墓 M28(西-东)

3. 东晋墓 M28(东-西)　　　　　4. 南朝墓 M2(西-东)

1. 槅 M26:4

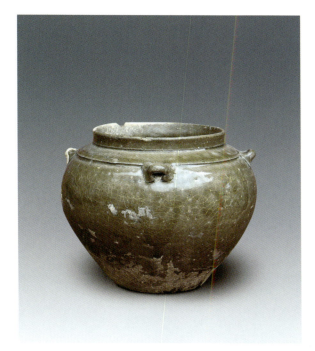

2. I 式四系罐 M55:1

3. 鸡首壶 M7:3

4. 托盘耳杯 M30:2

后头山三国青瓷槅、西晋青瓷罐、西晋青瓷鸡首壶、东晋青瓷托盘耳杯

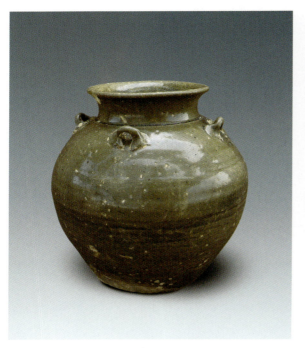

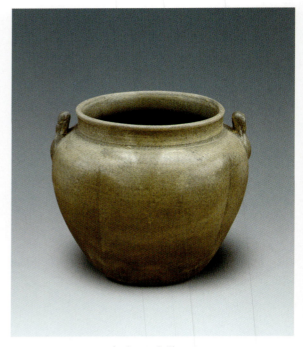

1. 青瓷四系罐 M44:2

2. 青瓷双系罐 M8:1

3. 铜镜 M44:4

后头山唐墓青瓷罐和铜镜

1.M11:13

2.M11:16

3.M11:14

4.M13:6

叭喇浜遗址墓葬石钺

1. M13:5

2. M4:1

3. M7:3

4. M17:6

叭喇浜遗址墓葬石钺

1. 玉璧 M11:12

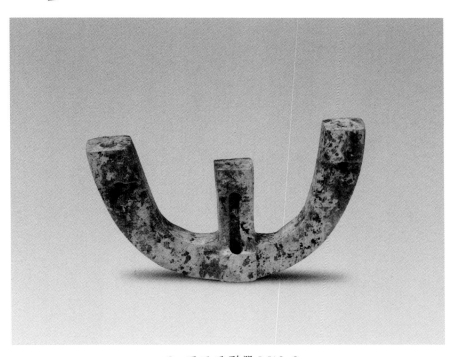

2. 玉三叉形器 M13:3

叽喇浜遗址墓葬玉璧和玉三叉形器

1. H2:1

2. H2:42

3. H1:19

4. H1:17

叭喇浜遗址灰坑陶豆

1. 罐 H1:8

2. 罐 H1:11

3. 圈足盘 H2:32

4. 圈足盘 H1:10

5. 瓦足盘 H2:20

叭喇浜遗址灰坑陶罐、圈足盘和瓦足盘

1. 杯 H2:9

2. 器盖 H1:12

3. 实足盉 H1:7

叭喇浜遗址灰坑陶杯、器盖和实足盉

1. 有段石锛 H1：2

2. 有段石锛 H2：6

3. 有段石锛 H2：7

4. 镞 H1：3

5. 镞 H2：24

6. 镞 T8②：1

叭喇浜遗址灰坑石锛和镞

1. 耘刀 H2:26

2. 耘刀 T7②:1

3. 带柄刀 H2:5

4. 犁 H2:13

5. 犁 H1:01

6. 锄形器 H2:8

叭喇浜遗址灰坑石耘刀、带柄刀、犁和锄形器

1. 罐 M2:2

2. 圈足盆 M5:6

3. 双鼻壶 M1:1

4.B型豆 M1:15

章家浜陶罐、盆、壶和豆

1. C型豆 M3:1

2. C型豆 M5:3

3. A型器盖 M1:12

4. B型器盖 M5:7

章家浜陶豆和器盖

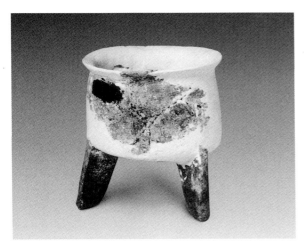

1. 鼎 M4:8

2.A 型罐 M3:9

3.B 型罐 M3:15

4.B 型罐 M4:7

5. 盆 M2:1

徐家浜陶鼎、罐和盆

1.A 型豆 M3∶16

2.A 型豆 M4∶5

3.A 型器盖 M3∶17

4.A 型器盖 M4∶11

5.B 型器盖 M6∶15

徐家浜陶豆和器盖

1. A 型石钺 M1：4

2. A 型石钺 M6：12

3. B 型石钺 M6：1

5. 骨纺轮 M3：13

4. 骨镯 M3：11、M3：12

徐家浜石钺,骨镯和骨纺轮

老虎山一号墩（D1）发掘情景（东—北）

1.D1M11(西—东)

2.D1M18(西—东)

老虎山一号墩(D1)M11 和 M18

1.A 型 I 式 D1M18∶1

2.A 型 II 式 D1M7∶2

3.A 型 II 式 D1M3∶3

4.B 型 I 式 D1M11∶2

5.C 型 I 式 D1M20∶1

6.D 型 I 式 D1M16∶2

老虎山 D1 各墓原始瓷豆

1．盂 D1M16：1

2．盂 D1M4：2

3．罐 D1M16：19

4．尊 D1M5：1

5．盆 D1M16：12

老虎山 D1 各墓原始瓷盂、罐、尊和盆

1. A型印纹硬陶罐 D1M3:1

2. B型印纹硬陶罐 D1M17:1

3. B型印纹硬陶罐 D1M17:2

4. 印纹硬陶瓿 D1M18:3

5. 硬陶豆 D1M9:1

老虎山 D1 各墓印纹硬陶罐、瓿，硬陶豆

1.D1M14(东—西)

2.D1M14 东部

老虎山 D1M14

1.D1M14(北—南)

2.D1M14原始瓷香熏出土情况

老虎山 D1M14

1. 盖鼎 D1M14∶6

2. 盖鼎 D1M14∶5

3. 壶 D1M14∶32

4. 壶 D1M14∶36

5. 三足瓿 D1M14∶10

6. 圈足瓿 D1M14∶48

老虎山 D1M14 原始瓷盖鼎、壶和瓿

2. D1M14:47

1. D1M14:46

老虎山 D1M14 原始瓷香熏

1. 高足盖鼎 D1M14:16

2. 高足盖鼎 D1M14:17

3. 矮足盖鼎 D1M14:14

4. 矮足盖鼎 D1M14:15

老虎山 D1M14 泥质陶盖鼎

1. 豆 D1M14:31

2. 壶 D1M14:38

3. 壶 D1M14:33

4. 盒 D1M14:43

5. 盒 D1M14:42

6. 钫 D1M14:25

老虎山 D1M14 泥质陶豆、壶、盒和钫

1. 璧 D1M14:1

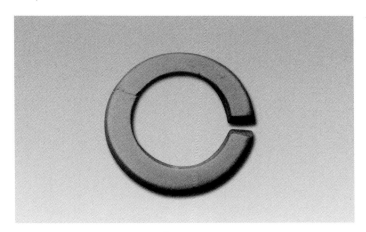

2. 玦 D1M14:3

3. 剑首 D1M14:2

1.D1M10(西—东)

2.D1M10 玉璧和青铜戈出土情况

老虎山 D1M10

1. 印纹硬陶罐 D1M10:5

2. 印纹硬陶罐 D1M10:6

3. 原始瓷壶 D1M10:2

4. 玉璧 D1M10:9

5. 玉璧 D1M10:12

6. 腰形玉饰 D1M10:8

老虎山 D1M10 印纹硬陶罐，原始瓷壶，玉璧和腰形玉饰

1.D1M1(东—西)

2.泥质陶钫 D1M1:4

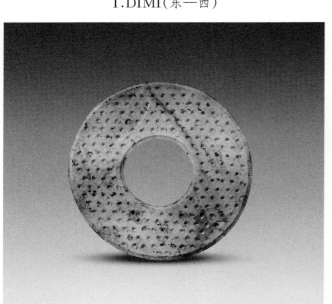

3.玉璧 D1M1:11

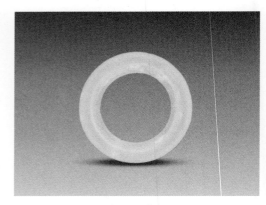

4.水晶环 D1M12:1

老虎山 D1M1，D1M1 泥质陶钫和玉璧，D1M12 水晶环

2.M3 砖椁及随葬器物分布情况（北—南）

1.M1 出土部分器物（东—西）

羊山 M1 和 M3

1. 原始瓷盅式碗 D3:3

2. 原始瓷盅式碗 D3:17

3. 原始瓷盅式碗 M1:10

4. 原始瓷碗 M1:15

5. 印纹硬陶罐 M1:7

6. 印纹硬陶麻布纹小罐 M1:23

羊山 D3、M1 原始瓷盅式碗、碗，印纹硬陶罐

1. 硬陶瓿 M4:4

2. 硬陶弦纹罐 M4:2

3. 硬陶盘口壶 M2:2

4. 硬陶瓿 M3:2

5. 硬陶锺 M3:4

6. 泥质陶灶 M3:6

羊山 M4、M2、M3 硬陶瓿、弦纹罐、盘口壶、锺和泥质陶灶

1. 釉陶喇叭口壶 M30:5

2. 釉陶盘口壶 M31:10

3. 釉陶瓿式罐 M23:2

4. 铜甑 M21:5

5. 铜甑 M21:5 底部箅孔

6. 铜盆 M23:10

牛头山汉墓釉陶壶、罐，铜甑和盆

1. 铜镜 M23∶15

2. 石砚 M31∶10

3. 釉陶瓿式罐 M26∶6

4. 硬陶锺 M28∶11

5. 鎏金铜环首 M7∶6

牛头山汉墓铜镜，石砚，釉陶瓿式罐，硬陶锺，鎏金铜环首

2. M15 墓室底部铺砖情况

1. M15（南—北）

牛头山六朝墓 M15

1. 井 M9:9

2. 小尊 M6:2

3. 鸡首壶 M9:3

4. 盘口壶 M9:2

牛头山六朝墓青瓷井、小尊、鸡首壶和盘口壶

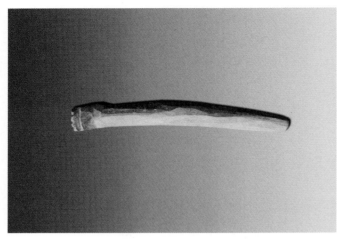

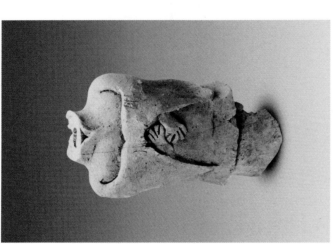

3. 陶凭几构件 M15:13

2. 陶俑 M15:6

1. 青瓷熏炉 M6:1

牛头山六朝墓青瓷熏炉，陶俑和凭几构件

1. 原始瓷三足罐(战国)M5:17

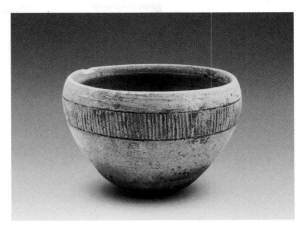

2. 原始瓷钵(战国)M42:12

3. 青瓷水罐(东汉)M48:6

4. Ⅱ式硬陶瓿式罐(东汉)M27:3

5. Ⅰ式硬陶弦纹罐(东汉)M51:1

6. 玛瑙坠(东汉)M22:1

周家山 M5、M42、M27、M48、M51 和 M22 原始瓷、青瓷、硬陶和玛瑙器

1. Ⅱ式鸡首壶(西晋)M67:2

2. Ⅰ式唾壶(西晋)M4:10

3. Ⅱ式唾壶(南朝)M62:4

4. Ⅲ式罐(西晋)M55:1

5. Ⅴ式罐(南朝)M7:4

6. Ⅰ式钵(西晋)M15:2

周家山 M67、M4、M62、M55、M7 和 M15 青瓷器

1. Ⅲ式碗(南朝·梁·天监十年)M73∶5

2. Ⅱ式托盘(南朝)M62∶7

3. 盆(西晋)M36∶1

4. Ⅰ式火盆(三国)M2∶2-3

5. 镳斗(三国)M2∶2-2

6. 樽(西晋)M37∶1

周家山 M73、M62、M36、M2 和 M37 青瓷器

1. 槅(南朝)M62:9

2. 砚(西晋)M4:1

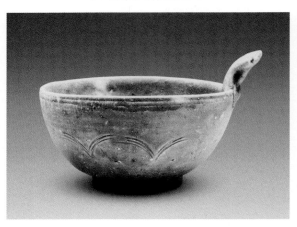

3. Ⅰ式卮(西晋)M45:1

4. 狗圈(西晋)M1:1

5. 狗圈(西晋)M17:3

6. 釜(西晋)M1:10

周家山 M62、M4、M45、M1 和 M17 青瓷器

1. 原始瓷瓿(东汉)M28:10

2. 釉陶虎子(东汉,永初六年)M15:1

3. 泥质灰陶井
(东汉,永初六年)M15:10

4. 原始瓷折肩罐
(东汉,永元八年)M30:5

5. 硬陶虎子(东汉,永元十二年)M31:11

6. 青瓷唾盂(东晋)M10:1

驮山东汉至东晋墓出土遗物

3. 罍 M51:30

2. 罍 M34:6

1. 锺 M38:5

后头山东汉墓釉陶锺和罍

1. 四管瓶 M11:11

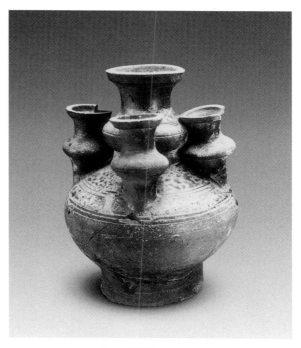

2. 五管瓶 M10:1

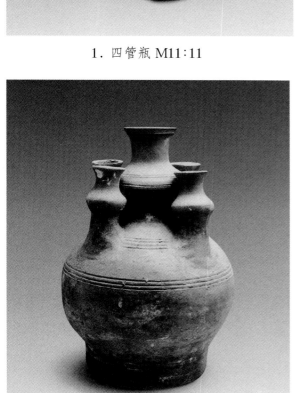

3. 五管瓶 M48:1

4. 五管瓶 M13:4

后头山东汉墓釉陶四管瓶和五管瓶

1. 泥质陶汲水罐 M11:10

2. 青瓷罍 M11:6

3. 铜镜 M14:15

4. 青瓷槅 M26:4

后头山东汉墓泥质陶罐、青瓷罍、铜镜和三国青瓷槅

1. I 式四系罐 M7:2

2. I 式四系罐 M55:1

3. II 式四系罐 M55:4

4. 鸡首壶 M7:3

5. 鸡首壶 M55:5

6. 虎子 M55:8

后头山西晋墓青瓷罐、鸡首壶和虎子

1. 榼 M30:7

2. 托盘耳杯 M30:2

3. 唾盂 M33:1

4. 魁 M30:1－1、2

5. 水盂 M32:1

后头山东晋墓青瓷榼、托盘耳杯、唾盂、魁和水盂

1.青瓷水盂 M47:1

2.青瓷碗 M30:11

3.青瓷碗 M30:5

4.青瓷碗 M30:12

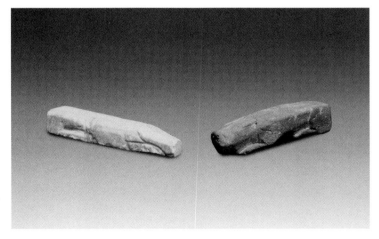

5.滑石猪 M28:1、2

后头山东晋墓青瓷水盂、碗,滑石猪

1. 青瓷四系罐 M44:2

2. 青瓷双系罐 M8:1

3. 青瓷碗 M44:1

4. 青瓷钵 M44:3

5. 青瓷钵 M8:4

6. 铜镜 M44:4

后头山唐墓青瓷罐、碗、钵，铜镜